Collection «

Série « Terrains anthropologiques »
dirigée par Claude Calame et Mondher Kilani

Paris,
Janvier 2008

Pour ma Aunty Peggy,
en témoignage de
toute l'affection fidèle
qui unit nos deux
familles.

Lisa.

Collection « Recherches » / série « Terrains anthropologiques »

dirigée par Claude Calame et Mondher Kilani

Cette collection accueille principalement des essais restituant des recherches anthropologiques de terrain appuyées sur une réflexion théorique et critique. Son ambition est de nourrir la théorie par des études inspirées par le travail pratique de l'enquête et, inversement, de mettre en perspective et d'enrichir l'organisation et la mise en forme des données empiriques par des considérations réflexives sur l'anthropologie culturelle et sociale.

Alors que cette discipline est soumise à une série d'interrogations sur ses objets, son histoire, ses méthodes et ses ambitions théoriques, il est important d'encourager parmi les chercheurs la plus large discussion possible, pour contribuer à la redéfinition de l'anthropologie culturelle et sociale en élargissant et en reformulant ses perspectives et ses finalités.

L'esprit de cette collection est également pensé dans l'ouverture de la discipline aux autres sciences sociales et humaines, notamment à l'histoire, à la sociologie, à la psychanalyse et à la nouvelle constellation des études dites « culturelles ». Des travaux et essais provenant de ces disciplines peuvent également y trouver leur place, pour autant qu'ils en respectent l'orientation générale : expliciter la manière dont le chercheur construit son savoir, c'est-à-dire les procédures d'observation et d'implication sur le terrain, les procédures discursives qui constituent le texte, les procédures de schématisation qui modèlent les représentations et les généralisations.

Claude Calame, directeur d'études à l'École des hautes études en sciences sociales à Paris, a conduit de nombreuses enquêtes d'anthropologie culturelle historique et critique portant principalement sur les manifestations poétiques et religieuses de la Grèce antique dans leurs implications sociales.

Mondher Kilani, professeur d'anthropologie à l'Institut d'anthropologie et de sociologie de l'Université de Lausanne, a réalisé plusieurs enquêtes de terrain dans une oasis tunisienne, au Sépik en Papouasie, au Niger et dans les Alpes valaisannes, selon une perspective réflexive de retour épistémologique sur la modernité.

ÉLISABETH GESSAT-ANSTETT

Une Atlantide russe

Anthropologie de la mémoire
en Russie post-soviétique

La Découverte
2007

Photographie de couverture : engloutie par la mise en service du barrage de Rybinsk en 1941, la ville de Mologa émerge régulièrement des eaux à la faveur des fluctuations du niveau du lac artificiel ; ici une vue du cimetière en 1996 (photo É. Gessat-Anstett).

ISBN 978-2-7071-5306-7

Remerciements

Ces remerciements ne sont pas de vains mots. L'aventure de l'écriture de ce livre a débuté au milieu des années 1990, lorsque j'ai fait la connaissance d'anciens habitants de la ville de Mologa : Nikolaï et Valentina, Galia, Nastia et Pavlik, Meletina, Marina, Valéria, Vadim, Rem et Feodor, Tiotia Zoya et tant d'autres… Sans leur confiance et leur soutien, *Une Atlantide russe* n'aurait pu être menée à son terme, ni même engagée. Alors que la Russie s'ouvrait depuis peu aux étrangers, ils m'ont en effet accueillie, hébergée, nourrie et accompagnée pas à pas dans la découverte de la destinée de cette cité engloutie sous les eaux d'un stalinisme triomphant. En m'ouvrant largement l'espace intime de leurs souvenirs et en acceptant de me parler, ils ont donné à ce travail sa chair et sa consistance. Je tiens, en premier lieu, à leur témoigner toute ma reconnaissance.

En m'accordant en 2000 une bourse d'écriture, le Centre national du livre m'a ensuite offert les moyens de poursuivre mes recherches et de mener à bien la rédaction de cet ouvrage, et permis notamment de passer outre une situation professionnelle précaire.

Mes remerciements vont aussi aux professeurs Francis Conte et Jean Cuisenier qui ont accepté de consacrer du temps à une lecture attentive d'une première version de ce manuscrit. Mon travail s'est ainsi considérablement enrichi de leurs remarques et de leurs commentaires. Leur bienveillance et leurs encouragements ont été précieux lorsqu'il s'est agi d'élaborer la version finale de ce texte.

Françoise Zonabend et Roger Brunet trouveront dans ces pages – chacun à leur façon – un modeste témoignage de l'admiration intellectuelle que je leur porte. Je ne saurais les remercier suffisamment pour le plaisir immense que j'ai eu à me nourrir de leurs œuvres, et pour m'avoir – à travers elles – fait réfléchir, mûrir, douter et rire aussi.

Mais si l'écriture de ce livre fut une aventure humaine et professionnelle, son édition fut une épopée. L'engagement personnel de Claude Calame et Mondher Kilani a largement contribué à ce qu'*Une Atlantide russe* finisse par voir le jour. Les indéfectibles encouragements qu'ils m'ont prodigués, lors des multiples et rocambolesques étapes de sa mise au monde éditoriale, ont représenté un soutien moral inestimable pour la post-doctorante que je suis. Claude Calame et Mondher Kilani furent ainsi de véritables anges gardiens pour cet ouvrage. Qu'ils reçoivent ici l'expression de ma sincère gratitude.

Je remercie enfin François Gèze et les éditions La Découverte pour s'être résolument engagés dans la publication d'une étude anthropologique sur la Russie à l'heure où l'anthropologie – notamment européaniste – peine à conserver sa place dans l'espace universitaire français. La disponibilité et la sollicitude de son équipe, et tout particulièrement celle de Vincent Maillet, ont permis que l'étape technique de la transformation d'un manuscrit en ouvrage se déroule rapidement et sans peine.

L'affection et la patience de tous les miens ont été – et sont toujours – les précieux ressorts de mon travail. Sur le terrain comme à ma table d'écriture, vers eux vont toutes mes pensées.

Élisabeth GESSAT-ANSTETT, Paris, juillet 2007.

Introduction

Vouloir écrire sur la construction de la mémoire collective en Russie post-soviétique relève à bien des égards d'une gageure. Car les multiples facettes de l'objet tout autant que l'hétérogénéité des matériaux disponibles pour le saisir, la conjoncture historique tout autant que la gravité des enjeux qui sous-tendent actuellement les questions de mémoires et d'identités collectives en Russie, concourent à rendre l'entreprise extrêmement complexe. Pourtant, c'est ce que j'ai tenté de réaliser dans ce texte qui prend appui sur un long travail d'enquête de terrain, mené dans la région de Yaroslavl, de 1994 à 2002, à un moment particulier de l'histoire de la Russie.

Les changements politiques radicaux intervenus au début des années 1990 et plus particulièrement la disparition de l'URSS ont en effet favorisé au sein de la société russe le déploiement à très large échelle d'un retour réflexif sur le passé. Entamé dès la *perestroïka*, ce travail de – et sur – la mémoire a été perçu par les observateurs extérieurs avec une grande disparité de points de vue. Mémoire retrouvée pour les uns [Brossat *et al.*, 1990], mutilée pour les autres [Ferretti, 1993], ou encore post-traumatique [Landry, 1998] voire même impossible [Bonnet, 2001], les avis divergent. Tant il est vrai qu'en Russie les modalités de la restitution du passé oscillent volontiers, dans une sorte de complexité cultivée, entre une historiographie durablement marquée par les façons soviétiques de dire et de faire l'histoire – empreinte de représentations mythifiées et du caractère nomothétique et globalisant du matérialisme dialectique – et une littérature historique documentaire certes très riche mais au sein de laquelle l'analyse ne conserve le plus souvent qu'une place ténue. Au point que les médias internationaux[1] en sont venus à se faire le relais des inquiétudes et des interrogations épistémologiques sur les usages et les fonctions symboliques de l'écriture de l'histoire dans la Russie contemporaine, soulignant si besoin était la difficulté d'élaborer en Russie une mémoire critique du passé soviétique.

C'est dans ce contexte d'indécision, de tâtonnements collectifs et de flottements – dans lequel le rapport au passé garde néanmoins tout son intérêt et son importance – que j'ai commencé mon travail d'enquête dans la région de Yaroslavl à 380 kilomètres au nord de Moscou. L'arrivée à Rybinsk, dans une cité industrielle de province de moyenne importance, d'une jeune femme (j'avais vingt-six ans en 1994), petite-fille d'émigrés russes (car telle était ma situation filiale), de langue maternelle russe et de culture religieuse orthodoxe, ne passa pas tout à fait inaperçue. La curiosité manifestée à l'égard d'une des premières étrangères désormais fréquentables depuis la réouverture de la ville à la libre circulation, auréolée du double prestige conféré par une adresse parisienne (réelle) et un titre de noblesse hâtivement attribué par la rumeur, facilita très certainement mon insertion. L'intérêt et la curiosité que je pouvais éprouver pour la réalité quotidienne d'un pays, dont je connaissais mieux la littérature et l'histoire institutionnelle ou politique que l'organisation sociale actuelle, rencontrèrent dès lors en retour une curiosité manifestée à l'égard de la *živaâ francuženka* (Française « vivante ») que j'étais. Il m'est ainsi arrivé d'être photographiée sous les portraits de Victor Hugo, Émile Zola, Paul Éluard ou Maurice Thorez (ces autres Français, mais morts) qui décoraient immanquablement les salles de classe de français où j'étais invitée à venir témoigner – comme

1. *Cf.* l'article paru dans le quotidien français *Le Monde*, daté du 5 septembre 2001, intitulé « L'impossible mémoire russe » et consacré aux difficultés rencontrées par les historiens russes pour écrire sur la période soviétique.

il se devait – de l'amitié franco-russe et à parler de mon travail. Je ne doute pas que mon identité tout autant que mes origines, réelles ou imaginées, ont favorisé l'établissement des premiers contacts avec ceux qui acceptèrent ensuite de me parler plus longuement, de même qu'elles ont facilité le déroulement des entretiens. Il était à chaque fois entendu, à tort ou à raison, que nous étions faits pour nous entendre. Et ces espaces culturels partagés m'ont aussi aidée à cerner plus rapidement les contours de l'objet de mes recherches.

J'avais pour intention initiale d'interroger mes interlocuteurs sur « leur » XXe siècle. Certes chacun de ces individus aurait restitué une histoire particulière, mais ils avaient tous traversé les mêmes époques historiques et subi des contraintes semblables. Je souhaitais ainsi comprendre comment (à un niveau symbolique et pratique) des familles russes comme les autres avaient traversé la période soviétique, en posant la question du regard que celles-ci pouvaient porter et restituer sur leurs propres destinées. Car ce sont bien les façons de faire, de construire et de perpétuer des souvenirs qui ont constitué d'emblée l'objet principal de mon enquête. Ma volonté première était ainsi de mettre au jour l'ordinaire de la société russe devenue post-soviétique sans que la portée sémantique de ces qualificatifs (russe, soviétique et post-soviétique) ne soit au départ dogmatiquement délimitée. Je souhaitais m'intéresser à la mémoire collective de Russes, comprise en suivant Maurice Halbwachs, non pas tant comme une mémoire historique, ce « tableau des changements » vécus par la société, mais plutôt comme un « tableau des ressemblances » répondant à la tentative d'un groupe de se persuader qu'il est resté le même à travers le temps de l'histoire [Halbwachs, 1949, p. 78]*.

Support des cadres sociaux et culturels de l'identité commune, tout autant qu'elle en est le produit, la mémoire collective est en effet envisagée par Halbwachs comme un bien commun, un socle culturel partagé faisant œuvre de référent

* Les références entre crochets renvoient à la bibliographie, p. 285.

identitaire à la fois essentiel et nécessaire. Les façons de mémoriser et de se souvenir devaient toutefois être ici, en suivant une perspective plus anthropologique, contemporaine et dynamique, ouverte notamment par les travaux de M. Kilani sur les sociétés oasiennes [Kilani, 1992], aussi importantes que les objets mémoriaux, les souvenirs eux-mêmes, et les multiples déterminations qu'ils sont en mesure de révéler.

Un groupe social particulier, donc plus aisément objectivable, présent sur le terrain, a permis à ce projet de prendre corps. Il s'agit d'une communauté de quelques centaines de familles de la région de Yaroslavl, originaires de la ville de Mologa et de ses environs, désormais réunies en association. Avec plusieurs dizaines de milliers d'autres, ces familles subirent en effet, à la fin des années 1930, un déplacement forcé en raison de la construction du barrage de Rybinsk, édifié au confluent de la Volga et des rivières Mologa et Šeksna. D'origines socioprofessionnelles extrêmement variées (notables, enseignants et ouvriers côtoient en effet agriculteurs ou descendants de prêtres), ces familles sont liées par une communauté de destin qui les a vu assister impuissantes au déboisement forcené de leur territoire d'origine, au déplacement accéléré de leur ville et de plusieurs centaines de villages impliquant le démontage et le transport des isbas, le dynamitage systématique des édifices en pierre, et l'inondation ultime, entamée en avril 1941, de près de 4 500 km^2 de terres.

Cette communauté offrait ainsi une histoire à la fois particulière et exemplaire de la période soviétique, par la démesure et l'arbitraire qu'elle pouvait révéler, mais aussi un terrain propice tout autant qu'un cadre des limites chronologiques, spatiales et sociales, en quelque sorte une trame et un fil conducteur pour entamer un travail sur la mémoire collective en Russie. Le groupe des Mologžany (les habitants de Mologa) fournit en effet la possibilité de croiser plusieurs questionnements et d'interroger en particulier les parts respectives de la mémoire locale et nationale, ou encore l'empreinte de la reconstruction et de l'oubli au sein de pratiques mémorielles complexes, puisqu'il s'agit pour ces familles de fabriquer et de perpétuer la mémoire d'un traumatisme particulier dans le contexte plus général de l'élaboration d'une mémoire de l'époque soviétique.

La mise en place de la relation ethnographique a dû toutefois composer avec une multiplicité de jeux chronologiques. Il y avait l'« avant » du vieux passé russe, l'« avant » du jeune passé soviétique, et le « maintenant » d'un présent inqualifiable aux limites floues : entre l'enquêtrice que j'étais et ses interlocuteurs, les découvertes réciproques s'effectuèrent dans de constants ajustements temporels. La construction de l'altérité, préalable nécessaire à l'élaboration du travail anthropologique [Affergan, 1999], progressa ainsi à partir de la perception d'une différence d'appréciation des repères chronologiques. Cependant que le croisement des interrogations, qui s'élaborait dans un échange – qu'êtes-vous devenus ? Et vous-même ? –, participait à asseoir la légitimité même du questionnement.

Mes interlocuteurs manifestaient, dans un premier temps, plus de curiosité pour les raisons qui m'amenaient à travailler en Russie et à maîtriser leur langue que pour mon sujet de recherche en lui-même. Comme l'indique Marc Augé, « l'ethnologue est lui aussi l'objet d'identifications successives [...] en fonction de la place qu'il prend ou qu'on lui assigne dans le lieu d'enquête et de la situation qu'il occupe (ou qu'on imagine qu'il occupe) dans la société globale » [Augé, 1989b, p. 27].

Les premiers moments de ces rencontres étaient ainsi invariablement consacrés à une phase d'approche faite d'interrogations et de découvertes réciproques, destinées à mettre en place une mutuelle reconnaissance. Je profitais de ces prologues, au cours desquels l'informateur posait les questions et l'ethnologue donnait les réponses, pour cerner ce qui pouvait d'emblée apparaître comme un élément valorisé, et tenter d'identifier en conséquence ce qui, pour mes interlocuteurs, pouvait constituer un enjeu dans ces rencontres, de ce qui n'en constituait pas. Ainsi, pendant qu'ils en apprenaient un peu plus sur mes origines, mon cursus scolaire, ma situation familiale ou mes préférences alimentaires, j'établissais de mon côté que si l'émigration russe (dont mes grands-parents maternels étaient issus) représentait en soi aux yeux de mes informateurs plutôt quelque chose d'incommode (cet aspect de ma propre biographie ne générait que tardivement des questions précises), le fait que je sois en revanche à même de prouver que je partageais ce fond culturel (langue, religion), qui faisait de moi une descendante de Russes, était au contraire immédiatement connoté de façon positive. « *Liza naša !* » (Lisa – le diminutif qui a très rapidement été utilisé pour me désigner – est des nôtres), ai-je ainsi entendu à plus d'une reprise. Dans ces moments-là, s'établissait le phénomène de réciprocité entre l'observateur et son sujet décrit par le psychanalyste et ethnologue américain Georges Devereux :

> Quelle que soit la convention qui garantit que « A est l'observateur » et « B l'observé », tous deux agissent en observateurs ; leur soumission même à cette convention implique à la fois prise de conscience réciproque et auto-observation. Le fait que chacun d'eux est pour lui-même l'« observateur », et l'« observé » pour l'autre, est à la base de toutes les (soi-disant) perturbations qui résultent de l'exécution de l'expérience [Devereux, 1980, p. 61].

Ces perturbations étaient probablement encore plus évidentes pour mes interlocuteurs, dans l'univers longtemps privé de présence étrangère desquels je faisais soudain irruption. Leur neutralisation et l'instauration concomitante d'un subtil équilibre fait d'identification progressive et de dépendance mutuelle intervenaient alors au cours d'une sorte de « cérémonie du thé » ou d'un repas que j'étais invitée le plus souvent à partager, mais qu'il m'arrivait aussi de consommer seule. Ces repas ne représentaient pas une étape anecdotique du déroulement des entretiens. Bien au contraire, ils y assumaient une fonction active et indispensable. Leur valeur symbolique était en effet double. En m'intégrant d'emblée à l'un des plus importants rituels domestiques, ceux que je rencontrais cherchaient avant tout à annuler le potentiel de désordre que ma présence insolite faisait naître : l'ingestion d'innombrables petits pains au chou, gâteaux au fromage blanc, légumes « maison » en conserve, confitures, soupes aux champignons ou crêpes farcies préparés à mon intention n'offrant là qu'un support métaphorique à ma propre incorporation dans l'ordonnancement logique des événements et des choses. Le fait de partager un repas faisait alors de moi si ce n'est un semblable, du moins quelqu'un de fréquentable.

À un autre niveau, consommer des aliments offerts par mes interlocuteurs venait aussi matérialiser la dette symbolique que je contractais en devenant le dépositaire des mots ou des secrets de famille. En effet, le fait de recevoir des informations, préservées le plus souvent jusque-là de toute publicité, faisait de moi une débitrice envers le groupe ou les individus qui m'accueillaient. Le désir de me nourrir correspondait aussi à la volonté de matérialiser la dépendance de ma position. J'étais donc à chaque fois incitée à me rappeler que je mangeais et j'écoutais mais qu'il ne me fallait pas oublier que c'était moi qui étais désormais l'obligée[2]. Ces repas me permirent ainsi de mettre immédiatement en évidence les enjeux de pouvoir que sous-tendait tout particulièrement l'usage de la parole mémorielle.

Ces enjeux de pouvoir de la relation ethnographique se sont également matérialisés dans le fait que mes informateurs ont dans leur très grande majorité refusé l'usage du magnétophone. Ce refus venait souligner la complexité du discours sur soi, qui prenait dans ce cas précis la forme d'un récit rétrospectif du narrateur sur sa propre existence et sur l'histoire de sa communauté d'origine. Ces difficultés me semblent en partie héritées du contexte politique soviétique, dans lequel toute parole publique, toute prise de parti, conservait un potentiel de nuisance envers les autres et envers soi-même. La gêne explicitement ou implicitement exprimée par les informateurs présentait en effet un caractère d'autant plus manifeste que le lieu dans lequel la

---

2. La langue russe offre par ailleurs une illustration explicite de la situation de dépendance qu'implique l'écoute, puisqu'elle lie étymologiquement les verbes écouter (*slyšat'*) et obéir (*poslušat'sâ*).

parole s'exprimait était connoté positivement ou négativement. Chez soi, à l'abri du cocon que représente une isba, ou l'isolement d'un appartement, la parole prend la forme d'un dialogue à bâtons rompus où les digressions, les apartés et points de vue personnels sont possibles. Ailleurs, et pour peu que le lieu revête un caractère institutionnel, c'est le silence et la gêne qui s'établissent. L'information est murmurée dans un soupir. Chuchotée, elle ne vient qu'en réponse à des questions précises, et l'entretien est impossible tant il parodie rapidement l'interrogatoire de police.

Une spécificité de ces échanges résida finalement dans la part importante qu'y occupa le discours autobiographique. Les récits de mes interlocuteurs procédaient en effet d'une mise au jour de l'intime à partir d'un regard introspectif et rétrospectif, ils favorisaient en cela les confidences. L'importance quantitative du discours sur soi et des ego-documents dans les matériaux collectés eut plusieurs conséquences. Elle révéla d'une part l'absence d'un discours plus général de tonalité ou de portée historique sur une destinée collective autre que communautaire. La connotation nationale, notamment, est restée totalement absente des récits. La dimension locale a toujours été privilégiée sur une portée plus globale du témoignage, je serai amenée à y revenir à plusieurs reprises dans ce texte. L'importance quantitative du discours sur soi (les récits biographiques se sont le plus souvent déroulés sur plusieurs séances d'entretiens) induisit, d'autre part, sur le plan méthodologique, la place centrale qu'occupe l'approche biographique [Bertaux, 1980] dans ce travail, qui impliqua certains choix d'écriture. J'ai en effet voulu donner à voir, à travers un certain nombre de portraits, de descriptions de lieux et de façons de faire, la multiplicité des univers de référence qui pouvaient soustendre des usages sociaux contemporains de discours souvent semblables dans leurs formes.

Le discours de l'intime dévoile cependant, dans le contexte russe, une autre spécificité. Car la relation ethnographique s'est aussi révélée ambivalente, faite de révélations et de mises à nu, mais également de retenue, de réserve, de silences voire de mensonges par omission. Tant il est vrai que l'intrusion dans la vie des autres compose avec le secret. D'autres parcours anthropologiques ont montré que, de questions échangées à un savoir réciproque construit en miroir, le silence s'installe souvent au cœur de la relation ethnographique et peut perdurer sous différentes formes, manifestant *in fine* ses vertus euristiques [Zempleni, 1996]. Ici aussi l'exercice de l'ethnographie aura négocié avec « ce » qui n'est pas dit. Les secrets et les silences de mes interlocuteurs sont venus faire un pesant écho aux silences collectifs de la société russe sur la période soviétique. Ce travail sur la mémoire aura ainsi été lui-même traversé et travaillé par une tension constante entre dissimulation et révélation.

Une des conséquences pour mon travail de ces enjeux du souvenir – notamment dans son étape ethnographique – a résidé dans la conscience aiguë de la dangerosité symbolique dont cet objet qu'est la mémoire persiste à être le vecteur, pour mes interlocuteurs. Nul doute que la peur de la remémoration et les souffrances manifestes qu'elle entraînait ont conféré une part de tension supplémentaire, si ce n'est une véritable dimension dramatique, à certaines évocations. Les choses se disent en Russie aussi tragiquement et douloureusement qu'elles s'écrivent, alors que de nombreuses autobiographies et œuvres littéraires mettent en mots la part de douleur générée par l'évocation d'un passé tragique et proche. La pratique ethnographique m'aura donné en cela directement accès à la violence refoulée que génère un arbitraire longtemps supporté, à la tension contenue que la société russe, policée et atone, ne libère qu'en situation de crise.

Soucieuse de saisir et de comprendre la part indicible, profonde et parfois confuse de la mémoire souffrante, je suis alors partie en quête d'autres repères que ceux qui m'étaient offerts dans les entretiens. J'ai cherché des éléments permettant de relativiser, de pondérer et de replacer en situation aussi bien les propos que les silences de mes interlocuteurs. C'est pour cela que j'ai aussi souhaité avoir recours à d'autres sources d'information, archivistique notamment – sur lesquelles je reviendrai –, qui m'ont donné un contrepoint aux représentations personnelles et particulières, et souvent permis de restituer les enjeux, le contexte et les caractéristiques de leur élaboration.

J'ai dû faire pourtant le constat de la prégnance de silences persistants, et d'une véritable gêne à évoquer le passé soviétique. L'inconfort était révélé autant par les façons de (ne pas) dire/écrire – notamment par un usage abondant de périphrases et de formules convenues – que par ce qui n'est évoqué que très rarement ou de façon très réticente : le stalinisme (le terme lui-même n'était pas employé par mes interlocuteurs), la violence de l'État et le fonctionnement du système concentrationnaire et, de façon plus générale, l'expérience totalitaire et ses traces.

D'importantes questions ont alors rapidement émergé sur les formes et les usages du non-dit et de l'implicite dans la construction des souvenirs. Ce travail sur la mémoire de la Russie post-soviétique s'est ainsi orienté vers une réflexion sur l'usage de la dissimulation dans la construction des souvenirs. Mis en lumière, les cadres sociaux de la mémoire révèlent en effet aussi bien une part positive et prescriptive des formes mémorielles (qui réfère à ce que la mémoire doit être et à la façon dont elle doit s'énoncer) que leur part d'ombre et d'interdits (qui renvoie à ce qui est entendu comme sortant du champ de la mémoire collective, aux objets illégitimes ou dangereux, à sa part de tabous).

Il s'avère ainsi, dans le cas des Mologžany, que la mémoire du passé proche est volontiers escamotée au profit d'une sorte de myopie topographique. Je me suis alors interrogée sur le fait que la dimension chronologique du souvenir s'effaçait devant sa dimension géographique. Car la restitution des événements et des époques révolues laisse volontiers la place chez les gens de Mologa à un récit sur les sites et les lieux du passé. Les repères partagés de la communauté des Mologžany relèvent ainsi plus aisément de la restitution d'espaces communs que de l'évocation d'une histoire partagée. J'ai donc choisi de faire du caractère central de l'espace un des fils conducteurs de mon enquête et de mon écriture. Il s'agissait de comprendre comment et pourquoi, pour ces déplacés, un savoir perpétué du territoire venait se substituer à une mémoire de l'histoire.

Dans un contexte où la construction de la mémoire fait l'objet d'enjeux identitaires et politiques essentiels, je me suis enfin interrogée sur le sens de ce « retour du néant » (*vozvraščenie iz nebytiâ*) que la communauté des déplacés estime et revendique avoir effectué, en accordant un intérêt particulier à la fonction symbolique [Izard et Smith, 1979] assumée par les pratiques et les discours commémoratifs que je pouvais effectivement observer. Mon souhait, en rédigeant cet ouvrage, aura finalement été de signaler et tenter de décrypter ces « bricolages » [Bastide 1970] dont semble faire preuve, dans le contexte post-soviétique, la mémoire des gens de Mologa. Cet ouvrage cherche en particulier à s'interroger sur ce que révèle, dans le contexte très contemporain de la Russie post-soviétique, l'instrumentation d'une légende grecque millénaire – l'Atlantide – lorsqu'il s'agit, pour cette communauté de Russes, d'élaborer une représentation de l'origine de soi [Calame, 1996a, 1996b]. Quelles sont la portée et la signification de cette « Atlantide russe », désormais posée comme la figure de référence des déplacés ? Que met-elle en lumière et que contribue-t-elle aussi à dissimuler ?

Paris, janvier 2006.

Prologue

La communauté que j'ai observée et qui regroupe les anciens habitants du territoire désormais englouti est dans sa grande majorité une communauté informelle. Le groupe des déplacés, évalué par les érudits locaux à près de 130 000 personnes en 1941[1], déracinées mais demeurées prisonnières de l'espace soviétique, reste exemplaire d'une destinée collective plus générale, celle de multiples populations déplacées en URSS. L'identité communautaire des Mologžany est ainsi imprégnée du souvenir d'un déplacement effectué sous la contrainte, de la même façon que d'autres groupes sociaux ou nationaux de l'empire soviétique ont pu voir leur identité collective marquée par une migration forcée (déplacements, déportations) dont l'historiographie récente commence à restituer l'ampleur, la durée et la complexité [Polian, 2001]. À ce titre déjà, la communauté des anciens habitants de Mologa est fortement marquée par son passé soviétique.

La part militante de ce groupe intangible, après avoir existé pendant presque trente ans de façon informelle, est désormais officiellement réunie en une association à but non lucratif. Le *Mologskoe Zemlâčestvo* (l'Amicale[2] de Mologa) regroupe

---

1. Aucune évaluation précise des conséquences démographiques de ce déplacement, qu'elle soit d'origine administrative ou scientifique, n'est disponible pour l'instant.

2. Le terme *zemlâčestvo* ne trouvant pas d'équivalent dans la langue française peut se traduire par « amicale » ou « société d'entraide ».

ainsi une centaine de familles originaires pour la plupart de la ville même de Mologa. Sa vocation est de perpétuer le souvenir du territoire inondé par les eaux de la Volga, mais aussi de se présenter en garante de la sauvegarde du passé, du présent et de l'avenir de celui-ci. La forme associative choisie par la communauté est très ancienne puisqu'elle renvoie à des regroupements de type mutualiste qui existaient déjà en Russie prérévolutionnaire où ils fédéraient des personnes revendiquant une même provenance géographique (locale ou régionale) ou une même communauté ethnique. La solidarité y naît donc d'un sentiment d'origine commune, qui renvoie à l'idée de *nation* telle qu'elle pouvait être comprise à l'époque moderne. Toujours fondé sur une relation primordiale à l'espace originel et sur un sentiment d'appartenance territoriale partagée, le phénomène du *zemlâčestvo* demeure ainsi dans sa version contemporaine un puissant vecteur de légitimations et de revendications identitaires, tout autant que d'intégration sociale et professionnelle.

UN ÉVÉNEMENT TRAUMATIQUE FONDATEUR

La mémoire des anciens habitants de Mologa est en premier lieu marquée par le *zatoplenie,* l'engloutissement de leur territoire d'origine. L'engloutissement est présenté comme un événement traumatique fondateur de l'identité collective du groupe. Mais il faut pourtant souligner que cet événement, qui n'est pas le seul de la sorte pendant la période soviétique[3],

3. L'aménagement de territoire soviétique fit une large place durant les années 1930 et 1940 aux ouvrages d'art : canaux d'irrigation ou de navigation, barrages, tracés ferroviaires, etc. Les drames humains qui accompagnèrent leur réalisation furent illustrés par diverses œuvres de fiction littéraires et cinématographiques, tel le film posthume de Dovjenko intitulé *Poema o more* (Le poème de la mer) qui narre les derniers moments d'un village ukrainien prêt à être submergé par la future mer de Kakhovka ou encore le long métrage de Klimov *Adieux à Matiora* d'après le roman de V. Raspoutine *Les Adieux à l'île* restituant les derniers moments d'une communauté rurale insulaire avant son déplacement préalable à l'engloutissement de l'île par les eaux d'un barrage.

occupe une place particulière au sein d'un dispositif complexe qui contribue, par un effet de raccourcissement, à transformer une succession de périodes en un moment unique. Cet effet rhétorique et symbolique concourt à amplifier la dimension tragique conférée à l'inondation, dimension par ailleurs parfaitement restituée par de nombreuses sources littéraires locales. L'inondation du territoire prend en effet sa place dans une succession chronologique d'événements qui débute avec la longue période de mise en œuvre du projet *Bol'šaâ Volga* (Grande Volga), lancé au début des années 1930, afin d'aménager le cours de la Volga pour en niveler les crues.

C'est ainsi que le CKVKP(b)[4] et le SNK SSSR prennent le 14 septembre 1935[5] un arrêté portant précisément sur la « construction de complexes hydroénergétiques dans la région d'Ouglitch et Rybinsk ». Dans ce cadre, un barrage hydroélectrique doit être construit à Rybinsk même, à une quinzaine de kilomètres en aval de Mologa. La réalisation du projet et du barrage de Rybinsk, qui se poursuivit de 1935 à 1941, se traduit par l'établissement d'un immense chantier sur le futur territoire à inonder et l'installation rapide de camps dépendant du goulag dans les alentours immédiats de la ville. Ceux-ci rassemblent dès la fin 1936 des dizaines de milliers de prisonniers condamnés aux travaux « intensifs » qui fournissent la main-d'œuvre nécessaire à l'achèvement du projet *Bol'šaâ Volga*.

Le drame de la région de Mologa naît alors d'une double prise de décision aux conséquences dramatiques. La première consiste à positionner un barrage au beau milieu d'une plaine alluvionnaire supposant *de facto* d'inonder une surface importante. La seconde décision aboutit à augmenter le niveau d'eau au pied du barrage. En effet, les premières prévisions de la cote à atteindre (98 mètres au-dessus du niveau de la mer) pour faire tourner les turbines de la centrale hydroélectrique du barrage de Rybinsk se révèlent insuffisantes. La cote est montée de 98 à 102 mètres [Postnova, 2003]. Or la modification du niveau

4. Une liste des acronymes figure en fin de l'ouvrage.
5. RCHIDNI, fond 17, opis 1, delo 971, list 129-130.

d'eau nécessaire à un débit suffisamment puissant implique une augmentation radicale de la surface à inonder, car le barrage est construit sur le plat. Les habitants de Mologa et de plusieurs centaines de villages sont ainsi rattrapés par la perspective d'une inéluctable évacuation dont ils pensaient être préservés. Situé au confluent du fleuve Volga et de deux de ses affluents, le site de Mologa constitue en effet une des zones naturelles de remplissage du grand bassin final.

Une première période est ainsi marquée par la destruction. Elle renvoie à la destruction des sites habités comme de la nature. En effet, tout ce qui pouvait représenter une entrave potentielle au remplissage puis à la navigation sur le lac devait être détruit. Tous les bâtiments de Mologa qui ne pouvaient pas être déplacés, parce qu'édifiés en dur ou situés trop loin des voies navigables, sont ainsi démolis, dynamités ou incendiés. Des brigades procédèrent au démontage ou à l'incendie des 600 isbas et au dynamitage des églises, des édifices publics et de la centaine de maisons construites en brique, et ce avec plus ou moins de facilité et de succès. La première tentative pour détruire la Collégiale de Mologa au début de l'hiver 1940 se solde ainsi par un échec. L'église se soulève de quelques centimètres et retombe en place, intacte. La charge explosive déposée avait été trop faible pour la détruire. La seconde tentative met fin aux derniers espoirs des habitants de la ville de voir quelque chose rester debout : l'édifice vole littéralement en éclats, les briques s'éparpillent sous le souffle de l'explosion sur plus d'un kilomètre carré. En amont sur la Volga, en revanche, le beffroi du bourg de Kaliazina se dresse encore, irréel, sortant des eaux d'un autre lac : le temps a manqué pour le dynamiter. Les cimetières de Mologa sont eux aussi restés en place et ont été engloutis en l'état. Le temps et les bras manquaient pour les vivants. On ne s'est pas occupé des morts.

L'anéantissement fut aussi celui de la nature puisque la préparation à la phase d'inondation consista en une coupe et une destruction systématiques de milliers d'hectares d'arbres, de bois et de forêts. L'activité des brigades forestières, à laquelle A. Soljenitsyne lui-même est un temps employé [Soljenitsyne,

1974, t. 1, p. 433], crée ainsi sur plusieurs milliers de kilomètres carrés un paysage de désolation.

La chronologie traumatique des Mologžany est également marquée par la période du *pereselenie* (le déplacement). Le 1er août 1936, le VCIK et le SNK RSFSR émettent un décret portant sur « l'organisation de la confiscation des terres pour la construction des complexes hydroénergétiques de Rybinsk et d'Ouglitch sur la Volga[6] » qui met en route les procédures de confiscation des biens fonciers par les autorités administratives locales. Entamée au pas de charge à l'automne 1936, après une annonce officielle à la population de Mologa, le 1er septembre de la même année, la période de spoliation et d'évacuation s'achève péniblement à l'automne 1940 après le déplacement forcé de l'ensemble de la population et des familles de Mologžany. Le projet d'aménagement du site prévoit dans un premier temps une réinstallation des familles de Mologa dans une ville nouvelle édifiée pour l'occasion à quelques kilomètres en aval sur la rive gauche de la Volga en vis-à-vis de Rybinsk : la *Socialističeskaâ Mologa* (Mologa socialiste). Des brigades de prisonniers du Volgolag s'emploient ainsi au démontage et au déplacement de dizaines d'isbas de Mologa dont les rondins sont charriés vers l'aval et remontés sur le nouveau site.

Ce fleuron de l'utopie architecturale soviétique ne verra toutefois jamais le jour. Avec l'entrée de l'URSS dans le second conflit mondial le 22 juin 1941, les autorités de tutelle dépendantes du NKVD cèdent dès la fin du mois de juin 1941 la gestion du déplacement des populations civiles au Conseil de l'évacuation[7] que les projets de relogement ne concernent plus. L'État abandonne à leur sort les familles et les laisse finalement régler seules la question de leur réinstallation[8]. La Mologa

---

6. RF GAâO, fond R-606, opis 1, delo 483, feuilles 4-7.

7. Créé le 24 juin 1941 et présidé par Kaganovitch, le Conseil est formé afin d'organiser la protection du potentiel industriel et civil (la main-d'œuvre ouvrière) et mettre en place leur évacuation des zones de combat.

8. Une exposition organisée au Musée d'art et d'histoire de Rybinsk en 1998 a retracé à partir de photographies d'archives l'épopée des familles de Mologa et leur installation dans ces marécages.

socialiste n'est alors qu'une zone marécageuse, non viabilisée (sans route, ni électricité), dans laquelle viennent s'embourber les déplacés. Le quartier des Mologžany, plus tard intégré à l'agglomération de Rybinsk sur la rive droite de la Volga, et tardivement relié à elle par un pont en 1962, conservera simplement le nom du *Slip* en référence aux chantiers navals qui le bordent.

La majorité des Mologžany s'établit ainsi en aval sur les rives de la Volga, principalement dans la ville même de Rybinsk et dans ses environs immédiats mais aussi à Yaroslavl distant de plus de quatre-vingts kilomètres, le territoire d'accueil s'étalant à une échelle régionale. L'éparpillement de la communauté des anciens habitants de Mologa correspondant donc immédiatement à une intense période de perturbation de leurs repères identitaires, géographiques mais aussi sociaux.

Le calendrier traumatique ne fait alors que s'achever par le lent anéantissement d'un territoire situé à l'intersection du fleuve et des rivières Mologa et Šeksna à la frontière des *oblasti* (régions administratives) de Kalinine (anciennement et aujourd'hui redevenue Tver), Yaroslavl et Tcherepovets, engloutissement qui se déroule pendant plusieurs saisons navigables. Le remplissage du réservoir provoqué par la mise en eau du barrage se poursuit en effet du 14 avril 1941 jusqu'en 1948 où il est officiellement achevé, contribuant finalement à former une immense retenue d'eau de 4 500 km^2 administrativement désignée comme le *Rybinskoe Vodohraniliščе* (le réservoir de Rybinsk), et le plus souvent comme le *Rybinskoe More* (la mer de Rybinsk) en référence à l'importance de sa superficie.

La phase d'inondation se traduit aussi par la destruction de la faune. Petits et grands mammifères se retrouvent prisonniers des îlots créés par la montée des eaux et périssent inexorablement de faim ou de noyade. Les flots de la Volga charrient au printemps 1941 et 1942 des milliers de cadavres d'animaux. Cette destruction est, semble-t-il, restée sans image. Il n'en existe pas de photographies ni de films connus, et n'en subsiste apparemment nulle autre trace que le souvenir des témoins.

UNE CONJONCTURE GÉOGRAPHIQUE ET SOCIOLOGIQUE COMPLEXE

L'événement traumatique fondateur qu'est la destruction de Mologa prend également sa place au sein d'une conjoncture complexe qui oblige aussi à préciser – pour la relativiser ou au contraire la souligner – la portée de certains faits. L'extrême imbrication des événements implique en effet de tenir compte d'un subtil jeu d'échelle entre le local, le régional et le national.

Le déplacement des populations de la région de Mologa et la destruction du territoire interviennent ainsi alors qu'au niveau national les conséquences humaines et économiques de la collectivisation forcée entamée à la fin des années 1920 se font durement sentir. Désorganisée et affaiblie, l'économie de ce canton rural tourne déjà au ralenti. Et, à la fin des années 1930, l'importante région agricole que représente la partie supérieure du bassin de la Volga – qui tirait sa richesse de l'élevage, de la production laitière et, dans une moindre mesure, de la pêche et de l'exploitation de la tourbe et des forêts – a considérablement perdu de la prospérité qui fit sa réputation au XIXe siècle. Les populations locales subsistent depuis la Première Guerre mondiale dans une logique économique de survie : les familles concentrent leur activité sur l'exploitation de leur lopin de terre, et les activités artisanales (vannerie, tonnellerie, travail du cuir, poterie), agricoles ou industrielles lorsqu'elles perdurent[9] ne peuvent fournir que de maigres et aléatoires revenus complémentaires. Ainsi, les liaisons fluvio-maritimes avec l'étranger, sur la régularité et l'importance desquelles reposaient les exportations agricoles de Mologa comme l'activité de négoce de Rybinsk, ralentissent dès le début des années 1920, jusqu'à s'interrompre tout à fait, et avec elles toutes les activités liées au secteur de la navigation, mais aussi une

9. La briqueterie, qui a cessé de fonctionner pendant la guerre civile, fonctionne à nouveau à partir de 1922 sans toutefois réussir à retrouver le niveau de ces activités d'avant la Première Guerre mondiale. La mauvaise qualité de la production, fortement critiquée, est imputée par les autorités locales à une baisse de la qualité de la glaise.

partie des activités d'élevage et de fabrication de produits laitiers.

Dans ce contexte, le projet d'aménagement du cours de la Volga présente un intérêt direct pour l'économie locale, puisqu'il se traduit aussi bien en terme d'emplois qu'en terme de dynamisme général de l'activité. De nombreux habitants trouvent ainsi à s'employer sur le chantier en devenant gardiens, contremaîtres, chefs de brigade forestière ou encore employés à l'administration des camps du goulag. « *Vse melkoe načal'stvo bylo mestnoe* » (tout le petit commandement était local) résume ainsi de façon sommaire un ancien prisonnier des camps [10] affectés au défrichement du territoire.

La fin de Mologa intervient alors que l'espace social est déjà morcelé et que la période la plus violente des répressions staliniennes arrive à son terme. Certaines familles de Mologa subissent ainsi une conjonction de drames : la spoliation de leurs biens, la déportation de proches puis le déplacement. La stigmatisation sociale que génèrent les purges staliniennes pour les familles qui les subissent est encore accrue par le déplacement, et se traduit pour elles par un isolement social redoublé d'une marginalisation économique, une paupérisation s'apparentant à la plus grande des misères.

L'espace politique de cette petite ville de province a subi une recomposition tardive à la fin des années 1920 et au début des années 1930, dont certains ont malgré tout su tirer un bénéfice. Cette prospère région rurale a longtemps été rétive à l'instauration effective du pouvoir des soviets. La répression sanglante des poches de résistance de la province de Yaroslavl conserve même une spécificité régionale dont l'histoire locale garde une mémoire tenace [Smirnov, 1977]. La construction d'une société nouvelle donne donc lieu à de nombreux règlements de comptes, à la recomposition des rapports de force et à l'expression de tensions encore exacerbées par l'absence totale d'anonymat dans cette petite communauté rurale.

---

10. Entretien KVK, juillet 2001.

Lorsque la destruction du territoire se prépare, les figures tutélaires de l'ancien régime ont déjà disparu. Les notables – roturiers ou nobles tels que les descendants d'Alexeï Ivanovitch Moussine-Pouchkine, les familles princières Kourakine ou Volkonski mais aussi les Kalachnikoff ou les Myrkine – ont été exécutés ou sont en exil. La fin du vieux monde tsariste a déjà eu lieu. Les nouveaux responsables politiques locaux n'exercent pourtant dans ce contexte qu'une autorité relative, et disposent d'une marge de manœuvre très limitée en matière d'exercice du contrôle social. Ils tirent donc un bénéfice accru, en terme de légitimité et de pouvoir, de leur participation à la réalisation du projet *Bol'šaâ Volga,* et plus encore après la visite personnelle de Kalinine, le 20 juin 1936, sur le site. D'autant plus que la réalisation d'un lac artificiel aux pieds de la ville ne semble pas initialement concerner directement Mologa. C'est ainsi que les habitants de Mologa en viennent dans une première étape à joindre activement leurs efforts à la préparation de leur propre destruction.

L'étape de l'anéantissement physique de la ville se déroule dans la confusion à la veille de la guerre. La mise en service de la centrale hydroélectrique de Rybinsk répond en effet à un besoin stratégique (militaire et économique) majeur : celui de l'approvisionnement complémentaire en électricité de Moscou. Les réalités locales ne peuvent que céder inexorablement le pas aux impératifs nationaux. L'ordre d'évacuation, le calendrier des expulsions et le montant des dédommagements éventuellement accordés, initialement fixés par les autorités administratives de Mologa dans les premiers jours de septembre 1936, entraînent un contexte d'hystérie collective et de tragédie, dans lequel se multiplient les échauffourées et la violente prise à partie des autorités locales qui ne se révèlent pas capables de mettre en place dans des délais très courts le déplacement ou le dédommagement de dizaines de milliers de familles supplémentaires, pas plus qu'elles ne sont en mesure de négocier le sauvetage de la ville.

L'étape ultime de l'inondation est mise en œuvre dans l'urgence en avril 1941 alors que les menaces de guerre se font plus précises, que le territoire n'est pas totalement évacué et que le dégel de la Volga est à peine entamé. Les responsables locaux totalement dépassés ne peuvent que signaler discrètement un certain nombre de décès alors que la presse locale célèbre de son côté la réussite technologique du socialisme triomphant. Les archives de l'administration des camps[11] semblent pourtant faire état de personnes qui auraient péri au moment de l'inondation, certaines se seraient suicidées, d'autres auraient été exécutées. La rumeur parle aussi de vieillards oubliés et de fermes isolées restées ignorées du dispositif d'évacuation. Les anciens se souviennent aussi de nombreux suicides, par pendaison, noyade ou grève de la faim, de personnes âgées. Ces morts longtemps indignes sont devenues avec le temps les fantômes de la mémoire commune auxquels nous consacrerons plus loin quelques pages.

DES ESPACES IMBRIQUÉS

Cette histoire chaotique a pourtant contribué à définir des espaces bien distincts dans lesquels se déploient les événements et s'ancrent les mémoires. Il est même possible de distinguer un triple territoire, fondateur à différents degrés des imaginaires sociaux au même titre que l'ont été les événements qui viennent d'être décrits.

Il y a d'abord le territoire inondé, la ville de Mologa, les 700 villages et les milliers d'hectares de campagnes environnants. Ce vaste espace compose un paysage bucolique avec de petits hameaux regroupant quelques isbas en bois alignées de chaque côté d'un chemin de terre, silencieusement enfouies sous la neige de l'hiver ou bien entourées aux beaux jours de vertes et grasses prairies où serpentent de petites rivières, et séparées par d'immenses forêts de bouleaux et de sapins. Il s'énonce désormais dans un jeu d'oppositions et de miroirs

11. Il m'a été possible d'en consulter et d'en photographier une partie (principalement des brouillons et des copies carbone) actuellement en la possession d'un ancien détenu du Volgolag.

entre un territoire créé – celui de l'immense étendue d'eau du lac – et un territoire disparu qui, peu à peu, en vient à acquérir le statut de monde mythique au point d'être désormais désigné comme une *Russkaâ Atlantida* (Atlantide russe) [Erohin, 2000], figure emblématique essentielle sur la construction et la portée de laquelle je reviendrai en détail.

Les archives locales et régionales recèlent bien des informations, quantitatives aussi bien que qualitatives, sur ce monde disparu – la petite ville provinciale et ses quelque 5 000 habitants permanents ; ses 900 maisons dont une cinquantaine en pierre s'étalant sur 4,5 kilomètres le long de la Volga et de son affluent la Mologa –, même s'il paraît plus facile d'en reconstituer la période présoviétique que les premières décennies du XXe siècle. Ce territoire rêvé demeure l'espace de référence pour l'identification des gens de Mologa, même si sa géographie en demeure plus affective que véritablement érudite.

Il y a aussi un second territoire, un territoire fantôme, celui des Volgolag (les goulags de la Volga). Unité administrative unique, formée de dizaines de *lagpunkt*, de dizaines de milliers de baraques et de bâtiments administratifs, ce territoire concentrationnaire constitue la part d'ombre et de déni de la mémoire commune. Il renvoie en effet à toutes les réalités que les gens de Mologa n'abordent pas volontiers : leur attitude personnelle face au régime soviétique, les camps de travaux forcés, leur propre collaboration au désastre. Il ne subsiste de ce territoire que quelques photographies conservées dans les archives régionales et des vestiges archéologiques faits d'ossements et de barbelés emmêlés sur les berges orientales du lac, quelques souvenirs biographiques aussi qui constituent les filigranes d'une géographie qui reste à faire, par-delà une antimémoire commune.

L'inventaire des goulags récemment publié sous la direction de N. Ohotin et A. Roginskij [Ohotin et Roginskij, 1998] donne la possibilité de reconstituer pas à pas la destinée administrative du Volgolag ou *Volgostroj*, cet ensemble de camps de travaux forcés dont le commandement a toujours été situé à

Rybinsk près de l'ancienne *derevnâ* de Perebory (qui en marque encore de nos jours la limite occidentale) à proximité immédiate du barrage. D'abord désigné comme le *Volžskij ITL* et associé au *Stroitel'stvo gidrotehničeskih uzlov*, du 7 décembre 1935 (date de sa création) au 20 mars 1942, période pendant laquelle il concentre jusqu'à 87 000 prisonniers par an, il est principalement destiné à offrir une main-d'œuvre servile pour la construction du barrage, la préparation du territoire et le soutien logistique (alimentation, habitat) des dizaines de milliers de prisonniers. Rebaptisé *Rybinskij ITL* (ou *Rybinlag*) au printemps 1942, il continue de fonctionner jusqu'au 26 février 1944 sur la base d'activités industrielles (principalement civiles mais aussi militaires) et de l'exploitation forestière en employant 20 000 à 35 000 détenus selon les années. Transformé en *ITL Volgostroâ,* le camp, qui regroupe entre 25 000 et 15 000 prisonniers, voit jusqu'au 29 avril 1946 ses activités accentuer leur caractère industriel. Renommé à cette date *Volžskij ITL MVD*, il ne regroupe plus que 15 000 à 20 000 condamnés, et voit finalement son commandement transmis le 29 avril 1953 au UITLK du ministère de l'Intérieur pour la région de Yaroslavl. Il verra ainsi son activité progressivement décroître jusque dans les années 1960 mais conserver un caractère résiduel conformément aux logiques spatiales de développement des sites concentrationnaires soviétiques telles que restituées par les géographes [Brunet, 1981]. Un ancien détenu[12] rapporte ainsi que près de 900 personnes étaient encore internées en 1954 dans le *lagernoe otdelenie* n° 2 situé au pied du barrage, un autre[13] témoigne avoir été interné sur la zone de l'hôpital de 1977 à 1980 avant d'être libéré et réhabilité.

Il y a enfin un territoire bien réel mais muet : la ville de Rybinsk. Ancien port fluvio-maritime qui acquit le statut de ville franche en 1777 et première place russe de négoce du blé avant la révolution, Rybinsk a toujours fait figure d'un *alter*

---

12. Archives Memorial, fond 1, delo 72, opis 1.
13. *Ibid.*, fond 1, delo 1208, opis 1.

ego urbanisé, industrialisé et surpeuplé (près de 100 000 habitants au début du XXe siècle) d'une Mologa rurale principalement tournée vers l'agriculture et l'élevage. C'est vers Rybinsk qu'ont afflué entre 1939 et 1941 la plupart des familles déplacées du territoire à inonder. L'expansion industrielle, urbanistique et démographique de cette ville provinciale, son présent et sa prospérité soviétique sont ainsi, de fait, étroitement liés à la construction du barrage et à l'activité des Volgolag.

Cette cité de 90 km^2 [Brunet, 2001, p. 94] et 250 000 habitants renvoie en premier lieu aux villes soviétiques, marquées par l'immensité et l'anonymat des paysages urbains socialistes [Radvanyi, 2000], immédiatement entourées de zones rurales désormais en voie de totale désertification lorsqu'elles ne sont pas réappropriées par les datchas. Mais Rybinsk, important site de production du complexe militaro-industriel (armement léger et lourd, équipement militaire, moteurs d'avions) [Lappo et Polian, 1997], a pour spécificité d'avoir été jusqu'en 1991 une ville fermée. Ce territoire est toujours à ce titre, quinze ans après son ouverture à la circulation des étrangers, un espace du silence où perdure une culture du secret et où, en matière de connaissance géographique, l'amnésie le dispute au mensonge par omission. La topographie urbaine y est muette ou mal renseignée. Le numéro des bâtiments, le nom des rues et les panneaux d'orientation sont rares ou absents. Le manque de repères n'est que très partiellement pallié par l'apparition d'une cartographie récente dont les erreurs et les omissions sont à elles seules riches d'enseignement. Or c'est de l'intérieur de cet espace du secret que s'est élaborée la mémoire de Mologa.

UNE SUPERPOSITION DE COMMUNAUTÉS

De la même façon que les territoires se superposent, les communautés concernées par l'édification du barrage sont, elles aussi, multiples et imbriquées. La visibilité du groupe des Mologžany contribue en effet à en masquer d'autres, silencieux ou intangibles. Alors que leurs mémoires se recouvrent et parfois s'interconnectent.

La communauté qui nous concerne au premier chef est celle des Mologžany et, au-delà d'eux, les 130 000 déplacés dont la très grande majorité, anonyme, ne trouve qu'une représentation fragmentée au sein du *Mologskoe Zemlâčestvo*. Les informations qui ont pu être rassemblées sur leur sort au cours de l'enquête ont été en partie complétées par celles (d'ordre muséographique et archivistique) que fournit la petite filiale du musée de Rybinsk, le *Muzej Mologskogo Kraâ*, inaugurée en 1995 pour retracer le passé et l'histoire du territoire englouti.

Par ailleurs, il est difficile de déterminer très exactement le nombre de personnes qui furent internées momentanément ou durablement sur les sites du Volgolag et qui côtoyèrent pendant leur détention la communauté des autochtones. Les estimations des historiens locaux, fondées sur un cumul (pondéré par les taux de mortalité et de rotation des prisonniers) du comptage fourni par l'administration des ITL, l'évaluent à 700 000 détenus. Il est très vraisemblablement de l'ordre de plusieurs centaines de milliers de condamnés, mais probablement inférieur à ce chiffre. Peu de publications concernent les anciens internés à Rybinsk, en dehors de l'ouvrage publié par l'antenne locale de la fondation Memorial [Râboj, 1995] qui regroupe les notices biographiques, précédées dans la mesure du possible d'une photographie, des personnes originaires de la région ayant subi la répression du régime soviétique et dont la destinée ultime reste le plus souvent ignorée. Les archives nationales de la fondation Memorial[14] m'ont quant à elles fourni un appréciable réservoir de témoignages biographiques collectés au début des années 1990 qui offrent un contrepoint saisissant de précision et de détail au caractère parfois obstinément allusif des récits locaux.

La troisième communauté qui voit sa propre mémoire collective enchevêtrée avec celle des Mologžany est constituée

14. Les dossiers ont été extraits de la base de données de la fondation à partir des mots clés Rybinsk/volgostroj/volgolag.

des habitants de la ville de Rybinsk. Évaluée désormais à près de 250 000 personnes, elle ne regroupe que peu d'autochtones, dans la mesure où la population urbaine est autant le fruit du brassage soviétique des populations que celui d'une durable et importante immigration industrielle. La presse locale, quotidienne et hebdomadaire, et diverses publications à caractère historique qui évoquent le passé proche ou lointain de la ville m'ont ici plus d'une fois apporté de précieux compléments d'informations.

I

Les acteurs du souvenir

Les personnes âgées considèrent généralement comme stationnaire l'histoire qui s'écoule pendant leur vieillesse, en opposition avec l'histoire cumulative dont leurs jeunes ans ont été témoins. Une époque dans laquelle elles ne sont plus activement engagées, où elles ne jouent plus de rôle, n'a plus de sens : il ne s'y passe rien ou ce qui s'y passe n'offre à leurs yeux que des caractères négatifs ; tandis que leurs petits-enfants vivent cette période avec toute la ferveur qu'ont perdue leurs aînés. Les adversaires d'un régime politique ne reconnaissent pas volontiers que celui-ci évolue ; ils le condamnent en bloc, le rejettent hors de l'histoire, comme une sorte de monstrueux entracte à la fin duquel seulement la vie reprendra [Lévi-Strauss, 1996, p. 396].

Enquêtant au sein de ces trois communautés sur la façon dont s'était élaborée et transmise la mémoire de la ville engloutie, j'ai souhaité consacrer une première étape aux acteurs du souvenir, ceux qui se souviennent, et ceux dont on se souvient. Quels sont les personnages qui fabriquent la mémoire de la communauté des déplacés ? Quelle société dessinent-ils ? Jeunes ou vieux, hommes ou femmes, vivants ou morts, quelles fonctions assument-ils dans la construction du savoir que leur société d'origine élabore sur son passé et sur elle-même ?

Les témoins encore vivants sont les premiers acteurs. Figures tutélaires et jalons de la mémoire commune, les survivants de l'inondation de 1941 font, en effet, eux-mêmes partie des principaux repères partagés par le groupe des déplacés. Car la communauté n'est pas tout à fait une foule d'anonymes. L'espace de l'interconnaissance et de la sociabilité a gardé, malgré le déplacement, de sa pérennité et de sa signification. La communauté des anciens habitants de Mologa a même trouvé des voies pour sa perpétuation. Certains de ceux qui seront présentés ici jouissent d'une notoriété locale et parfois régionale.

Mais les acteurs du souvenir sont aussi des défunts, autres protagonistes de la mémoire collective : héros tragiques de la « grande guerre patriotique[1] » ou pionniers de la construction

1. C'est ainsi qu'est désignée en Russie la Seconde Guerre mondiale.

du socialisme triomphant, personnages historiques de la Russie tsariste ou simples familiers de la vie des campagnes soviétiques, ils deviennent de façon ultime les repères inébranlables des discours familiaux et communautaires. Ces acteurs, ancêtres et aïeux, représentent en effet les objets et la matière même de la mémoire tout autant que le ferment et l'assise de la construction identitaire élaborée par chaque groupe social.

Pourtant, cette présentation des acteurs de la mémoire ne s'en tiendra pas là. Car évoquer les narrateurs et m'interroger sur leur rôle dans la construction mémorielle de leur communauté d'origine m'ont également obligée à soulever la difficile question du témoignage, à tenter de cerner sa nature, sa portée ou encore les fondements de sa pérennité.

D'emblée, la prise en compte du point de vue de mes interlocuteurs m'a ainsi posé divers problèmes méthodologiques et épistémologiques. L'enregistrement des entretiens, par exemple, a été dans la très grande majorité des cas impossible. Refus, rares mais explicites, dérobades et réticences innombrables et réitérés m'ont convaincue qu'il semblait y avoir plus de risque à vouloir imposer le magnétophone qu'à s'en tenir à une simple prise de notes : risques de voir s'épanouir des discours convenus et construits ou au contraire épurés et édulcorés de toute consistance. La parole de mes interlocuteurs s'est en effet le plus souvent livrée dans l'intimité domestique, comme une confidence, parfois une confession. Elle pose aussi bien la question de la rigueur des conditions de sa collecte que celle de la possibilité même de sa restitution.

Mon premier travail a dès lors consisté, assise à une table, celle de la cuisine ou de la salle à manger de mes interlocuteurs, à prendre des notes en inscrivant discrètement les dates et les noms, à tenter d'écrire sans interrompre le discours en gardant quelques guillemets pour les mots d'auteurs saisis au vol et en prenant d'indispensables repères pour la fixation du fil de la narration. Cette contrainte technique forte m'a obligée à ne restituer qu'une fois rentrée à mon domicile le détail du propos et sa portée implicite.

Lorsque la parole se dérobe et ne se confie pas volontiers, chacune des réticences et chaque silence révèlent ainsi toute la complexité d'une mémoire privée, qui peut parfois aller jusqu'à souhaiter rester clandestine. Je n'ai pas sous-estimé l'importance que prenaient, pour les interlocuteurs eux-mêmes, ces longs discours tenus à un individu extérieur et étranger, ni les enjeux de ces confessions de choses longtemps tues ou partiellement évoquées dans l'intimité familiale.

Quelle trace garder d'une vie entière qui se dévoile, comment la restituer sans en montrer nécessairement toutes les compromissions, que celles-ci relèvent du point de vue de la morale ou du droit ? Il m'a incombé de faire la part de la pudeur et celle du sens : car il fallait montrer et faire comprendre, sans trahir. C'est aussi par respect de la confiance qui m'a été accordée que j'ai modifié les prénoms et les prénoms patronymiques, le plus souvent omis les noms de famille et gommé ceux des détails de l'identité personnelle ou sociale qui rendaient certains de mes interlocuteurs aisément identifiables.

Cette dimension rétive du souvenir impose aussi de prendre en compte l'impact de la période soviétique, notamment de ses moments de crise, sur les consciences et les mémoires. En appliquant à la Russie l'expression utilisée ailleurs par Françoise Zonabend, « au pays de la peur déniée » [Zonabend, 1993], moins qu'ailleurs, il n'y a de mémoire objective. Le souvenir collectif est un point de vue qui compose avec le déni, la mise en abîme, l'oubli et la négation tout autant qu'avec la vulgate doctrinaire du marxisme-léninisme. Ce que Françoise Zonabend pouvait écrire en 1993 sur la vie quotidienne des voisins du nucléaire dans les profondeurs feutrées de la France rurale peut ainsi aisément s'appliquer aux anciens de Mologa, voisins pendant plusieurs années des camps de travaux forcés, et familiers, pendant la période stalinienne pour le moins, du danger politique au quotidien :

> Dans ce contexte, la parole est le support de mille ruses destinées à obscurcir le sens déclaré, proclamé, de la narration entendue. Le langage ici peut dire ou taire, mener ou égarer, éclairer ou brouiller. Maintes fois dans des récits recueillis, l'énoncé réel se

> tapit, se dissimule derrière des paroles destinées à lui faire écran. Tout un ensemble de tactiques se déploie, visant à créer sans cesse de l'opacité et de l'ambiguïté. Pourtant l'analyse du langage ou de l'acte de parler me semble seule capable d'informer sur ce vécu singulier. La parole ou, mieux, l'expression orale, avec ses digressions, ses interdits, ses intonations, ses substitutions métaphoriques, offre la possibilité de révéler les processus d'effacement et de repérer les tactiques défensives : en quelque sorte, les mille et une façons de déjouer l'anxiété [Zonabend, 1993, p. 123].

Comprendre ce qui pouvait donc s'exprimer d'essentiel au sein même des discours biographiques, entre opacité et ambiguïté, demeura l'un de mes principaux objectifs. Il fallut ainsi m'approprier lentement ce jeu duplice qu'entretenaient mes interlocuteurs avec le silence. Puisque se taire, c'est savoir ou tout du moins laisser entendre que l'on sait, il leur fallait en effet souvent parler d'autre chose, et en abondance : une pléthore d'informations secondaires venant en masquer d'autres plus essentielles mais indicibles.

> Cette parole dite pour cacher, ces discours proférés pour détourner, auxquels viennent s'agréger d'autres traits de comportement, d'autres manifestations langagières, parlent tous d'une indéniable peine secrète, d'une inquiétude refoulée, d'une peur enfouie [Zonabend, 1993, p. 123].

Alors, au-delà de la question de la forme du discours biographique, des effets d'introversion ou de déplacement dont ont fait preuve mes interlocuteurs, s'ouvrent des abîmes de sens. Abîmes qui obligent à évoquer, dans cette Russie post-soviétique mal connue, la place omniprésente du secret : cette capacité à taire et à dissimuler qui demeure au cœur de toutes les pratiques discursives, et qui structure de façon durable les façons de penser, d'agir et de réagir de tout un chacun.

Évoquer les défunts, c'est poser d'autre part la question de l'inscription de la mémoire de cette communauté dans la temporalité. Car le jeu du souvenir est une navigation dans le temps. Parler des morts revient à instaurer une chronologie et à assigner des fonctions différentes à divers modes de temporalité (présent, passé, futur). La pratique mémorielle relève aussi d'une restitution, d'une reconstruction, et manifeste à travers la mention des défunts sa part rétrospective.

L'un des rôles de la mémoire vise en effet à organiser l'inscription des interlocuteurs dans une temporalité. Jean Starobinsky [1994, p. VIII-XI], préfaçant le travail de Horst Günther sur les temporalités du discours historique, souligne ainsi que l'un des intérêts de l'étude de Günther est justement de mettre en lumière la proximité des formes de l'autobiographie et de celles de l'histoire universelle. Le philosophe allemand restitue en effet dans son ouvrage les transformations des représentations du temps en Europe, et montre que l'expression du temps du monde et celle du temps personnel subissent les mêmes mutations malgré leur hétérogénéité fondamentale.

Qu'en est-il alors pour la communauté des rescapés de l'Atlantide, dans cette Russie provinciale et post-soviétique, toujours chaotique ? Vieux passé russe, jeune passé socialiste, présent encore indécis se mêlent au sein de discours biographiques foisonnants qui donnent à voir l'envers du décor. Au-delà des discours officiels et des mythes de l'idéologie socialiste, en deçà de l'amnésie collective dont semble à certains endroits faire preuve la Russie post-soviétique [Ferretti, 1995], dans cet espace onirique qui tisse les fils de l'autobiographie et de l'histoire, leurs récits m'ont offert une plongée dans les souvenirs au quotidien d'une petite communauté provinciale.

1

Les vivants…

Ne živi kak hočeca, a živi kak možeca.
(Ne vis pas comme tu veux, mais vis comme tu peux.)

En visite sur le site de la ville engloutie, Galia N. retrouve l'emplacement de la maison natale de son père (photo É. Gessat-Anstett).

Le parler de Mologa peut s'entendre. Bien que le russe soit une langue sans patois ni dialectes, il y existe en effet de nombreux accents. Comme en Angleterre où une oreille aguerrie distinguera un locuteur de l'Oxfordshire d'un habitant du Strend, un auditeur attentif pourra aisément différencier en Russie le parler du Moscovite traînant ses fins de phrase avec une indolence fatiguée, de celui du Mologžanin qui les chante, d'un ton étonné presque incrédule. Là où les habitants de la capitale insistent sur « a », les gens de Mologa usent et abusent du « o ». « *Oni okuût* » (ils prononcent fortement les « o »), dit-on, au point que la prononciation du nom même de la ville se transforme à l'usage en « *MologO* ».

Des expressions très spécifiques sont également employées dans les récits biographiques, qui renvoient à un mode de vie rural et un passé présoviétique disparus, et dont le sens n'est accessible qu'à ceux qui partagent le même espace de références. Telle l'expression « *byvat' na tu'erah* » (être au touage), employée pour désigner le temps libre, qui fait référence aux heures de loisir que s'accordaient les matelots des navires marchands croisant sur le cours tortueux de la Šeksna avant de pénétrer dans les eaux plus larges de la Volga, lorsque leur vaisseau perdait plusieurs heures à suivre lentement à la touée les méandres de la rivière, et qu'il leur était ainsi possible de prendre un raccourci par voie de terre en s'adonnant aux joies de la cueillette, de la chasse, ou du badinage avec les jeunes filles des villages avoisinants.

Vestige d'un ailleurs et d'un autrefois qui n'est plus, l'accent de Mologa vagabonde toujours et s'éternise. On le surprend à Rybinsk dans les files d'attente des transports en commun, on l'entend au magasin ou dans la rue, à Yaroslavl ou ailleurs. Les vieux des villages de la rive occidentale du *Rybinskoe More* en sont encore les porteurs. Et cet accent s'entend, bien sûr, lors des réunions du *zemlâčestvo*, où les façons de parler, de se reconnaître et de se saluer sont peut-être aussi importantes que les propos échangés. L'accent de Mologa est un premier signe, un signe audible, de l'existence d'une communauté.

À PROPOS DES GÉNÉRATIONS ET DU TÉMOIGNAGE

Suivant la génération à laquelle appartiennent ceux qui prennent la parole, la mémoire des anciens de Mologa est conservée et restituée selon des modalités bien différentes. La génération de ceux qui étaient dans la force de l'âge au moment du déplacement a désormais totalement disparu, même s'il m'a été possible d'en rencontrer trois représentants dans les premières années de mon enquête. Je reviendrai plus loin sur le témoignage de ces trois centenaires, trois femmes, qui m'ont offert un regard plein de lucidité et d'émotion, souvent teinté de malice, sur leur XXe siècle s'achevant.

Ne subsistent dorénavant, comme seuls témoins vivants du passé, que les habitants de Mologa qui, nés avant la « grande guerre patriotique » et l'inondation, étaient au moment de sa destruction des enfants ou de jeunes adultes. Ces témoins doivent désormais composer avec ceux, leurs enfants ou petits-enfants, qui sont les descendants de Mologa et qui, sans jamais l'avoir connue, se posent pourtant en dépositaires d'une part de la mémoire commune et de l'identité collective de la communauté. La présentation de quelques figures exemplaires de ces deux générations permet de restituer la richesse des discours mémoriels, la variété de leur forme et la diversité de leurs usages sociaux, tout autant qu'elle offre l'occasion d'aborder les problèmes méthodologiques et épistémologiques que pose leur prise en compte.

Les anciens

Le timide Guénadi illustre, en premier lieu, la figure centrale du *kraeved.* Ce modeste retraité, sanglé dans son étroit imperméable beige sans âge et flanqué de son long sac noir en nylon contenant ses derniers cahiers de notes et quelques documents, est l'une des figures immuables, discrète et fidèle, des assemblées de la communauté.

Ancien ingénieur de la construction aéronautique, né à Mologa en 1930, il consacre la plus grande partie de son temps libre à la consultation des diverses archives locales. Il est ainsi devenu un *kraeved*, un érudit tout entier dévoué à la connaissance de son *kraj*, de sa contrée et de sa région d'origine. Bien qu'institutionnalisé, doté de chaires universitaires et d'une association, désormais internationale, présidée par l'académicien Sigurt Ottovitch Schmidt [1992], le *kraevedenie* reste une discipline qui fait l'objet de l'engouement durable d'amateurs bénévoles. Guénadi est l'un d'entre eux.

C'est un lecteur attentif et infatigable des innombrables *dnevniki* restés non publiés, ces journaux intimes que rédigeaient, au même titre qu'un grand nombre de leurs contemporains du XIXe siècle et du début du XXe siècle, les anciens habitants de Mologa, documents parfois préservés localement par les institutions (écoles, musées, usines) dont les rédacteurs avaient été les membres. Les archives privées sont plutôt conservées par la filiale locale de Rybinsk des archives régionales dont Guénadi est un visiteur assidu. En tant que *kraeved*, il a toute légitimité pour y consulter également les archives administratives et historiques de la ville de Mologa. Il dispose et restitue ainsi une connaissance qui, si elle s'est constituée relativement récemment, fait néanmoins la preuve d'une immense richesse. Il se fait chroniqueur à l'occasion et publie de temps à autre dans la presse locale et régionale des articles rappelant la splendeur passée de Mologa et de sa région.

Sa mémoire se nourrit de l'histoire des bâtiments et, dans une moindre mesure, de celle des hommes illustres qui furent à l'origine de leur construction ou de leur développement, et dessine une géographie affective bien plus qu'une histoire de la ville. Son propre récit mémoriel restitue de fait une profonde culture architecturale et urbanistique. Cet intarissable conteur peut évoquer par exemple l'une des particularités locales, cette tour de guet des pompiers érigée en 1880 selon les plans de l'architecte régional A. M. Dostoïevski, frère de l'écrivain, seul bâtiment civil à dépasser les toits des isbas et des maisons en pierre de la ville. C'est autour de ce beffroi, sur la vaste place du marché toute proche où battait le cœur de la ville, que s'organisaient les festivités annuelles en l'honneur de l'amicale des pompiers volontaires. Guénadi raconte aussi que c'est sur cette place que se trouvait le mont-de-piété, ouvert en 1903 et baptisé en mémoire du notable local, longtemps en charge de l'administration de la ville et citoyen d'honneur de Mologa, M. V. Podosenov dont le fils finança la construction de l'orphelinat et de l'asile de vieillards, en 1882 et 1892. Guénadi précise leur localisation rue de Tcherepovets et rue Yaroslavl (en donnant le nom des rues dans leur version présoviétique), souligne la chronologie précise de leur édification, explicite les fonctions sociales qu'ont exercées ces bâtiments, et rappelle parfois, mais très discrètement et de façon fugace, quelques détails de sa vie personnelle qui s'y rapportent : la proximité de sa maison familiale, le lieu de travail de ses parents. Mais la mémoire personnelle paraît extrêmement discrète en regard des connaissances historiques acquises sur le passé de la ville. Cette mémoire nostalgique n'est pas une mémoire de l'intime.

La forme générale du discours mémoriel de Guénadi semble très codifiée et se retrouve aussi chez les autres érudits que j'ai pu rencontrer. Le récit descriptif relève en effet d'un micro-régionalisme hypertrophié où les comparaisons et les références à un espace plus vaste, un contexte géographique ou historique, sont, de façon générale, absentes. La période soviétique disparaît parfois purement et simplement de récits plus volontiers tournés vers la restitution d'un passé prérévolutionnaire. Cette érudition immense paraît ainsi souvent gratuite et parfaitement désimpliquée. Nuls mobiles politiques, idéologiques, identitaires ou confessionnels ne sont fournis à cette insatiable soif de connaissance, et aucune tentative d'analyse ou d'interprétation du passé n'émerge de ces récits.

Le savoir des *kraevedy* demeure ainsi aproblématique et leur restitution du passé cherche avant tout à s'en tenir aux faits. Le genre du *kraevedenie* se distingue en cela par un art du détail qui le rapproche par bien des aspects de la *factografia,* la tradition littéraire factographique. Car la pratique de dresser un tableau de la réalité par le moyen d'une information documentaire, qui n'est ni nécessairement critique ni toujours documentée, puise en Russie, depuis le début du XXe siècle, ses ressorts techniques et son dispositif discursif dans un genre littéraire spécifique, la *literatura fakta,* la « littérature du fait réel », qui accorde une place centrale au fait réel en tant que fait non fictionnel. Léonid Heller rappelle ainsi à propos de cette « utopie sémantique, présupposant un rapport biunivoque et fixe entre le mot et la chose » [Heller, 2001, p. 164] que :

> Les genres et les formes d'expression – la logographie et la poésie, le témoignage et la fable, le romanesque et le discursif – tissent dans la tradition russe un réseau de rapports quelque peu différent de celui qui a cours en Occident, notamment en ce qu'elle accorde relativement plus de poids aux modalités du « vrai » qui se confond fréquemment avec le « non-fictionnel » [Heller, 2001, p. 144].

Le discours ciselé de Guénadi, nourri de multiples et infimes détails – couleurs des murs, motifs de décoration des encorbellements et des chambranles, hauteur des bâtiments –, nécessairement pléthorique puisque les possibilités de détailler toujours plus et encore sont potentiellement infinies, révèle ainsi un habile art d'être myope.

Les fonctions sociales et symboliques de ce type de discours sont multiples et complexes. À un premier niveau, cette géographie urbaine restitue une part de la mémoire sociale, dans la mesure où elle met en lumière les voies et les modalités de l'organisation des solidarités communautaires, à travers la prise en charge des populations défavorisées ou marginalisées et la gestion des risques par exemple, et qu'elle est capable de révéler ce faisant la part de cohésion sociale des habitants de Mologa.

Toutefois cette première lecture ne doit pas en masquer une seconde qui nous semble bien plus centrale et qui renvoie aux enjeux identitaires du *kraevedenie.* Car la réappropriation du passé par l'érudition fournit à Guénadi comme à son public les moyens logiques et symboliques de combler des vides, et de pallier des manques de repères pour une auto-identification par une connaissance (re)construite de la réalité du passé. Les *kraevedy* disposent en effet d'une connaissance éminemment fondatrice. Leur savoir, qui représente en premier lieu l'élaboration et l'expression d'une mémoire collective, offre également à leur communauté de référence les fondements historiques de son autochtonie.

Le flamboyant Vadim incarne pleinement, quant à lui, la figure du militant. Personnalité enthousiaste reconnue pour sa générosité et son hospitalité, cet ancien technicien du secteur énergétique à la mise toujours impeccable fit toute sa carrière professionnelle dans les centrales hydroélectriques de la région. Communiste convaincu et militant, il a même développé au fil du temps un étonnant mimétisme avec V. I. Lénine qui figure en très bonne place dans le panthéon personnel de son appartement aux côtés de quelques êtres chers, son épouse défunte et leur fils unique décédé en bas âge. Son petit logement du centre de Rybinsk, tapissé de rouge sombre et ouvert à tous, est ainsi un capharnaüm hétéroclite où se mêlent des objets manufacturés de la période soviétique (tasses en porcelaine à la gloire du cinquantième anniversaire de la révolution d'Octobre, fanions célébrant la saine compétition socialiste sportive ou industrielle) et d'autres plus anciens : un antique samovar hérité de la vieille maison familiale, toujours en usage malgré de multiples fissures et un fonctionnement général incertain, poêles et pots en fonte datant du siècle dernier où Vadim cuisine en abondance ses *pirožki* et *bliny* pour ses toujours très nombreux invités. Affichés aux murs et conservés dans de grands albums, d'innombrables collages, que Vadim réalise à ses heures perdues, mélangent dans une superposition anarchique des reproductions d'articles publiés dans la presse locale ou nationale, des photographies publiées ou personnelles, des commentaires inscrits, saturant ainsi l'espace de référents mémoriels.

Pour Vadim, né en 1924, benjamin d'une grande fratrie de sept enfants, la mémoire de Mologa se confond avec une mémoire des lieux de l'enfance. Ses souvenirs associent en effet des espaces minutieusement décrits à des événements marquants de la vie privée : la vieille isba familiale au large perron protégé d'un porche, entourée d'une grande palissade peinte en jaune détruite par un incendie en 1935, le confluent tourbillonnant de la rivière Mologa et de la Volga où il échappa avec l'un de ses frères à la noyade. Là encore presque rien n'est dit de la période ou du contexte. Et, malgré mes sollicitations, il ne lui est pas toujours possible de dater précisément les événements : les traces de l'époque de la préparation de l'exode communautaire s'effacent ainsi devant le souvenir du verger voisin où il chapardait des poires juteuses et où le chien de garde lui déchira par deux fois le fond de culotte. L'environnement tentaculaire du goulag disparaît derrière le souvenir du camp de vacances pour pionniers où, adolescent, il fut *vožatyj* (moniteur) et où il releva le défit de creuser avec les autres enfants – tous fils et filles des responsables du NKVD en charge du Volgolag – un petit canal à travers les dunes jusqu'à la Volga toute proche. Ses souvenirs restituent ainsi une géographie affective, celle des lieux du plaisir ou des peurs, des joies et des peines, nourrie de goûts, de saveurs et d'odeurs. Mais cette puissante topographie émotionnelle n'offre pas de lecture cohérente ou globale du territoire ou de l'époque.

La dimension rhétorique de l'expression personnelle renvoie bien souvent aux formes convenues du discours politique et de la prise de parole publique : le verbe de Vadim est plein d'exergue, d'exclamation et d'emphase, et ne s'égare jamais sur le chemin du trivial, de l'insulte ou de l'obscénité. La langue de Vadim reste un langage châtié. Son discours rappelle toutefois que sa mémoire n'est pas exempte de parti pris, et qu'elle peut parfois emprunter aussi la voie d'un certain dogmatisme, se nourrissant d'excès, d'amours immodérées et enthousiastes et de haines tenaces aussi.

La fonction sociale de ce type de récit mémoriel – qui peut s'entendre également au-delà de la seule communauté des gens de Mologa – est centrale. L'expression d'une mémoire émotionnelle et privée offre en effet un contrepoint recherché et tenable au discours mémoriel public, celui de l'histoire politique. Espace dépolitisé d'expression, la restitution du dédale des souvenirs personnels représente ainsi la voie qu'a empruntée de façon privilégiée la mémoire communautaire des Mologžany pendant la période soviétique. Cet espace discursif rend en effet possible l'énonciation d'une évaluation alternative, mais non contestataire, du passé. Il permet l'expression légitime de l'émotion, la richesse foisonnante du quotidien venant pallier l'absence d'esprit critique.

Ce type de témoignage révèle les blocages qu'ont introduits les usages politiques de l'histoire soviétique au sein des processus sociaux de mémorisation. Les multiples usages politiques et idéologiques du passé n'offraient pas en URSS d'autres possibilités d'appropriation du passé collectif que celles de la plus stricte conformité entre les parcours biographiques et la destinée nationale. Or l'exubérante complexité du réel demeure difficilement réductible à une ligne directrice ou un stéréotype. L'impossibilité dans laquelle s'est longtemps trouvée la mémoire familiale russe d'emprunter en toute sécurité les voies du récit historique l'a ainsi amenée à s'échapper dans le documentaire et le savoir localisé, dont le *kraevedenie* offre une version savante et le témoignage biographique une version vernaculaire et empirique.

Nikolaï restitue quant à lui la mémoire enracinée des Soviétiques ordinaires. Chez cet ancien agronome, né en 1920, sobre et taciturne, la modestie et la discrétion du mode de vie contrastent avec la richesse d'une mémoire de la parentèle tournée vers le temps long. C'est à l'intérieur de sa maison de rondins engoncée dans un petit jardin, située à l'écart du cœur industriel de la ville dans le quartier du *Slip* où sont venus s'installer de nombreux Mologžany après leur déplacement, que les souvenirs familiaux révèlent leur profusion. Nikolaï y vit au rythme des saisons de son potager, élève quelques chèvres pour le lait et des ragondins pour leur fourrure et leur viande. Il prépare ainsi à l'occasion un excellent ragoût selon une vieille recette familiale, coud pour sa famille et pour lui-même les vêtements chauds de l'hiver, vit entouré des objets du quotidien d'autrefois, sauvegardés avec discrétion et ténacité, et dont il était resté – avant même le déplacement – le seul héritier après la mort prématurée de son jeune frère : un miroir dépoli dont le cadre de bois est fissuré, une élégante horloge à la précision sans faille, un frêle et bancal vaisselier peint dont le décor floral s'estompe, et surtout un grand album relié en cuir où sont conservées les photographies familiales.

Les souvenirs de Nikolaï constituent ainsi une mémoire discrète, qui ne s'énonce pas en public, qui ne fait pas l'objet de longs et grandiloquents discours, mais qui est plutôt distillée par bribes et que les plus jeunes – ses deux enfants et ses quatre petits-enfants – doivent précisément solliciter pour en hériter des parcelles. Cette mémoire est multiple mais d'abord lignagère et linéaire. Dans ses récits, Nikolaï égrène les générations – parents, grands-parents, arrière-grands-parents – et restitue volontiers la mémoire de sa vaste parentèle et celle de son lignage qui s'articule autour des figures masculines et qui se nourrit d'héritiers en prenant appui sur un capital onomastique propre.

Quelques prénoms – Nikolaï, Michel, Fiodor – sont ainsi répétés de génération en génération de façon à constituer un étendard identitaire familial. Ils viennent souligner la cohésion de cette grande et prospère famille de négociants qui prit activement part, jusqu'à la période soviétique, à la gestion des affaires civiles de la ville. Les photographies conservées dans l'album familial illustrent cette parenté foisonnante et impliquée de multiples façons dans la vie ordinaire et extraordinaire de Mologa, tout autant qu'elles servent de support au récit familial. La mémoire de la parentèle s'associe de fait à celle d'un terroir. Nikolaï tire beaucoup de fierté du fait que ce soit son savoir généalogique et biographique qui est repris par le musée Mologa pour illustrer la dynamique des grandes familles locales. Affichées au mur de l'une des salles du musée, les photographies extraites de l'album de Nikolaï ont en effet été reproduites et encadrées. Elles resteront exposées quelque temps puis seront remplacées par celles d'une autre famille. Mémoires privées, mémoire publique, mémoires familiales, mémoire communautaire s'exposent ainsi, enchevêtrées.

Mais les souvenirs de Nikolaï restituent aussi les anciens modes de vie, ceux de la vie quotidienne d'une petite ville provinciale non industrialisée et marquée par les contraintes d'un espace rural omniprésent : la circulation en barque au moment des crues d'une Volga qu'il était par ailleurs possible de traverser à pied – à quelques kilomètres en amont – à la saison sèche, les routes en terre et les ruelles embourbées qui deviennent impraticables au printemps et en automne, et surtout l'importance vitale de l'organisation de l'autosubsistance par l'exploitation quotidienne du lopin de terre familial gérée par les femmes et à laquelle étaient très tôt associés les enfants. C'est cette mémoire et ce savoir du travail de la terre, pratique avant que d'être savant, que Nikolaï continue tous les jours de mettre en œuvre. Les souvenirs de Nikolaï font ici étroitement écho à ceux de Youri, son copain d'enfance, dépositaire d'un immense savoir botanique tourné vers l'herboristerie médicale dont il fait profiter ses proches. C'est cette mémoire de l'espace rural qu'ils ont emportée avec eux en quittant Mologa.

Les souvenirs de Nikolaï restituent enfin une importante mémoire sociale, celle des métiers artisanaux exercés par les familiers et les proches, celle des fonctions professionnelles et bénévoles des membres illustres ou anonymes de la famille, celle des formations et des apprentissages reçus par les plus jeunes dans les nombreux ateliers et les échoppes de la ville, dans un espace socioculturel où les pratiques professionnelles et les modes de vie demeuraient étroitement liés. La mémoire de Nikolaï, celle de Youri comme de nombreux autres Mologžany conservent de cette façon une certaine dimension historique car leur récit incorpore une part de déploiement temporel même s'il restitue plus volontiers le cadre spatial et social de leurs souvenirs personnels amassés au gré de leurs propres occupations et déplacements en ville.

Cette géographie de l'usage dessine de fait une mémoire communautaire de l'espace. Les anciens conservent ainsi très précisément le souvenir des distances. Ils sont capables de chiffrer en mètres la distance entre différents points de la ville. Ils gardent aussi la mémoire du tracé et des noms des rues – toutefois plus facilement restitués dans leur version soviétique –, l'emplacement des maisons familiales comme celui des lieux de la vie commune. Leur mémoire reste une source inépuisable pour la communauté tout entière : elle sert de socle et de référent au plus grand nombre, et fonde aussi la part contemporaine des pratiques commémoratives et les usages les plus actuels du territoire. Ce sont en effet ces anciens qui servent de guides au reste de la communauté lors des voyages-pèlerinages entrepris au début de l'automne, lorsque le site de Mologa émerge des eaux.

Les modernes

Pour ceux qui n'ont pas connu Mologa, les choses se dessinent d'une tout autre façon. Sergueï, dynamique propriétaire et directeur d'une entreprise de travaux publics, incarne ainsi, au sein de la jeune génération, la figure de l'homme d'affaires. Né en 1950 en Moldavie, il a tardivement et tout à fait fortuitement découvert l'histoire personnelle et les origines géographiques de son père lorsqu'il fallut en 1991, à l'issue de la disparition de l'URSS, renouveler les documents d'identité de ce dernier. Mologa, déclarée comme la commune de naissance du père de Sergueï, ne figurait pas sur l'atlas officiel utilisé jusque-là avec succès dans toutes les circonstances par l'administration moldave. Son père dut s'expliquer et raconter. Sergueï prit alors en quelques semaines la décision de vendre son entreprise, d'abandonner sa propre Moldavie natale et de venir s'installer avec sa femme, ses deux enfants et son père veuf « *na rodinu* » (sur la patrie), dans la région de Yaroslavl au plus près de la terre de ses ancêtres. Il prit contact immédiatement, par l'intermédiaire des conservateurs du musée régional, avec les anciens de Mologa, et s'implique désormais personnellement et financièrement dans les activités de la communauté des anciens Mologžany.

Mologa, tout autant que l'histoire de sa propre famille, n'existe pour Sergueï que depuis une dizaine d'années. Sa mémoire, il l'a construite avec l'aide d'un généalogiste professionnel employé des archives régionales, dûment rémunéré. Lorsque j'ai pris contact avec lui en 1995, l'un de ses premiers soucis fut de me faire parvenir une copie de la liasse composée d'une trentaine de feuillets agrafés où le généalogiste avait rassemblé les principales informations disponibles sur les divers ascendants de Sergueï, membres d'une prospère et importante famille de Mologa. Ce catalogue officiel d'ancêtres, établi en 1993 sur la base de la consultation des relevés d'état civil des paroisses de la ville et des archives notariales, fournit ainsi la liste des ascendants en ligne masculine de Sergueï, dont le plus ancien, Andreï Obrosimovitch, est né en 1721, et s'égrène sans discontinuité sur près de trois siècles.

La mémoire de Sergueï prend ainsi la forme d'un savoir généalogique, étoffé de prénoms, de dates de naissance, de mariage et de décès, complété d'indications sur le statut social ou professionnel de ses ancêtres et de précisions sur leurs propriétés et les possessions dont ils ont pu être les héritiers ou les testateurs. Mologa demeure, dans ce cadre, l'espace de référence et de déploiement de son lignage. C'est cette mémoire qu'il cherche à rendre consistante à travers les liens qu'il noue avec les Mologžany. Sergueï ne dispose d'aucun souvenir ni d'aucun support matériel de mémoire : son père, jeune homme à la fin des années 1930, étant parti avec pour seul bagage un baluchon de toile, quelques vêtements et un peu d'argent au lendemain du dynamitage de la principale église de Mologa. Cette mémoire familiale démunie révèle toute la part de renoncement, l'absoluité du choix de l'exil qu'assumèrent certains habitants de Mologa. Elle suggère aussi que certains départs purent, à la faveur de destinées personnelles, prendre le caractère d'une fuite animée d'une fondamentale volonté de tout oublier du passé.

Les usages sociaux de ce type de mémoire familiale sont d'autant plus cruciaux et fondamentaux dans le contexte post-soviétique que la pratique généalogique a connu en Russie depuis le début des années 1990 un essor foudroyant. De très nombreuses sociétés généalogiques à but scientifique ou/et lucratif ont vu le jour[1], et les quêtes individuelles ou les demandes personnelles constituent même une précieuse manne pour de très nombreux départements universitaires d'histoire et sections locales ou régionales d'archives. La profondeur chronologique de la mémoire des lignées familiales et leur prestige social ont en effet intimement partie liée, dans la mesure où, comme le rappelle l'expression critique « *Ivan ne pomnâšego rodstva* » (Ivan qui ne se souvient pas de son lignage), une méconnaissance de ses origines familiales demeure connotée très péjorativement, l'ignorance associée à la bêtise renvoyant à une certaine marginalisation. Avoir une histoire et un passé confère ainsi une légitimité fondamentale et incontestable aux identités individuelles et sociales, et attribue même un important prestige, qui ne se limite pas aux seules familles d'origine noble. L'instrumentalisation de l'inscription historique des groupes sociaux dans un but identitaire connaît aussi ses avatars nationaux. Mais cette mémoire reconquise demeure indubitablement, pour ceux qui comme Sergueï font la démarche de se l'approprier, un objet et une source de fierté.

Alexei, né en 1953 à Rybinsk et dont la mère était de Mologa, incarne enfin la figure du *zaveduûščij,* de l'adminis-

1. La plupart d'entre elles – dont le Genealogical Research Center d'Ekaterinbourg et le Russkoe Genealogičeskoe Obščestvo de Saint-Pétersbourg sont parmi les plus importantes – sont réunies au sein de la Federation of East European Family History Association.

trateur, du directeur. Ingénieur de formation, historien et généalogiste par goût et intérêt personnel, ce grand escogriffe maigre et voûté est employé par le département culturel de la ville. Célibataire, sans enfants, tout entier dévoué à sa cause, reconnu pour ses qualités de diplomate et sa pugnacité, il assume depuis 1995 la fonction de responsable de la petite annexe du Musée d'art et d'histoire de Rybinsk consacrée à Mologa et au territoire inondé.

La réalisation et l'ouverture de cet espace muséographique sont sa première grande victoire. La propre mémoire d'Alexei se confond en effet avec un savoir de type savant, une mémoire, si ce n'est officielle, du moins institutionnelle qui s'appuie aussi sur un support matériel, celui des objets du quotidien. Très proche dans sa forme de celui des *kraevedy*, le récit mémoriel de l'historien tend vers un certain consensus et une grande uniformité de ton : les sujets de polémique en sont toujours scrupuleusement évacués. Il en va par exemple ainsi de la désignation précise des personnes, des organismes ou des administrations assumant les décisions tragiques. Son récit érudit du passé de ce territoire est longuement et très volontiers restitué lors des visites guidées du musée Mologa, et se déroule aussi selon la description minutieuse des objets qui y sont exposés : ustensiles banals du quotidien (bouteilles en verre, paniers en osier, vaisselle et petit mobilier), mais aussi trace matérielle de jours et d'activités moins ordinaires (le sceau de Mologa, les jetons de cuivre frappés par la ville qui permettaient aux plus pauvres de recevoir de l'aide en nature ou encore le tocsin des pompiers). Ce savoir historique qui s'appuie largement sur les bilans et les présentations économiques et culturels de la région à la fin du XIXe siècle, qui furent publiés dans divers almanachs, encyclopédies et ouvrages régionalistes [Selivanov, 1996], et qui intègre des dates et des chiffres (tonnage des bateaux, production fourragère et laitière, recette fiscale de la ville), des noms de personnes et de lieux, s'enchevêtre ainsi avec une étroite connaissance du « *byt* », des mœurs et coutumes locales telles que pouvaient les étudier les folkloristes russes.

La fonction sociale qu'assume cette érudition est quelque peu différente de celle qu'assume le savoir des *kraevedy,* car la mémoire du *zaveduûšij* demeure une mémoire opératoire. La mémoire d'Alexei intègre en effet une prise en compte du territoire inondé dans sa totalité, et c'est la représentation d'une continuité territoriale ajoutée à une conscience claire du potentiel humain et matériel disparu comme de l'ensemble des problèmes économiques, juridiques, biologiques et symboliques à résoudre, qui lui permet d'envisager un avenir à Mologa.

L'administrateur est ainsi investi dans de nombreux projets pour lesquels il mobilise intensément ses connaissances. L'un d'entre eux, encore au stade d'étude, et préparé en collaboration avec plusieurs petits musées de la région situés à proximité des anciens emplacements du Volgolag, envisage de donner un espace commémoratif au goulag encore absent de la muséographie mémorielle régionale. Un second projet, plus avancé, vise à fonder un lieu de rencontre et de mémoire à vivre pour les anciens de Mologa sur le modèle d'un café-nostalgie. Un troisième projet, bien plus ambitieux et politique, qui n'en est qu'à l'étape préliminaire de l'évocation même s'il est parfois relayé par une prise de position publique des anciens de Mologa, vise à créer un territoire expérimental et protégé dont la gestion serait autonome et qui pourrait servir de base à différents projets de développement : une zone naturelle, un parc de loisirs impliquant une reconstruction partielle de la ville… Les idées sont nombreuses. Cette mémoire professionnelle-là est donc, elle aussi, instrumentée.

Le but fondamental d'Alexei demeure en effet de faire vivre et visiter Mologa. Il ne refuse à cet égard aucune sollicitation. Il était ainsi associé à un projet d'émission documentaire réalisée durant l'été 2002 par une chaîne de télévision nationale russe, à un projet de rédaction d'une tragédie contemporaine s'inspirant de l'histoire des Mologžany entrepris à la même période par le Grand Théâtre de Moscou, et à la rédaction du commentaire diffusé au moment du passage des navires au large du site de Mologa aux touristes croisant sur la Volga. Les projets de maintien de la mémoire de Mologa ne sont en effet pas incompatibles avec une dimension si ce n'est purement économique, du moins pragmatique et matérialiste : c'est pour cela aussi que la figure d'Alexei demeure particulièrement représentative d'une façon masculine d'envisager la mémoire commune.

LE GENRE DES SOUVENIRS

Pour les femmes, il en va tout autrement. Car si le jeu contrasté des générations est nettement observable chez mes interlocuteurs de sexe masculin, d'autres distinctions tout aussi fortes demeurent repérables entre le discours mémoriel des hommes et celui des femmes. Le récit et les pratiques commémoratifs féminins renvoient en effet très volontiers à d'autres aspects de la mémoire commune, à la dimension philosophique du sens de la destinée, à une parole discrète mais ciselée sur la mort et les morts, à un récit qui montre aussi l'envers des choses et les événements vécus sous leur jour le plus poignant.

Est-il nécessaire de rappeler que le monde domestique et les pratiques de socialisation sont demeurés en Russie principalement aux mains des femmes ? Celles-ci occupent un rôle actif dans la perpétuation de la mémoire familiale et collective en général, et dans la transmission du savoir biographique, onomastique, historique ou anecdotique en particulier. Mes informatrices ont ainsi toujours été plus prolixes que les interlocuteurs, et même si certains d'entre eux se sont montrés capables de maîtriser un savoir historique ou généalogique étendu et précis, celui-ci reste relativement « sec », la conservation des anecdotes, des détails croustillants ou humoristiques, la remémoration spontanée des mots savoureux ou des détails cocasses sont moins souvent de leur ressort. Le rôle des hommes ne semble en effet jamais s'étendre au-delà de la conservation d'un souvenir archétypal ou d'un squelette de mémoire ; c'est bien souvent aux femmes qu'il revient de donner une chair à ce savoir et de le faire vivre.

L'une des particularités du récit mémoriel féminin est que seules les femmes âgées, les *babuški*, les grands-mères, témoignent volontiers et semblent être en mesure de restituer quelque chose de leur passé et de celui de Mologa. Ce constat soulève dès lors la question de la légitimité du témoin, si ce n'est du témoignage, et incite à rappeler qu'en Russie c'est l'âge qui fonde et modifie le statut social des femmes.

Dans la langue russe, passé l'âge de cinquante ans, les femmes ne sont pas désignées comme des vieilles (*staruhi*) mais comme des grands-mères (*babuški*). Car la grand-maternité est un statut social à part entière, celui que confèrent le sexe et l'âge, indépendamment de la situation familiale, et que traduit avant tout l'allure. Le fait de devenir une *babuška* suppose bien des renoncements : renoncement au corps qui s'empâte et s'alourdit, comme à une féminité de séduction en particulier. Mais ces renoncements sont riches de possibilités immenses, celle de prendre enfin sa revanche après une vie d'obéissance, celle de ne plus s'incliner mais de décider pour les autres, celle de régner sur les jeunes et les moins jeunes et de devenir, enfin, la figure de proue de la famille et de la société. Être une *babuška* revient à se transformer de façon ultime en un autocrate domestique au pouvoir sans partage.

Les plus âgées de mes *babuški* sont centenaires. J'ai ainsi eu le privilège d'en connaître trois. Je n'ai rencontré Anna et Alexandra qu'une seule fois avant leur décès, la première en 1994 et la seconde en 2000, mais j'ai eu la possibilité d'interroger Valentina à plusieurs reprises en 1995 et 1996.

Anna Ivanovna, née en 1897, veuve et sans enfants, vivait seule et dans un très grand dénuement, dans sa petite isba noircie et délabrée, sans eau courante, avec un éclairage sommaire et sans aucun équipement électrique, en compagnie de ses trois chats, à quelques centaines de mètres des berges du lac artificiel qui était venu noyer le fond de son potager. Celle qui avait longtemps été l'épouse du meunier « allemand » au dire de ses voisins, mais en fait d'origine hollandaise, qui avait vécu le déplacement forcé et qui n'avait toute sa vie connu que des conditions de vie extrêmement modestes, se souvenait avec bonheur et malice des cours de langue étrangère qu'elle avait reçus à l'école paroissiale de son village natal distant de quelques kilomètres à peine de Mologa. Ils lui permirent – à la stupéfaction des représentants de l'administration locale[2] – de déchiffrer le contenu des colis d'aide humanitaire d'urgence arrivés au cœur de l'hiver 1993 en provenance d'Allemagne, et de m'accueillir d'un « bonjour madame, comment allez-vous ? » prononcé en excellent français d'une petite voix rocailleuse colorée de l'accent slave.

Alexandra Vassilievna était née à Mologa en 1898 et ne l'avait quittée qu'en 1939 avec son mari et ses quatre enfants au moment du déplacement forcé des habitants de la zone inondable. Sympathisante communiste, épouse d'un héros de la guerre civile, elle avait longtemps refusé d'occuper une fonction au sein de l'administration soviétique, et avait investi son immense énergie et sa bonne volonté altruiste dans l'organisation d'un secours populaire local en coordonnant et participant pendant plusieurs années à la distribution de nourriture gratuite et de vêtements pour les « *bednye i samye niščie* », les pauvres et les plus misérables. Discrète, infatigable, efficace, elle était aussi poète et rédigeait, pendant ses innombrables nuits d'insomnie passées à veiller ses enfants malades ou les vieillards mourants dans la solitude, de longs poèmes en vers qui firent l'objet de plusieurs publications.

Valentina Anatolievna était, elle, née en 1896. Aveugle et définitivement alitée au moment de mes entretiens, mais son fichu de cotonnade blanc toujours impeccablement noué sous le menton, elle répondait d'une toute petite voix fluette et pleine de malice à mes questions, faisant preuve d'une mémoire infaillible des noms, des dates et de la destinée de ses familiers et de sa parentèle. Mariée à seize ans, mère de huit enfants – sept garçons et une unique fille qui prit soin d'elle jusqu'à son décès en 1996 –, employée pendant quelques

2. « Mais, Anna Ivanovna, vous ne nous avez jamais dit que vous saviez l'allemand » lui avaient alors déclaré les deux femmes présentes, à quoi elle avait répondu qu'elles ne lui avaient jamais posé la question [entretien AVO, avril 1994].

dizaines d'années au kolkhoze voisin, cette fille des campagnes russes vivait depuis son mariage dans cette même isba du petit hameau d'*Ugol* (littéralement « le coin ») d'où elle avait assisté en voisine à la mise en place et au déploiement du Volgolag, aux travaux de préparation du site à inonder, au déplacement des populations civiles et enfin à l'inondation elle-même.

La forme du récit mémoriel de ces centenaires comportait plusieurs traits caractéristiques. Livré avec beaucoup de bonne volonté, il était tout d'abord truffé de détails et de précisions : l'âge auquel elles s'étaient maquillées pour la première fois, le nombre de robes qu'elles possédaient au moment de leur mariage, la composition de leur trousseau et une estimation précise du temps qu'il leur avait fallu passer à le préparer, mais aussi la modification des rendements agricoles, celle de la fréquence de rotation des transports en commun desservant leurs campagnes ou encore les changements intervenus dans les pratiques alimentaires.

Ces récits foisonnants restituent en premier lieu un espace rural qui fut, jusqu'à la Première Guerre mondiale du moins, un carrefour du monde. Les campagnes qui jouxtent Mologa portent en effet l'empreinte durable d'une très ancienne culture de la circulation, et demeurent marquées d'un caractère international. La pratique répandue de l'*othod* qui voit les hommes de la région de Mologa partir durant l'hiver trouver à s'employer et se former à Saint-Pétersbourg, parfois pendant plusieurs années consécutives, se traduit pour chaque famille par des frères ou des pères absents. La mémoire de ces femmes rappelle que les axes de navigation et de transport fluvio-maritimes qui emportaient les marchandises et les hommes jusqu'en Europe occidentale (le beurre et les produits laitiers fabriqués autour de Mologa étaient vendus jusqu'en Angleterre, dit-on), les apportaient aussi, tel ce flacon de parfum datant du début du siècle précieusement conservé par Alexandra, et telle Paulette, l'institutrice française employée jusqu'en 1921 à l'école du village voisin de Velikovo, dont se souvenait Valentina et dont j'ai aussi retrouvé la trace au détour des archives locales.

Ces femmes semblent aussi avoir toujours subi et enduré le temps présent, avec une bonne volonté ponctuellement teintée de résignation. Elles évoquent ainsi le passé sans aucune nostalgie, avec toutefois une conscience aiguë des contrastes et des paradoxes. Leur esprit de comparaison toujours alerte leur permettait en effet d'évaluer avec une grande lucidité, et peu d'états d'âme, les gains et les pertes, les acquis et les altérations de leur mode de vie : ainsi la qualité de la terre qui avait été inondée était bien meilleure que celle des parcelles qu'avaient eu ensuite à travailler les déplacés, l'électrification des villages était une avancée inestimable mais les moyens de communication étaient trop rares et, enfin, en tant que retraitées, elles avaient bénéficié des avantages en nature (transports, vacances et soins gratuits) d'un système de prestations sociales qui les laissait totalement à l'abandon depuis la chute de l'URSS. Elles émettaient souvent des regrets pour les édifices architecturaux (églises, propriétés et châteaux des familles nobles) détruits ou abandonnés par le régime soviétique, mais leur tristesse ne se teintait pas pour autant d'indignation. Leur récit, qui permet de mettre en perspective la profondeur historique des mémoires familiales, confère aussi à travers la restitution de leur ancrage territorial et temporel une légitimité presque absolue aux identités individuelles et sociales qu'il participe à construire et à consolider.

Marina, bien que née en 1931, est elle aussi, désormais, une très digne vieille dame. Elle incarne parfaitement, pour sa part, la figure des héritières. Son père fut l'un de ceux qui administrèrent et organisèrent l'évacuation de Mologa. Il fut aussi à ce titre l'un des derniers à rester sur le site de la ville évacuée et à quitter Mologa après sa destruction complète, au printemps 1941.

Installée à Rybinsk avec le reste de sa famille depuis 1938, épouse et mère d'influents responsables du Parti communiste local, elle se souvient de son dernier voyage à Mologa, lorsqu'au cœur de l'hiver 1939 elle décida, sur un coup de tête, de faire seule, en pleine nuit, et à pied, les quinze kilomètres qui la séparaient de sa ville natale pour rendre visite à son père. Elle restitue avec émotion ses derniers regards de petite fille téméraire mais effrayée, posés sur une ville déjà disloquée, et conserve une mémoire prégnante de la cité détruite : la large route utilisée pendant plusieurs années par les engins de chantier, bordée sur des kilomètres d'arbres abattus, et désormais déserte, les bâtiments dynamités, les restes des édifices en bois démontés et laissés à l'abandon ou calcinés. À la faveur de son récit, marqué de pauses, énoncé d'une voix qui parfois se brise dans un sanglot, elle rappelle aussi les autres parcours autrefois existants et maintes fois empruntés, dans le véhicule de fonction de son père ou à pied. Sa mémoire, toujours en mouvement, est une mémoire de la circulation, celle des routes et des chemins, des parcours et des promenades sur le territoire de la ville et dans les environs.

Son récit révèle le poids de l'intériorisation d'une histoire complexe et se consolide autour d'une inextricable dualité entre un intense vécu victimaire et une culpabilité latente née du fardeau d'avoir à assumer ou à justifier les engagements de son père. Le poids de la culpabilité s'exprime ainsi sur le mode de la plainte. Si la présence de Marina au sein de la communauté des Mologžany est tout à fait légitime, puisqu'elle fait même partie du conseil d'administration du *zemlâčestvo*, sa prise de parole publique demeure assez rare. En effet, bien qu'elle ne fasse que suggérer et révéler en creux la portée et les implications politiques des événements du passé – en évoquant le rôle des administrations et des structures officielles –, ces souvenirs-là constituent encore une mémoire douloureuse. Le récit mémoriel de Marina souligne aussi l'ambiguïté des statuts sociaux et le paradoxe de certaines destinées, qui brouillent les pistes et rendent la lecture des événements plus confuse. La totalité des anciens responsables de la ville sont à compter au nombre des victimes directes ou indirectes de la construction du barrage. Mais le récit de Marina ne s'énonce pas pour autant comme une analyse historique, même s'il appelle parfois presque explicitement une lecture critique du passé.

Meletina assume quant à elle la figure de l'orpheline. Née en 1926, Meletina se retrouve âgée de moins de vingt ans, avec son frère Léon de deux ans son aîné, seuls survivants d'une famille de six enfants rapidement décimée par la guerre, la maladie, les mauvaises conditions de vie et la misère qu'a connues une partie des déplacés dans leur migration forcée. Profondément et durablement perturbés par la perte rapprochée de tous leurs proches, ils sont tous deux restés célibataires et sans enfants. Repliés sur eux-mêmes, ils ont partagé pendant presque cinquante ans, jusqu'à la mort de Léon en 1992, deux pièces du centre de Rybinsk, après quelques années passées dans l'isba familiale transportée de Mologa, devenue pourrissante et insalubre. Employée toute sa vie, comme son frère, à l'usine de moteurs d'avion en tant qu'ouvrière, son train de vie modeste, aux marges de l'indigence, ne lui a jamais permis la moindre excentricité, ni la moindre folie.

Son récit mémoriel restitue une absolue introversion des tragédies familiales, où le dénuement matériel a focalisé un peu plus la mémoire personnelle sur le souvenir des épreuves subies. Cette mémoire s'articule autour d'un lourd vécu victimaire, restitué par la parole de Meletina tout autant que par son être. Tout en elle n'est que souffrance et drame : édentée, le visage marqué de profondes cernes, lourdement handicapée par un diabète auquel elle n'a pas les moyens financiers d'adapter son mode de vie, son corps maigre et asséché par la malnutrition et les mauvaises conditions de vie porte la marque et l'empreinte indélébile de sa douleur. Elle restitue ainsi d'une petite voix fragile, dans un souffle et sans emphase, la part d'amnésie qu'implique l'introversion du traumatisme : peu de choses sont dites en dehors de sa douleur. Le nom des proches disparus, leur âge au moment de leur décès, les conditions de leurs disparitions, mais surtout les abîmes de peine et d'affliction dans lesquels les deux orphelins furent projetés.

Le repli de Meletina sur ses deuils n'est toutefois pas seulement d'ordre affectif ou psychologique. Sa solitude rend en effet lisible la dimension sociale de son vécu d'orpheline. Son introversion sur le très proche, sur le drame familial renvoie ainsi à la construction d'un radical isolement, si ce n'est d'un autisme, social. Son triste et pénible quotidien domestique révèle une vie privée repliée sur soi à laquelle la fréquentation de la communauté des Mologžany offre le seul espace de sociabilité. Le monde de Meletina est un monde d'où les réseaux de solidarité (familiaux et communautaires) ont disparu, et où ne subsiste qu'une peur diffuse des autres. Sa solitude reflète aussi la réalité de l'éclatement de la communauté de Mologa après son déplacement.

Le seul réseau qui demeure, finalement, est celui des défunts. À travers le rappel de ses multiples deuils, Meletina offre une mémoire vivante de la succession des morts. Ses souvenirs dessinent ainsi une topographie de l'inhumation, à travers laquelle il est possible de reconstituer une géographie des cimetières passés et présents. Meletina précise en effet toujours spontanément, lorsqu'elle égrène la liste de ses chers disparus, l'endroit où ils sont enterrés. Elle est toujours capable de décrire leur tombe et l'emplacement de celle-ci dans l'enceinte du cimetière.

Valéria incarne enfin avec ferveur la figure de la poétesse. Personnalité vive, lyrique et généreuse, petite et dodue, elle est toujours prête à lire avec autant de conviction que d'enthousiasme l'une de ses dernières compositions. Née en 1923, elle est restée célibataire et sans enfant puisque sa vie privée *ne udačno složilos'* (n'a pas pris une tournure heureuse[3]) comme elle le dit elle-même dans une métaphore pudique. Son futur mari prématurément mort au combat en 1943, quelques semaines après l'échange de leurs vœux de mariage, elle a toujours tenu la promesse de fidélité qu'elle lui avait faite la veille de son départ au front. Celle qui a amplement l'âge d'être grand-mère est restée une jeune fille, elle en a conservé les robes fleuries à col blanc et les boucles indisciplinées. Cadette d'une famille de quatre enfants, elle s'est donc occupée de sa vieille mère malade, et a partagé pendant plus de trente ans avec elle un grand studio dans un quartier récent de Rybinsk massivement urbanisé dans les années 1960, au premier étage d'une immense résidence médicalisée pour retraités.

3. Entretien VAK, avril 1999.

La mémoire de Valéria est vive et riche. Son récit est peuplé de multiples personnages, dont le souvenir est restitué à partir de saynètes qui mettent en lumière leurs traits de caractère ou leurs particularités : les jeunes géomètres arrivés en 1934 pour prendre les premiers relevés du terrain, à qui l'ensemble du village a obstinément refusé de vendre lait, œufs, beurre et volaille, les anciens qui – une fois l'annonce de l'inondation rendue officielle – ont préféré se laisser mourir de faim, se pendre ou se noyer, plutôt que de voir leur pays englouti, la compassion des uns envers les détenus du goulag et la radicale cruauté des autres. Les situations et les contextes sont rappelés dans leur variété, le tragique côtoyant le cocasse et les drames humains s'enchaînant aux souvenirs émus d'une enfance heureuse. Valéria est aussi l'une des rares à évoquer spontanément le sort des prisonniers du goulag, la proximité des camps, celle des cadavres mal enterrés dans les fosses communes le long des berges de la Volga, et l'invasion des loups venus se nourrir des corps morts dès l'hiver 1936.

La forme privilégiée de sa restitution reste poétique. Son récit mémoriel se réfère constamment à son œuvre, à ses créations littéraires. Valéria, qui a composé depuis son enfance des centaines de poèmes et des dizaines de récits, a ainsi fait éditer trois ouvrages (le dernier en 2000) et participe très volontiers à toutes les publications des Mologžany. Elle ne manque en outre jamais de réciter ses dernières compositions lors des réunions annuelles du *zemlâčestvo*.

Le thème central de ses compositions demeure la célébration du pays perdu. L'œuvre poétique de Valéria emprunte plus volontiers la voie de la réflexion métaphysique que celle d'une recherche esthétique : il n'est pas de vers ou de ligne de prose qui n'explicite une interrogation. Son questionnement naît des diverses ruptures survenues entre un passé idéalisé (celui de son enfance et de son village natal) et un présent qu'elle ne comprend pas. Car la chair de son témoignage nourrit une insatiable quête du sens.

La mémoire véritablement philosophique de Valéria souligne de façon parfois très cruelle la dimension symbolique des événements et des destinées. Elle pose ainsi explicitement la question du pourquoi, *začem* ? (pour quoi faire), et de la *vinovnost'* (culpabilité), et dénonce l'absence de coupables : *V em tvoâ vina* ? (en quoi es-tu coupable ?) s'intitule ainsi l'un de ses derniers poèmes consacrés à sa terre natale, pendant que « *Vinovnyh net i net* » (de coupables point, non, point) scande le refrain de l'un de ses sonnets plus ancien. Mais la question de la responsabilité (*otvestvennost'*) civile, politique ou même morale n'est jamais abordée et est même toujours éludée. Si, selon la formule du poète F. Klopstock, « faire de la poésie, c'est se confesser », alors Valéria ne fait que confesser un immense désarroi.

En Russie, l'espérance de vie des femmes est largement supérieure à celle des hommes. Cette exceptionnelle longévité explique que les femmes sont plus facilement que les hommes en mesure de constituer, dans le temps long de l'histoire, un lien vivant entre plusieurs générations d'acteurs sociaux. Les grands-mères de Mologa, comme les autres, sont à ce titre un trait d'union irremplaçable entre les périodes tsariste, soviétique et post-soviétique. Elles assument ainsi, le plus souvent de façon intangible et discrète, le rôle de passeur de culture.

Car ces femmes ont été témoins dans leur chair, dans leur vie de fille, de sœur, d'épouse et de mère, des multiples et violents soubresauts de l'histoire sociale, économique et politique russe du XXe siècle. À Mologa comme ailleurs en URSS. Et face à une mémoire collective maintes fois manipulée et en pleine (re)construction, les souvenirs de celles qui sont désormais les grands-mères de Mologa constituent un conservatoire privilégié de l'histoire commune. C'est la transmission de leurs représentations et de leur savoir, qu'il soit biographique ou même anecdotique, qui assure et rend possible la perpétuation identitaire de la communauté. Car les vieilles dames demeurent bien plus expansives et plus bavardes que leurs homologues masculins. Ces femmes ont ainsi préservé, emmêlées dans la mémoire domestique, les bribes d'une mémoire sociale qui restitue les rapports de sexes, de hiérarchie ou d'autorité. Les femmes sont surtout plus disertes que les hommes sur l'expression de ces rapports. Leur incomparable longévité permet dès lors la passation d'un capital culturel dont elles sont les indispensables vecteurs.

Ces *babuški*, dont le nom même est symboliquement associé selon les linguistes [Stankievitch, 1958, p. 117] au monde de la magie, de la médecine, de l'accouchement et de la mort, assurent ainsi une liaison entre le monde rural, creuset de la civilisation où – bien au-delà des seuls habitants de Mologa – chaque Russe puise ses racines, tout autant que matrice des représentations ou des usages qui fondent les savoirs populaires russes, et l'univers citadin soviétisé, industrialisé et mécanisé qui a accueilli la communauté des déplacés. En incarnant et en restituant aux membres de la communauté et à leurs descendants un passé commun, les grands-mères de Mologa y rendent possible un avenir qui ne serait pas exclusivement fait de reniement, de négation et d'omission. C'est en cela aussi que ces femmes tissent le lien communautaire, et qu'elles assurent – bien au-delà de la seule expérience des gens de Mologa – une part de la cohésion de la société russe contemporaine.

HÉRAUTS ET MARGINAUX

En Russie, la dimension orale des savoirs conserve une dimension à la fois fondamentale et durable. Des liens nombreux et étroits se sont ainsi tissés au cours des siècles entre oralité et identité d'un côté, culture et vie sociale de l'autre. L'importance de l'oralité s'est ainsi directement traduite par l'extrême fécondité des différents genres de la tradition ou de la littérature orale [Gruel-Apert, 1995] : incantations, proverbes, contes, ballades, chansons rituelles ou historiques, chants épiques. Cette importance suggère déjà que l'énonciation publique est peut-être aussi importante que la nature ou le contenu du discours lui-même.

Il existe des modalités très différentes de restitution mémorielle, certaines sont orales, d'autres écrites ou encore muséographiques. Lorsque le souvenir est mis en discours, la prise de parole respecte toutefois ses propres codes. Émergent ainsi des versions conformes et non conformes, comme des usages sociaux plus ou moins légitimes des différents discours mémoriels. J'ai donc souhaité marquer un temps d'arrêt sur les dissonances qui peuvent exister entre la dimension normative et conforme et la dimension largement transgressive de certaines restitutions, et sur ce que ces dissonances révèlent de la construction de la mémoire communautaire des gens de Mologa.

Au plus près de la conformité domine la figure du barde, incarnée par Vassili. Né en 1937 dans un village de la zone engloutie où il n'a vécu que quelque mois avant d'accompagner ses parents dans leur transfert à Rybinsk, il se considère néanmoins comme un enfant de Mologa à part entière. Pour évoquer son passé et celui de la ville engloutie, Vassili ne parle pas, il chante. Ce jeune retraité, à la mise recherchée, aux cheveux teints et très soigneusement peignés, qui a, en son temps, connu une modeste gloire régionale en tant que ténor lyrique, s'adonne encore très volontiers à son art. Accompagné au piano ou jouant de son vieux *baân* (accordéon chromatique) rouge, et même « *a kapella* », comme il l'annonce avec enthousiasme lorsque tout instrument fait défaut, dans toutes les circonstances et toutes les situations, ce petit homme énergique chante.

Son vaste répertoire, sollicité lors de chacune des rencontres de Mologžany, est varié : composé à parts égales de vieilles chansons issues du folklore populaire russe et d'autres moins largement diffusées propres à la région de Mologa, mais aussi de compositions contemporaines dont il est parfois l'auteur et le parolier. Ces textes, portés par des phrases musicales nostalgiques ou dansantes, à la rythmique marquée, évoquent les paysages ruraux de la Russie profonde, racontent des épisodes tragiques ou drôles de la vie de tout un chacun, et sont, avant tout, destinés à faire naître l'émotion et à susciter l'empathie. Le moindre élément de même que le plus infime détail de la mémoire commune peut en effet se chanter et se mettre en vers.

La part esthétique du souvenir rimé et chanté impose seulement de dessiner un espace de déploiement et des figures idéales : le pays natal est un paradis perdu, la mère est tendre et aimante, la fiancée fidèle et désolée. Les chansons accordent ainsi une place privilégiée au traitement sentimental du réel, à partir d'un récit qui s'énonce à mi-chemin entre une démarche de type factographique et une recherche esthétique au sens premier du terme, celui de création d'émotion. À ce double titre, déjà, la mémoire chantée est extrêmement consensuelle.

C'est son instrumentation qui peut l'être moins. Vassili fut ainsi, malgré lui, à l'origine de l'institutionnalisation de l'amicale des anciens de Mologa. Jusqu'en 1998, celle-ci n'était en effet qu'une organisation informelle. En août 1998, l'enthousiaste et toujours très créatif Vassili prit l'initiative d'organiser un festival choral flottant sur la Volga, consacré à Mologa. Sans en informer ni y associer les anciens de l'amicale, il fit éditer dans son élan des tracts reproduisant les textes de ses chansons illustrés de photographies de Mologa et des membres de la communauté en visite sur le site désormais émergé de la ville. Le festival, dont l'accès était payant, fut un grand succès. Mais la réprobation des anciens fut vive. Ils décidèrent de donner un caractère officiel au *zemlâčestvo*, qui vit ses statuts d'organisation non commerciale déposés en décembre de la même année, pour pouvoir à l'avenir exercer un droit de regard légitime sur ce type d'initiative.

Le rôle des textes chantés dans la construction d'une mémoire communautaire partagée demeure toutefois à la fois central et extrêmement consensuel. De vastes répertoires sont joués lors des réunions annuelles, pendant plusieurs heures d'affilée, éventuellement à la demande, et même les textes les plus connotés comme ceux des *tûremnye pesni* (chansons de prison) trouvent à un moment ou un autre leur espace de performance. Certaines chansons comportent une forte dimension humoristique et permettent aussi la libération de certaines tensions familiales ou sociales, organisant une véritable catharsis à travers notamment la performance de *častuški*. Ces petits couplets improvisés, rimés et chantés, où deux interlocuteurs se répondent, permettent en effet l'expression, sur un mode joyeux et ludique, d'une critique ou d'une contestation individuelle ou collective.

La fonction sociale de ce type de restitution mémorielle est pourvoyeuse d'intégration à double titre. La réitération du répertoire chanté en chœur par l'assemblée agit comme un mécanisme de consolidation du groupe, et permet à chaque Mologžanin de vérifier et de montrer qu'il appartient effectivement à la communauté des déplacés. Mais les chants de Mologa participent aussi de l'organisation de sa perpétuation. La performance par le barde de chansons considérées comme d'immuables étendards identitaires permet la transmission d'un capital culturel et mémoriel aux plus jeunes, mis immédiatement en situation de recevoir une part de leur héritage et de participer à la vie du groupe.

Au plus près de la transgression, à l'opposé de Vassili, domine la figure du voyou que Rem incarne de façon flamboyante. Né en 1927 dans une région septentrionale de Russie, il a hérité d'un père ardent communiste son prénom qui renvoie à l'un des slogans du début de la période soviétique : reconstruction, électrification, mécanisation. Bien qu'ayant passé plus de dix ans dans le système du goulag, ce septuagénaire demeure un homme plein d'énergie, loquace, vif, musclé, au visage buriné qu'illumine un regard transparent. Libéré à la fin des années 1950 du Volgolag où il purgeait une peine de quinze ans de travaux forcés, Rem est resté travailler à Rybinsk. Sans enfants, il vit désormais avec son épouse, sur une île, à quelques kilomètres au large de la ville, au milieu de ce lac qu'il a contribué par son labeur à faire advenir.

La parole de Rem est pleine d'une violence non retenue. Son langage est celui de l'argot des camps, ponctué d'insultes et d'expressions ordurières, de *suha* (chienne) et de *svoloč* (salaud). Lénine n'y est nommé que comme le « syphilitique », Staline le *pogan* (ordure), ou la *prohlâtaâ gadost'* (saloperie de pourriture). Au seul niveau formel, le discours de Rem est déjà en décalage et relève d'une transgression forte de la parole convenue et lisse que livrent les autres témoins.

Rem n'est pas un autochtone, pourtant lorsqu'il évoque la période du Volgolag, il en restitue moins volontiers son organisation administrative que spatiale. Membre pendant plusieurs années d'une brigade forestière, il connaît en effet parfaitement le territoire englouti et la région de Mologa pour l'avoir déboisée. L'espace qu'il restitue est cependant bien différent de celui des Mologžany : c'est celui de l'avènement au quotidien de la violence et de l'arbitraire.

Rem évoque, et localise précisément, les sites d'inhumation collective des camps. Certaines années, la mortalité des détenus a été en effet très élevée et les fosses communes étaient creusées par des équipes spécialisées de prisonniers de façon quotidienne. Le lac ne représente pour Rem qu'un vaste cimetière. Il en est devenu l'un des experts, et cherche pendant ses heures de loisir à en dresser une carte précise. Les eaux mouvantes du réservoir viennent désormais en lessiver les berges, et Rem parle aussi de ces crânes et de ces os qu'il repère et convie parfois les enfants des environs à venir ramasser par seaux entiers pour alimenter les collections des musées locaux. Rem se souvient aussi de la cruauté des gardiens envers les détenus, de la violence des droit commun, et des viols collectifs des groupes de femmes à leur arrivée.

Le discours des voyous sert de révélateur des failles et des constructions du discours dominant. La parole de Rem confère en effet une réalité aux mauvaises vies et aux mauvaises morts que les autres témoins préfèrent passer sous silence et sur lesquelles nous reviendrons plus loin. En tant que survivant des camps de travail, ses souvenirs représentent la part d'ombre de la mémoire commune. Rem prend ainsi doublement la parole, il est de ceux qui parlent, ces anciens du goulag dont une infime partie est investie dans des organisations non gouvernementales et le réseau associatif. Mais Rem est aussi le représentant de ceux qui ont peur, il est l'un des rares à évoquer de façon très explicite *strah* (la peur), *užas* (l'horreur) ou la peur, et aborde sans fausse pudeur et sans précautions oratoires la question du risque de prendre la parole. Rem appartient aussi à la catégorie de ceux qui écrivent et inscrivent, à travers des récits biographiques ou des articles publiés dans les journaux locaux et régionaux, la transgression à la mémoire conforme dont ils soulignent aussi volontairement, parfois de façon sciemment provocatrice, les oublis et les mensonges : ce qui lui a valu encore récemment des poursuites devant les tribunaux pour *moral'nyj uščerb* (préjudice moral) de la part d'un responsable politique de la région dont Rem avait eu l'indélicatesse de rappeler le passé.

Ce discours virulent, qui vient bousculer la part de mauvaise conscience de la mémoire commune, n'est en effet ni toujours, ni partout, le bienvenu. Rem demeure ainsi une figure controversée. Ses multiples prises de parole génèrent une profonde irritation chez certains Mologžany qui ne souhaitent pas voir leur histoire confondue, et éventuellement impliquée, avec celle du goulag. Son récit fait naître des rumeurs et des doutes : « Les preuves matérielles qu'il avance n'ont-elles pas été fabriquées ? », se demandent les uns ; « Il était bien trop jeune à l'époque pour avoir été le témoin de toutes ces choses », ajoutent les autres. Il n'en reste pas moins que la voix de Rem joue un rôle détonnant dans le grand et uniforme concert des récits mémoriels : ses souvenirs sont ceux des marginaux devenus les fantômes de la mémoire commune, sur lesquels nous reviendrons plus loin en détail. Son récit donne en effet à voir le revers d'une médaille trop facilement et trop volontiers dessinée par les membres de la communauté des déplacés. Il rend également visibles et intelligibles les logiques communautaires de construction mémorielle dans la mesure où il en révèle l'envers et la part d'ombre. Ses souvenirs permettent de plonger au cœur du secret collectif, de ce qui est nié et refoulé de la mémoire commune. Rem donne ainsi accès par son récit à la part implicite des logiques communautaires. Et si ce type de restitution demeure minoritaire en nombre, elle n'en reste pas moins extrêmement structurante pour les stratégies et les logiques sociales car elle en explicite de très nombreuses clés.

Un autre contrepoint sur le discours dominant, et une source alternative d'information, m'a été fourni de façon spontanée et très souvent inattendue par des acteurs sociaux et des interlocuteurs que je n'avais pas sollicités. Silhouettes silencieuses et muettes des photographies ayant inscrit quelques détails au dos d'une vieille image, témoins anonymes laissant échapper des impressions et des souvenirs, ils ont été plusieurs à me surprendre par leur prise de parole fortuite ou exceptionnelle. Mon ethnographie s'est aussi nourrie de ces rencontres imprévues, de ces témoignages inattendus et parfois déconcertants par la virulence de leur forme ou l'implication de leur contenu. J'ai tenu à prendre en compte ces témoignages marginaux de Mologžany anonymes, telles ces lettres adressées aux médias par d'anciens habitants de la zone inondée partis au loin et restés isolés de la communauté d'origine. Ces lettres sont parfois publiées, mais le plus souvent directement transmises au musée qui fait le lien avec le *zemlâčestvo*.

J'ai pu, à diverses reprises, recueillir ces formules qui font mouche, tel ce « *Zdes' vsë zatopili* » (ici, ils ont tout noyé), exprimé en 1996 à voix haute et d'une façon lapidaire par une passagère d'autobus pour laquelle la métaphore de l'engloutissement était manifestement loin de ne s'appliquer qu'aux choses matérielles. Si ces discours fortuits reprennent le plus souvent des formes et des motifs déjà repérés, ils en soulignent toujours les points forts et en libèrent aussi parfois, par leur caractère exceptionnel ou extrême, la part indicible.

Dans un tel contexte, il faut toutefois souligner que l'oralité demeure le médium privilégié pour la transmission d'un capital mémoriel d'ordre privé, qu'il soit familial ou communautaire. De profondes évolutions se sont néanmoins produites, aux XIXe et XXe siècles, à partir d'une mise en compétition progressive de l'oralité et de l'écriture, d'une part, et à partir, d'autre part, de l'émergence d'une dichotomie progressive, et rapidement irréversible, entre une parole publique codifiée, obéissant à des enjeux idéologiques et politiques forts, et une parole privée devenue le refuge de la créativité, de l'émotion et de la spontanéité. Les interlocuteurs les plus âgés m'ont ainsi suggéré à différentes reprises par des tournures de phrases métaphoriques ou allusives combien il avait longtemps été dangereux de parler inconsidérément de soi et des siens, au-dehors. Les anecdotes concernant ces dangers, réels lorsqu'il s'agissait d'arrestations et de déportations, mais symboliques aussi puisque le principal risque encouru était après tout de voir le roman familial ne pas coïncider avec la légende collective officielle, sont nombreuses. Tel cet oncle par alliance de Vera V., envoyé en camp pour avoir, un soir d'ivresse rappelé dans une *častuška* l'avarice notoire de son cousin, qui se trouvait être le responsable du Parti pour le kolkhoze, ou cet autre tardivement « dékoulakisé » pour s'être souvenu en public de la relative prospérité de la ferme de son grand-père.

Le repli sur l'entre-soi et les pressions extérieures s'accompagnent alors tout naturellement de l'intensification des enjeux identitaires qui sous-tendent la transmission des éléments de la chronique privée : noms, anecdotes, situations ou événements, moins souvent dates et chiffres précis, ces imprécisions étant aussi à lire comme autant de précautions oratoires. Confinés à l'intérieur de la sphère de la sociabilité familiale et amicale, les mots sont d'autant plus chargés de sens qu'ils doivent en être vidés à l'extérieur.

On comprend que, dans de telles conditions, la dimension affective de la mémoire privée soit hypertrophiée. Depuis plus de trois générations, en effet, elle n'est perpétuée et ne circule volontiers qu'au sein du seul univers domestique, et les activités ou les discours qui lui servent de support ne se déploient que dans son intimité. Lorsque la mémoire individuelle ou communautaire s'énonce, lorsque sont exprimés les souvenirs d'un seul ou de tous, c'est donc aussi l'affect et l'émotion qui se rattachent aux relations les plus intimes, qui sont ramenés à la surface.

Le processus même de mon enquête sur le terrain a été le témoin de l'exubérante expression de cette part émotionnelle de la mémoire. Dès les premiers entretiens, alors même que la relation ethnographique n'en était qu'à sa phase préliminaire de construction, faite d'ajustements et de découvertes réciproques, j'ai été frappée par la densité pathétique du discours sur soi de mes interlocuteurs. Les effusions tristes ou gaies, les larmes étaient fréquentes. Très rares ont été ceux dont la parole s'est toujours livrée avec modération et retenue. J'étais embrassée et serrée dans les bras, on pleurait et se mouchait. Chaque discours en arrivait à manifester des accents tragiques. Et nombre d'entretiens en arrivaient à révéler des vertus ostensiblement cathartiques, et ce même si les propos ne semblaient pas manifester de caractère particulièrement émouvant ou tragique. Je conçois maintenant, avec le recul, que ces émotions aient pu être révélatrices non seulement de l'investissement personnel de chaque locuteur, mais aussi du contexte et des conditions dans lesquels se construit et se transmet le capital mémoriel familial.

Au sein de l'univers domestique subsiste cependant un mode particulier de perpétuation et d'enrichissement de ce capital. Celui-ci diffère en effet totalement de ce qui pourrait être une mémorisation organisée d'une succession de données chiffrée ou onomastiques. Il n'existe là ni fixation par l'écriture des éléments mémoriaux, ni organisation formalisée de la transmission. Ce qui se produit ressemble plutôt à une constante récapitulation et à une perpétuelle reformulation d'éléments particuliers et souvent hétéroclites du savoir biographique à l'intérieur de la conversation courante, à l'aide de comparaisons, d'évocations ou d'anecdotes.

Il est intéressant alors de remarquer que Jack Goody souligne, dans son ouvrage consacré aux liens qu'entretiennent oralité et écriture, lors de son examen du mode de fonctionnement de la mémoire orale, examen effectué à partir d'exemples empruntés en grande majorité à l'aire culturelle slave, que ce qui caractérise peut-être de façon ultime l'oralité, à la différence de l'écriture qui encourage la répétition de modèles esthétiques fixés, c'est la continuelle création dont elle fait preuve [Goody, 1987, p. 85]. Le fait que l'oralité soit le mode privilégié de transmission de la mémoire privée, et le fait que la transmission s'effectue à partir de récapitulations et de reformulations agissent effectivement tous deux dans le sens d'une distorsion ou d'une manipulation créatrice des éléments d'un savoir de type historique. Ces mécanismes favorisent ainsi la création d'un mythe, dont la trame et les héros sont connus de tous, et que chacun reformulera (totalement ou en partie) à loisir en y ajoutant ou en y modifiant les détails selon les urgences, les impératifs ou les contraintes du moment.

C'est au sein et à partir de ces méandres de l'oralité que s'élaborent les mémoires individuelles tout autant que la mémoire collective. Cette dernière procède à l'enrichissement et à l'illustration progressive d'un savoir minimal qui constitue en quelque sorte l'indispensable noyau autour duquel se développeront les discours sur l'histoire du groupe, qui fonctionnent comme des matrices de l'identité collective. Le fait que ces matrices soient aussi productives et aussi efficaces est indubitablement à mettre au compte de l'univers clos de la communauté au sein duquel elles font en premier lieu leur office, et m'amène à souligner une dernière fois que la perpétuation de la mémoire communautaire en Russie est étroitement liée au mode relationnel et narratif mis en place à l'intérieur de la part privée des relations sociales.

Deux points me permettront de conclure ce premier chapitre. Le premier concerne le domaine du témoignage. Au regard de la communauté des gens de Mologa, il apparaît que le statut d'héritier d'une mémoire collective n'est pas moins important, ni moins légitime, que celui de témoin direct ou d'acteur des événements du passé. Il n'est en effet pas nécessaire d'avoir été le témoin d'un événement pour que la restitution du passé s'effectue de façon conforme aux canons du témoignage, et qu'elle puisse être utilisée et même instrumentée. Les anciens Mologžany s'approprient le passé prérévolutionnaire de leur ville, les modernes s'emparent quant à eux d'une tragédie qu'ils n'ont pas connue, mais il n'y a pas de relation nécessaire entre une expérience vécue et une certaine façon de témoigner.

Les seules nuances interviennent dans l'instrumentalisation qui peut être faite du témoignage. Un usage identitaire personnel est toujours licite, un usage collectif tout autant qu'une instrumentalisation d'ordre économique ou politique sont soumis à la caution de la communauté. C'est ce que montre notamment la situation qui fut à l'origine de l'institutionnalisation du *zemlâčestvo*.

Le second point porte, quant à lui, sur la nature de la mémoire communautaire telle que la restituent mes interlocuteurs. En effet, la mémoire des vivants semble élaborer plus volontiers une géographie, qu'une histoire. Le savoir mémoriel des Mologžany relève d'une connaissance et d'une intelligence de l'espace, et non du temps. Ce sont les lieux, les sites et, de façon ultime, le territoire dans son ensemble qui font l'objet d'une mise en mémoire, bien plus qu'une chronologie générale ou qu'une succession d'événements particuliers. Certains témoins restituent le souvenir de bâtiments, d'autres restituent la mémoire des chemins et des routes, d'autres encore celle de paysages et de lieux. La mémoire de Mologa est avant tout topique. Maurice E. Bloch évoque ainsi, à propos des modes de mémorisation et d'évocation de la société Zafimaniry de Madagascar, une « topographie infusée d'histoire » [Bloch, 1998, p. 120]. Il précise ce faisant que cette topographie sert à double titre de fondement à la mémoire, puisqu'elle est à la fois l'objet mémorisé et le support qui est mobilisé pour restituer le passé et permettre l'évocation d'éléments d'un autre ordre, émotionnel ou chronologique, par exemple.

Chez les gens de Mologa, la dimension chronologique du souvenir s'efface donc volontiers devant sa dimension topographique. Les repères partagés de la communauté des Mologžany relèvent autant du vécu d'espaces communs que d'une histoire partagée. Dès lors qu'un savoir perpétué du territoire semble venir se substituer à ou, pour le moins, masquer un savoir transmis de l'histoire, il m'a paru nécessaire de m'attacher plus précisément aux résonances de la dimension spatiale de la mémoire, à laquelle est consacrée la deuxième partie. Mais attardons-nous, encore quelques pages, à ces autres acteurs et auteurs de la mémoire commune que sont les morts.

2

… et les morts

Ot kuda prišli, tuda i ujdem.
(De là d'où nous venons, c'est là que nous retournerons.)

Au musée Mologa, dans l'espace d'exposition comme au cours de la visite guidée, une large place est faite aux figures tutélaires de la ville (photo É. Gessat-Anstett).

Explorer la mémoire de la communauté des Mologžany amène rapidement à repérer l'importance particulière qu'y assument les défunts. La mort, tout comme les usages et les représentations qu'elle génère, joue en effet en Russie un rôle fondamental pour la perpétuation de la mémoire familiale et sociale. L'avènement d'un décès mobilise ainsi une communauté à un double titre. Matériellement, puisqu'il revient dans la très grande majorité des cas aux proches d'assumer seuls la logistique de l'inhumation, et symboliquement. La mobilisation que suscite un décès constitue en effet une étape importante de la vie des divers groupes sociaux qui se retrouvent unis dans la commémoration du défunt.

Et si la mémoire des vivants dessine plus volontiers une géographie, nous verrons que c'est la mémoire de ses morts qui trace l'histoire de Mologa. Les défunts fixent en effet le cadre temporel de l'activité mémorielle commune : certains lui offrent un point d'ancrage, d'autres viennent en ponctuer le cours. Qu'ils fondent ou qu'ils rythment l'exercice du souvenir, les morts en constituent surtout la matière première et génèrent à ce titre un discours pléthorique de la part de mes interlocuteurs. Ils sont les objets favoris de la mémoire familiale et communautaire, et la multiplicité des fonctions symboliques et pratiques qu'ils assument n'entame en rien leur bien-fondé. La légitimité suprême des absents est celle d'être les acteurs de la mémoire par excellence. Nous verrons alors que leur caractère opératoire est si puissant que les défunts conservent la capacité d'organiser et de nourrir également le versant caché de la mémoire communautaire et d'en illustrer par là même les négations.

L'ANCÊTRE FONDATEUR

Les récits que font les Mologžany de leur histoire et de leur passé présentent entre eux bien des similitudes. L'une des plus aisément repérables est la présence d'un ancêtre de référence, personnage à partir et autour duquel se construit le roman familial tout autant que l'histoire communautaire. Le fait que ce personnage s'insère à chaque fois dans une logique discursive très caractéristique, dont il est un élément fondamental, amène à penser qu'il y assume des fonctions symboliques spécifiques, et identiques pour tous ceux qui en ont l'usage.

Le personnage de l'ancêtre est un homme, dans la très grande majorité des cas. Il existe des cas où mes interlocuteurs se sont référés à une femme (généralement une grand-mère) pour structurer leur récit sur une période assez courte appartenant à un passé très proche et n'englobant que trois générations au plus. En marge de ce temps plus contemporain de l'histoire des siens existe cependant toujours un homme (le père, le grand-père ou un aïeul de la grand-mère en question) auquel il est fait référence pour fonder et construire l'identité du groupe de référence. En ce domaine une femme ne fait pas l'affaire.

La seconde caractéristique de l'ancêtre est d'appartenir au passé, puisque l'aïeul de référence n'est jamais une personne vivante. Ce passé peut être relativement proche, et l'ancêtre n'être qu'un grand-père ou un arrière-grand-père du locuteur.

Ainsi, pour les N. c'est l'arrière-grand-père de Nikolaï, né dans la première moitié du XIXe siècle, qui est l'ancêtre de référence. Même si la famille fait très souvent allusion au destin tragique de Mihaïl, le père de Nikolaï (dont l'assassinat en 1936 en déportation ne fut connu des siens qu'à la fin des années 1970) est évoqué comme un symbole de la destinée de la famille tout entière. Il n'en reste pas moins que tous se réfèrent fièrement à Nikolaï Matveevitch mort en 1887, prospère négociant et citoyen d'honneur de la ville de Mologa, où la famille N. jouissait d'une solide réputation de notable.

L'aïeul peut cependant appartenir aussi à un passé plus lointain. Pour les B., en situation de rupture mémorielle, c'est à un généalogiste des archives de Yaroslavl que Sergueï a confié le soin de reconstituer la généalogie. Comme les N., les B. sont originaires de la ville même de Mologa. Mais, à la différence des N., les B. n'en ont gardé aucune mémoire propre. C'est donc le travail du généalogiste qui sert de référence à la famille B., et le plus ancien ascendant identifié, Andreï Obrosimovitch (né au début du XVIIIe siècle), sur lequel divers documents sont disponibles, fait désormais fonction d'ancêtre de référence.

Dans des cas plus rares, certains peuvent même se dire descendants d'un personnage historique (un soldat de l'armée napoléonienne) ou semi-mythique (un guerrier de la Horde d'Or), sans que les liens de filiation ne puissent être jamais totalement explicités. Il semble que les variations du passé de référence dépendent directement de la profondeur généalogique maîtrisée par chaque famille. Certaines sont capables de reconstituer sur plusieurs siècles la succession de leurs ancêtres. D'autres, plus rares, pour lesquelles l'expulsion du territoire englouti s'est traduite par une coupure radicale avec leur passé et leurs repères, ignorent jusqu'au prénom patronymique de leurs grands-parents. Les situations peuvent être diverses, mais la plupart des familles sont en mesure de restituer la mémoire de leur propre histoire sur une centaine d'années.

Pour tous ceux de Mologa et d'alentour, que l'ancêtre de référence soit issu d'un passé lointain ou d'un passé proche, cet aïeul est le *rodonačal'nik*. Ce terme, qui est souvent utilisé de façon explicite par les interlocuteurs eux-mêmes, désigne étymologiquement celui avec qui commence le lignage : au mot *rod* (lignée, lignage) est en effet adjoint le terme *načal'nik* formé à partir de *načalo* qui désigne l'origine, le commencement.

La troisième et dernière particularité du *rodonačal'nik*, est de générer un discours extrêmement codifié. Le discours qui le concerne est en effet caractérisé par un usage abondant de superlatifs et par l'énumération appuyée des qualités extraordinaires dont l'aïeul était pourvu. Qu'il s'agisse d'un ancêtre supposé, d'un aïeul bien réel (arrière-grand-père serf ou bien artisan), ou encore d'un personnage illustre, l'ancêtre est en effet toujours qualifié à l'aide d'adjectifs particuliers : *izumitel'nyj* (étonnant, admirable), *otličnyj* (excellent, parfait), *unikal'nyj* (unique), et de façon générale à l'aide de tous les adjectifs qualitatifs sous leur forme superlative. Le discours qui se réfère à l'ancêtre lui attribue par ailleurs toujours des qualités hors du commun qu'elles soient physiques, telles que la force (*silnyj kak medved* : fort comme un ours) et l'habileté (*master na vse ruki* : il fait ce qu'il veut de ses mains) ou psychologiques, telles que la perspicacité et la sagesse. Ces qualités sont le plus souvent mises en rapport avec un rôle public ou une fonction sociale spécifique assumée par l'aïeul. Elles servent à la fois d'explication et de justification à la renommée, au prestige ou à la reconnaissance générale dont celui-ci est réputé avoir bénéficié. À travers ses qualités, qui font de lui un homme hors du commun reconnu par la société tout entière, l'ancêtre manifeste de fait sa capacité à servir de référence à un groupe particulier. Et ce d'autant plus que la parole publique et institutionnelle, relayée de façon formelle ou informelle, celle qui sera de façon ultime éditée ou mise en image au musée, reproduira la forme et le contenu de la mémoire privée.

Il est intéressant de remarquer, pour clore cette description, que les termes ou les tournures de phrase employés pour désigner l'ancêtre sont très souvent similaires à celles des contes populaires les plus célèbres, dont les tournures comparatives, par exemple, sont fréquemment utilisées dans le langage courant. Les héros des contes ou des chants épiques, tels que les *bogatyri* (chevaliers preux réputés pour leur force et leur adresse), servent même parfois explicitement d'éléments de comparaison dans la description du *rodonačal'nik*. Lise Gruel-Apert rappelle dans son ouvrage que, « à peine dégagés du panthéon primitif, [ces héros] se caractérisent par des formes vagues, une taille gigantesque, ou encore par des facultés merveilleuses, empreintes de sorcellerie » [Gruel-Apert, 1995, p. 193]. Que l'ancêtre soit un personnage public ou historique ou même un anonyme, la mémoire individuelle et collective privilégie toujours la conservation d'un portrait psychologique, sur un portrait physique comprenant caractéristiques morphologiques et détails anatomiques. L'ancêtre est donc un repère du réel, mais aussi en tant que héros un repère de l'imaginaire, qui permet que se construise à partir et autour de lui une légende familiale et sociale.

La construction d'une légende de ce type s'effectue à partir de mécanismes mémoriels et narratifs simples dont l'ancêtre fondateur est souvent la clé. Celui-ci assume en effet plusieurs fonctions cruciales au sein du récit biographique comme au sein de la mémoire collective. À un premier niveau, la figure de l'aïeul sert tout d'abord à organiser le temps de la mémoire. Comme l'étymologie du terme l'explicite, le *rodonačal'nik* fixe en effet un commencement et fournit en quelque sorte un *alpha* de référence au roman familial ou social. Il permet ainsi d'inscrire un groupe social dans une temporalité particulière en initiant à partir de lui la succession des générations.

On voit de fait immédiatement les enjeux qui entourent la maîtrise de la profondeur historique du discours mémoriel : plus l'ancêtre de référence (fondateur d'une lignée, mais aussi parfois d'un site remarquable ou d'une ville) appartient à un passé éloigné, plus le savoir qu'a une communauté de sa propre histoire est grand, et plus le groupe fait la preuve de sa capacité à perdurer et à traverser le temps. Le fait de faire du *rodonačal'nik* un héros mythique permet de donner au récit biographique un aspect légendaire et d'inscrire l'histoire des siens dans une autre temporalité : celle de la durée et de l'éternité. Les mécanismes rhétoriques qui se mettent ensuite en place (l'emploi du « nous » ou de la désignation collective « les

Mologžany », l'utilisation des abstractions ou des généralités, le passage de l'usage de l'imparfait à celui du présent) permettent progressivement au récit de vie et à la chronique historique d'assumer pleinement son rôle identitaire.

Le *rodonačal'nik* assume cependant une autre fonction, normative cette fois, en servant de modèle de référence à toutes les figures familiales. Le personnage de l'ancêtre, tel qu'il est décrit, permet en effet que soient fixés les éléments symboliques ou les qualités que le groupe tout entier s'approprie et revendique. Les caractéristiques physiques ou psychologiques de l'aïeul et ses qualités deviennent alors exemplaires à plus d'un titre.

L'ancêtre assume tout d'abord son exemplarité à l'extérieur du groupe familial. Il y joue en effet un rôle représentatif, en devenant pour les individus apparentés dont il est la référence un emblème identitaire. Dans la mesure où l'image du *rodonačal'nik* fonde et garantit le prestige du groupe tout entier, on comprend que chacun des membres d'une communauté ait à cœur d'en préserver l'intégrité et d'en assurer la promotion. Le fait d'appartenir à une parentèle implique en effet de se réclamer du modèle particulier que fournit l'aïeul de référence.

Le rôle exemplaire fonctionne tout aussi bien à l'intérieur du groupe de parents. Le *rodonačal'nik* fournit en effet un exemple qui alimente à la source les dynamiques de reproduction identitaire : chacun des membres de la parentèle cherchant à répliquer ou à reproduire la figure fondatrice. Les souvenirs des uns et des autres en viennent ainsi à incorporer progressivement toute une succession d'héritiers de l'ancêtre, qui sont autant de réincarnations symboliques du modèle initial. Chaque génération fournit ensuite son lot de réactualisations du personnage du *rodonačal'nik*, qui ne sont cependant exemptes ni de distorsion ni de manipulation. La Seconde Guerre mondiale représente pour cela un contexte surdéterminé, avec son lot de médaillés, de blessés, de disparus ou de survivants de blocus qui constituent un stock quasi inépuisable de héros familiaux.

Les engagements politiques ne sont eux que très rarement revendiqués, et les parcours militants sont évoqués de façon indirecte. Les fonctions et statuts qui purent être assumés par les uns ou les autres pendant la période soviétique ne sont en effet jamais dénués d'ambiguïté. La fortune du vaste territoire qui s'étendait entre la rivière Mologa et la Šeksna ou celle de la ville de Mologa comme leur saccage puis leur destruction furent en effet gérés et orchestrés par les mêmes personnes, et les artisans de leur prospérité économique et de leur essor social participèrent avec une égale ardeur à la mise en œuvre des chantiers qui débouchèrent sur la construction du barrage et sur l'engloutissement des 4 500 km^2. L'engagement politique ne semble donc pas posséder en soi de valeur ou de sens absolu, mais dépendre toujours plutôt d'un contexte relatif.

Les souvenirs ne retiennent là encore que ce qui s'intègre harmonieusement à l'histoire commune et peut servir à la consolidation du roman familial. C'est ainsi que la mémoire des fonctions occupées et des titres reçus, des habiletés ou des compétences professionnelles glisse volontiers vers une valorisation du niveau d'éducation et du parcours scolaire ou universitaire, dont la dangerosité éventuelle est moindre même si le prestige qui peut en être tiré est lui aussi diminué. La perpétuation, à travers les générations, de la figure de fondateurs et la transmission des traits et des qualités qu'on leur prête assurent ainsi la cohérence de chaque groupe social, quelle qu'en soit la dimension. Inséré dans ces processus mémoriaux et discursifs, qui sont autant de mécanismes de construction identitaire, chaque interlocuteur marque dès lors son appartenance à une parentèle réelle ou métaphorique et fait symboliquement de soi, de façon ultime, un héritier de *rodonačal'nik*.

Il m'a alors semblé que c'est précisément à partir de la figure de l'ancêtre fondateur qu'une mémoire de type autobiographique et une mémoire historique d'un passé plus lointain se composent et s'emmêlent pour venir assembler les éléments d'une mémoire collective. J'ai eu en effet la possibilité de remarquer dans les récits de mes interlocuteurs une imbrication, au sein de ce qui pourrait être une mémoire du long terme, de ce qui relevait de la biographie familiale et de ce qui relevait de l'histoire. S'il me fallait reprendre la distinction établie par les psychologues cognitivistes [Tulving, 1972] entre une mémoire autobiographique des événements effectivement arrivés à celui qui témoigne et une mémoire sémantique de faits qui lui ont été rapportés par d'autres, alors il devient complexe de démêler l'écheveau du souvenir des gens de Mologa. Leur récit mémoriel met en effet en lumière cette « *complexity of the presence of a cognised past in the present* » que pointait déjà M. E. Bloch [1998, p. 115] pour la communauté Zafimaniry de Madagascar, notamment à travers la présence centrale, prépondérante et extrêmement structurante dans le cas russe de la figure du *rodonačal'nik*.

Halbwachs avait démontré le caractère social de la mémoire en tant que savoir construit et restitué, notamment à partir du fait que l'évocation d'un souvenir implique une communication avec les autres et l'exercice d'une sociabilité. Le récit mémoriel des Mologžany montre en premier lieu que l'évocation du passé relève à la fois de la construction, de la perpétuation et de la distribution d'un savoir d'ordre identitaire. Mais elle suggère aussi que c'est précisément sous la forme de l'échange ou de l'interaction communautaire que la mémoire collective est constamment transformée et retravaillée. Dans ce cadre dynamique et mouvant, les souvenirs relevant de périodes largement antérieures à la vie des narrateurs en viennent à acquérir et partager les mêmes caractéristiques que les souvenirs biographiques. Ne reste alors au présent qu'à demeurer le temps de la rémanence et de l'immobilité. Car, en Russie, le présent ne participe pas à la construction de l'identité, il n'est que le temps de son énonciation.

DES LIGNÉES D'HOMMES ILLUSTRES

Du point originel que marque la figure de l'ancêtre fondateur au moment le plus contemporain de la restitution du souvenir, la mémoire des parentèles de Mologa se fabrique en cascade. Elle intègre la succession des générations et s'appuie sur elle. Quels que soient leurs origines sociales et leur propre parcours biographique, mes interlocuteurs accordent en effet dans leurs souvenirs une place prépondérante au *rod*, à la lignée. Car, comme il m'a été donné de l'expliquer ailleurs [Gessat-Anstett, 2004a], l'idéologie russe de la parenté demeure une idéologie de la pérennité fondée sur la notion de lignage.

L'imaginaire de la perpétuation sociale prend très fortement appui sur la cohésion des lignées familiales, il y est donc aussi très semblable dans ses logiques. Pour les gens de Mologa, le principe de pérennité est premier, et l'idée de durée est plus importante que celle de moment. Ces représentations d'une temporalité, dont la linéarité ininterrompue appelle toutefois une ponctuation, s'appuient de façon centrale sur la notion de *sud'ba* (destinée) et sur l'idée que le cycle de la vie permet la reproduction, par la réplication de parcours biographiques semblables, de figures modèles. Ces figures véhiculent aussi bien les normes sociales ou comportementales que les trajectoires scolaires ou professionnelles idéales. La pérennité dans la longue durée fonde ainsi la chronologie de la communauté.

Le principe de lignée, initié par le *rodonačal'nik*, l'ancêtre fondateur, prend donc corps à différentes étapes de la vie du groupe familial à travers ses descendants. Ce principe de perpétuation élargi au corps social et à la communauté villageoise s'incarne plus précisément dans les *zamečatel'nye lûdi* (personnes remarquables), ces hommes illustres dont la renommée et le prestige dépassent de loin le seul cercle familial. Les hommes remarquables offrent une ponctuation à la durée intemporelle de la société et au déroulement du cycle des destinées. Ils construisent la chronologie en lui offrant ses étapes, et en ponctuant l'histoire linéaire de la communauté.

Les personnes remarquables demeurent ainsi des figures rhétoriques et symboliques centrales, fondatrices de la dynamique identitaire communautaire. De nombreux écrits leur sont consacrés. Une chronique, intitulée *Episody iz žizni zameča-*

tel'nyh lûdej Mologi (Épisodes de la vie des gens remarquables de Mologa), rédigée par l'érudit P. Zimânin, fut ainsi créée dans les premières livraisons de la publication *Mologa – istoriâ i sud'ba drevnej russkoj zemli* (Mologa – histoire et destin d'une antique terre russe) éditée au début des années 1990 sous l'autorité du directeur du musée Mologa, qui est aussi l'un des administrateurs du *Mologskoe Zemlâčestvo*. J'aurai l'occasion de revenir plus loin sur les personnages que cette chronique choisit de mettre en exergue.

Il en va de même pour un certain nombre d'ouvrages tel le *Rybinsk v syd'bah zamečatel'nyh lûdej* (Rybinsk à travers la destinée d'hommes remarquables) qui se présente comme un recueil d'œuvres choisies de l'écrivain et chroniqueur D. V. Romanov. Le grand intérêt que celui-ci portait au passé de sa ville natale l'avait en effet amené à rédiger de multiples articles, le plus souvent sous la forme de biographies. Publié après le décès de l'auteur à Rybinsk en 1997 par les modestes éditions locales Rybinskoe Podvore, l'ouvrage, qui compile un peu plus de quatre-vingts portraits en une centaine de pages, est précédé d'une double introduction consacrée à l'auteur qui est présenté, lui aussi, comme un homme remarquable.

Le propos de la partie introductive rédigée par E. Rozov, qui a édité ce recueil posthume, fait ainsi immédiatement suite à une photographie de l'auteur en train de lire et vise à présenter brièvement l'homme :

> Dmitri Vladimirovitč Romanov était un homme extraordinairement instruit et cultivé, qui aimait infiniment Rybinsk, aimait plus que tout sur terre [Romanov, 1997, p. 3].

Et le texte :

> L'ouvrage que nous proposons à l'attention du lecteur se compose des articles et essais déjà publiés de D. V. Romanov. Leurs héros en sont des écrivains et des artistes, des peintres et des érudits, des gens qui se sont révélés être de vrais patriotes pour leur terre. Leurs destinées furent d'une façon ou d'une autre liées à Rybinsk [*ibid.*]

L'éloge qui suit cette introduction, intitulé « *talant iz rossijskoj glubini* » (Un talent de la Russie profonde) et composé par l'historienne L. M. Marassinova, est pour sa part tout entier consacré à l'auteur : enseignant de métier – il travailla toute sa vie dans l'une des prisons de la ville –, mais aussi journaliste et écrivain à ses heures. La composition de ce court texte est à elle seule révélatrice des mécanismes logiques et symboliques mis en œuvre dans la construction de la figure de l'homme remarquable.

> Chaque peuple a ses justes [*pravedniki*], des hommes qui sauvegardent son âme, sa raison et sa conscience [*sovestlivost'*]. Ils sont peu nombreux, mais c'est précisément d'eux que se nourrissent l'histoire et la culture nationale. Parmi eux, il n'y a pas que des flambeaux [*svetoči*], connus du monde entier, mais il y a aussi des travailleurs acharnés [*truženiki-podvižniki*] et timides, vivant dans la Russie profonde. J'ai eu la chance d'avoir été le contemporain de l'un d'entre eux : Dmitri Vladimirovič Romanov. […]
>
> Il m'a d'emblée stupéfiée par son érudition, son amour pour son coin de terre natale, sa connaissance de l'histoire et de la culture, et chose si rare à notre époque par sa richesse intérieure [*vnutrennej intelligentnost'û*]. Il était comme issu d'une autre époque. Constamment porteur de livres, de documents, de souvenirs d'anciens sur les personnages éminents de notre contrée, il était comme paré de leurs pensées, de leurs manières et même de leur apparence. La vie spirituelle d'un homme se reflète sur son visage. Dmitri Vladimirovič était très russe, de la région de la Volga, avec de grands yeux gris, un visage ouvert – il incarnait une image de la nation [*nacii*] [Romanov, 1997, p. 5-6].

Tels sont ces gens remarquables qui ponctuent la mémoire commune. Figures emblématiques, nécessairement, ces personnages « remarquables », parce que remarqués et dont la renommée peut aussi être construite ou reconstruite *a posteriori*, assument des fonctions symboliques et identitaires primordiales. Ils sont à ce titre reconnus et mobilisés par tous les membres de la communauté. Qui sont, alors, les personnages qui marquent la mémoire des déplacés ? À quoi sert précisément leur mémoire et comment est-elle instrumentée ? Trois grandes catégories d'hommes remarquables semblent, de prime abord, devoir être distinguées.

La première est constituée par les *svâtye* (saints), sans que la figure de la sainteté soit nécessairement et exclusivement limitée aux frontières étroites et restrictives de la canonisation ou de la béatification. Car les *svâtye* sont certes des gens d'Église mais ils sont, avant tout, des figures morales d'exception. Ces hommes, qui peuvent à l'occasion être des femmes – des moniales –, ont en effet la particularité d'œuvrer jusqu'au sacrifice de soi pour la collectivité. Leur première fonction sociale est de faire la preuve par leur vie et souvent par leur mort de leur capacité à servir de modèle en offrant une polarisation au système de valeur de la communauté.

Toutefois leurs fonctions sociales ne se limitent pas à la sphère de la morale, car les figures de saints fondent également l'histoire de la communauté. Ils offrent en effet, au côté des figures de gouvernants et des acteurs de la vie politique, des repères chronologiques privilégiés au temps long, les plus anciens remontant au XIe siècle ou aux fondements de la Russie médiévale. Le rôle de repère temporel les ancre ainsi un peu plus dans la postérité.

Mais ils servent aussi de repères à la connaissance topographique locale et régionale et jouent également à ce titre le rôle de fondateurs de la géographie. En effet, une des manifestations visibles de l'œuvre des saints réside dans les multiples monastères et lieux de culte – églises, chapelles, oratoires – qu'ils ont contribué à ériger ou à rendre célèbres, et qui marquent de façon durable le paysage russe. La richesse ou les caractéristiques patrimoniales d'un terroir résident en effet souvent en Russie dans ses édifices religieux, premiers et principaux bâtiments à avoir été édifiés en dur (briques ou pierres) et à avoir fait la preuve de leur capacité à traverser les époques en demeurant des repères stables.

Ainsi le moine Dorofeï qui fonda en 1615, à quatre kilomètres à l'est de Mologa en aval de la Volga et à une quinzaine de kilomètres de Rybinsk, au confluent désormais englouti des deux rivières, le monastère de la *ûgskaâ Dorofeeva*. L'hermitage rendu célèbre par une icône miraculeuse de la Vierge, dite « *ûgskaâ* », était au début du XXe siècle l'un des plus prospères de son diocèse et constituait un repère important du paysage des gens de Mologa. Sur le territoire du monastère se trouvaient en effet cinq églises, un hôpital et un dispensaire fréquentés annuellement par plusieurs milliers de pèlerins, et une école. Les reliques de Dorofeï reposaient, jusqu'à la destruction du couvent à la fin des années 1930, dans le sous-sol de la cathédrale de la Trinité qui dominait l'ensemble architectural, achevant de conférer par une présence désormais éternelle de son fondateur une absolue sainteté au lieu.

Les saints peuvent aussi être des personnages héroïques, réputés pour leur droiture ou leur force morale, dont la vie prend volontiers une tournure tragique. Tels les membres du monastère féminin Saint Athanase, l'un des repères les plus familiers des Mologžany car situé dans les environs immédiats de Mologa, au nord de la ville. Ainsi cent onze moniales expulsées de leur couvent en 1918, dès l'instauration du pouvoir des soviets, furent d'abord intégrées à l'Artel agricole de Mologa, puis au kolkhoze « *Bor'ba* » (le combat) et finalement exclues au titre de leur statut de « *lišency* » (déchus de leurs droits civiques) avant d'être happées par les rouages de la collectivisation et de la dékoulakisation et d'être déportées dans des camps de concentration pour opposants à la révolution. Leur destinée ultime n'est pas connue.

La vie d'un saint, dont l'expression « *terpet' do konca* » (supporter jusqu'au bout), volontiers employée par mes interlocuteurs, pourrait être la devise, porte ainsi l'empreinte de l'abnégation et du sacrifice, qui confère un aspect extraordinaire et parfois tragique à sa destinée. Le sacrifice de soi a pu en effet facilement revêtir la forme du martyre au moment de l'instauration du pouvoir soviétique. La figure sociale de la sainteté se réalise à l'époque dans celle du supplicié et du persécuté. Tel le père Nikolaï Lûbomudrov qui fut sommairement fusillé en novembre 1918.

Né en 1862 dans le district de Pošehonié et prêtre pendant plus de trente ans de la paroisse rurale de Lackoe à une dizaine de kilomètres à l'ouest de Mologa, il fut abattu par un groupe non identifié de partisans bolcheviques qui sillonnait les campagnes pour procéder au recrutement de l'Armée rouge. Le père Lûbomudrov fut inhumé par sa famille et ses paroissiens en secret, la nuit qui suivit son assassinat, à la lueur des torches au pied du mur de son église.

Sa personnalité fait l'objet d'une reconnaissance particulière de la part des gens de Mologa et son procès en béatification est actuellement instruit par le patriarcat de Moscou. Sa tombe, bien que restée longtemps sans signe distinctif, fit l'objet d'un entretien et d'une attention ininterrompus de la part des habitants du village. C'est ainsi que son biographe, qui est aussi l'un de ses descendants, précise en conclusion d'un court texte hagiographique qu'il lui consacre au sein de l'une des publications du *Mologskoe Zemlâčestvo* :

> La tombe du père Nikolaï a été préservée dans le village de Lackoe (désormais dépendant du district de Nekouz dans la région de Yaroslavl). Elle était considérée et est encore considérée par les croyants locaux comme la tombe d'un saint martyr, intercesseur de prières auprès de Dieu, dont les conditions de décès et d'inhumation rappellent par bien des aspects la condamnation à mort et la mise au tombeau du Sauveur lui-même [Lûbomudrov, 1996, p. 34].

C'est par sa fin tragique, et l'absolu non négocié des valeurs qu'il incarne, que la figure du saint acquiert les vertus de l'exemplarité sociale. Le père Nikolaï Lûbomudrov constitue à ce titre l'une des figures de saint les plus emblématiques de la communauté des Mologžany.

Il faut alors noter que, pour sa part, la période soviétique fabriqua elle aussi des héros dont certains revêtent les caractères de la sainteté. Ce sont le plus souvent des hommes de guerre, militaires ou guerriers qui personnifièrent un modèle auparavant incarné plus volontiers par les hommes d'Église. Ces figures martiales activent en effet les mêmes mécanismes logiques et mettent en jeu les mêmes ressorts symboliques que les figures religieuses que nous venons de décrire. Les militaires participent ainsi à la polarisation d'un système de valeurs morales : ce sont des personnages dont la destinée confine à la perfection et qui se révèlent à travers un combat mené jusqu'au sacrifice de soi contre un ennemi (l'impérialisme, le fascisme ou le nazisme) qui est symboliquement érigé en mal absolu.

Jouissant d'une incontestable célébrité d'ordre simplement familial – tels ces innombrables héros de la grande guerre patriotique morts au combat – ou encore d'une réputation locale, régionale ou nationale – tels le maréchal « rouge » V. K. Blioukher, et le général P. I. Batov statufiés à Rybinsk –, les guerriers soviétiques sont des saints laïques qui font la preuve par leurs exploits d'une culture du sacrifice. Mobilisés pour leur exemplarité, ils font eux aussi office de marqueurs chronologiques et topographiques pour la communauté. Ils offrent en effet des repères de premier ordre pour des époques et des espaces spécifiques – la Seconde Guerre mondiale et sa ligne de front notamment – et viennent ponctuer la chronologie mémorielle de la communauté.

Les gens de Mologa disposent par ailleurs d'objets spécifiques servant de support pour la conservation, la perpétuation et la transmission de la mémoire collective des saints. Il s'agit en l'occurrence de leurs portraits. La forme première du portrait de saint est celle de l'icône – au sein de laquelle modèle social et modèle religieux se confondent – que ses avatars polychromes les plus contemporains rapprochent déjà de la photographie. C'est en effet le portrait photographié, volontiers colorié, qui remplace progressivement au cours du XXe siècle le portrait peint. La photographie permet la très large diffusion d'une image-cliché qui devient progressivement figure de reconnaissance communautaire. Il n'est d'ailleurs pas rare que la photographie coloriée côtoie l'icône dans les intérieurs des gens de Mologa. Le portrait véhicule en effet l'image physique et métaphysique, c'est-à-dire l'ensemble des valeurs et des symboles dont le saint est le vecteur. Ce sont les portraits des saints et des hommes illustres de la ville de Mologa que l'on retrouve au premier étage du musée Mologa où une pièce entière, celle qui clôt la visite, leur est consacrée.

Une seconde catégorie d'hommes remarquables est constituée par les *stroiteli* (bâtisseurs). Ces hommes ne tirent pas leur prestige de leur statut social, mais de leur réussite et de l'œuvre qu'ils ont accomplie. Jusqu'à la révolution, la figure du *stroitel'* peut en effet s'incarner au sein de la noblesse ou de l'ordre des marchands indépendamment de toute question de fonction, de rang ou de titre.

Ainsi le prospère entrepreneur et négociant M. N. Jouravlev, né en 1840 et décédé en 1917, propriétaire de chantiers navals et d'une importante fabrique de cordage dans le village d'Abakumovo, à quelques kilomètres au nord de Mologa et de Rybinsk en amont sur la rivière Šeksna, participa financièrement à l'édification de plusieurs églises et demeura tout au long de sa vie un très généreux mécène qui contribua à dynamiser la vie artistique locale. Il en va de même pour l'illustre notable local, longtemps en charge de l'administration de la ville et citoyen d'honneur de Mologa, M. V. Podosenov, dont la famille fit ériger sur ses fonds propres l'orphelinat, l'asile de vieillard et le mont-de-piété au cours de la dernière décennie du XIXe siècle.

La famille des comtes Moussine-Pouchkine, installée dans le domaine voisin de Ilovna, fournit aussi à la région de Mologa son lot de bâtisseurs. Alexeï Ivanovič, membre de l'Académie des sciences de Russie, procureur du Saint-Synode et président de l'Académie des beaux-arts, bibliophile et collectionneur de manuscrits, s'occupa de l'érection et de l'équipement de plusieurs bâtiments civils et religieux de la ville. Ces bâtisseurs, nobles ou roturiers, prennent leur place dans de longues lignées familiales qui conservent un caractère emblématique pour leur territoire d'origine, et qui sont réputées pour leur rôle dans les domaines économiques, comme c'est le cas pour les Jouravlev, ou bien politiques et culturels, comme c'est le cas pour les Moussine-Pouchkine.

Durant la période soviétique, ce sont les ouvriers de l'industrie ou de l'agriculture cités à l'ordre des héros du travail socialiste qui offrirent à la Russie son lot de bâtisseurs. Réduite à moins d'une vingtaine d'années à Mologa, la période soviétique mit essentiellement en exergue un travail d'aide sociale et n'offrit que peu d'occasion de se distinguer dans le domaine industriel ou économique. Mais quel que soit le domaine d'action, c'est toujours le travail accompli qui compte. Un travail hors normes, réalisé au bénéfice de la collectivité.

Les héros de la période socialiste marquent ainsi eux aussi leur époque en offrant des repères à l'espace citadin. Telle Aleksandra Vassilievna K. qui organisa à Mologa les œuvres de secours populaire et la distribution de vêtements et de rations alimentaires aux plus démunis, pendant que Pavel Feodorovitch Derunov décoré de l'ordre des héros du travail socialiste, à la tête du plus gros complexe industriel de Rybinsk, organisa dans la seconde moitié du XXe siècle l'expansion urbaine d'un site devenu avec la guerre un maillon stratégique du complexe militaro-industriel soviétique. « Il a construit de ses mains la moitié de la ville », martèle ainsi de façon emphatique la mémoire commune.

Car le signe distinctif des œuvres accomplies par ces bâtisseurs est qu'elles le sont au bénéfice de la collectivité. Leur dimension esthétique ou leur caractère novateur restent donc moins importants que leur fonction sociale première qui réside dans le développement matériel et la prospérité de la communauté. La brochure du musée Mologa destinée aux enfants rappelle ainsi en citant les vers d'un autre personnage illustre de la ville, le poète révolutionnaire Nikolaï Aleksandrovitch Morozov : « Il n'est pas mort, celui dont l'écho résonne pour d'autres, celui qui vécut en ce monde une vie qui ne soit pas seulement personnelle », en soulignant que ces mots s'appliquent précisément aux personnalités célèbres de la terre de Mologa.

Ce n'est pas la mort qui est crainte mais l'oubli. C'est par conséquent l'éternité d'une mémoire durable que garantit la réalisation d'une œuvre à son bâtisseur. Cet état de fait participe à expliquer la part importante d'œuvres sociales réalisées par des initiatives privées. La notion centrale de *blagotvoritel'nost'* (bienfaisance) demeure en effet jusqu'en 1917 l'une des clés de la gestion communale, car les dons en espèces fournissent, dans la Mologa prérévolutionnaire, une source importante et stable du budget municipal.

Ces bâtisseurs remarquables deviennent en effet des hommes remarqués qui font l'objet d'une reconnaissance spécifique de leur municipalité par le biais de décorations : élevés au rang de citoyens d'honneur de la ville, cités à tel ou tel ordre, toujours honorés et commémorés. D'innombrables médailles et rubans multicolores, portés au revers de la veste ou en sautoir pour les grandes occasions, sont alors les signes d'une reconnaissance publique qui se traduit toujours par la mise en exergue. Les décorations offrent ainsi un support privilégié et un vecteur de transmission, particulièrement efficace en Russie, de la mémoire collective. Ces décorations sont toujours mentionnées dans les biographies ou bien lorsqu'il est fait allusion dans un texte à l'un de ces hommes remarquables. Elles sont conservées par les familles et très volontiers exhibées, elles figurent immanquablement sur les portraits des bâtisseurs.

La ville procédait elle-même à une récapitulation régulière de ses bienfaiteurs et donateurs les plus généreux, nommément distingués et inscrits sur une liste affichée dans la salle du conseil municipal. Les bienfaiteurs de la ville faisaient également l'objet d'attentions spécifiques de prière lors des liturgies. Dans une sorte de réactivation de la commémoration, l'une de ces listes fut récemment reproduite dans une livraison de la revue du *Mologskoe Zemlâčestvo*, en illustration d'un bref article du directeur du musée Mologa intitulé simplement *Blagotvoritel'nost'* (bienfaisance).

RAPPORT DE L'ADMINISTRATION MUNICIPALE AU CONSEIL MUNICIPAL DE MOLOGA DU 20 MAI 1913[1]

Le conseil municipal de Mologa à différents moments, depuis 1889, a choisi d'immortaliser le nom d'une série de personnes qui ont consacré leurs dons et leurs efforts à notre ville, en choisissant d'inscrire leur nom sur le registre des prières pour que leur mémoire soit commémorée lors de requiem annuellement célébrés le dimanche de la Saint-Fomin.

1. RF GAAO, fond 205, opis 1, ed. hr. 3366, list 146. Nous proposons ici notre traduction.

Ces personnes sont les suivantes : le gouverneur de Yaroslavl Ivan Semenovič Unkovskij (pour son aide aux victimes de l'incendie de Mologa en 1864), le propriétaire foncier de Mologa Iosif Pavlovič Bahirev (pour la création de l'asile de vieillards), le marchand de Mologa Iosif Vasil'evitč Kazanin (pour l'installation des palissades autour du cimetière), le marchand de Mologa Foma Kuzmič Buskov (pour la construction de l'église Saint-Foma dans le village Gorkij-Soli) le marchand de Saint-Pétersbourg Nikolaj Stepanovič Usin (bâtisseur de la collégiale de la Résurrection), le marchand de Mologa Semen Grigorevič Oborin (pour le don de 5 000 roubles pour le patronage des pauvres), le marchand de Mologa Mihail Fedorovič Buskov (pour le don de 1 000 roubles pour le patronage des pauvres), Le marchand de Rybinsk Aleksei Fedorovič Krikusin (pour la construction du clocher du cimetière), la sœur du marchand de Mologa Nadežda Andreevna Maslenikova-Stolarova (pour le don de 800 roubles en dot aux fiancées nécessiteuses), la marchande de Rybinsk Iustiniâ Alekseevna Serbakova (pour le don de 2 000 roubles pour le patronage des pauvres), le citoyen d'honneur de la ville de Mologa Pavel Mihailovič Podosenov (pour ses différents dons), la veuve du citoyen d'honneur de la ville de Mologa Maria Vassilievna Podosenova (pour ses différents dons), le citoyen de la ville de Mologa Aleksei Evgenevič Oborin (pour le don à l'asile de vieillards Podosenov et aux habitants pauvres de 5 600 roubles), le bourgeois de Mologa Nikolaj Ferapontovič Trofimov (pour le don de 4 000 roubles pour l'asile de vieillards Podosenov), le bourgeois de Mologa Lev Leontievič Rosov (pour son long mandat de conseiller municipal), le citoyen d'honneur de Mologa Gavriil Dmitrievič Maslenikov-Stolârov (pour le don de 5 000 roubles pour le patronage des pauvres), le marchand de Mologa Ivan Alekseevič Dâkonov (pour le don de 5 000 roubles pour le patronage des pauvres), le marchand de Myškin Nikolaj Ivanovič Zajcev (pour le don de 500 roubles pour le patronage des pauvres, la bourgeoise de Mologa Paraskovâ Ivanovna Noskova (pour le don de 400 roubles pour les noces des fiancées nécessiteuses), la bourgeoise de Mologa Pavla Samuilovna Neustrova (pour le don de 5 000 roubles pour le patronage des pauvres), le marchand de Mologa Aleksandr Dmitrievič Maslenikov-Stolârov (pour le don de 5 000 roubles pour le patronage des pauvres), la veuve de l'assesseur du collège Varvara Pavlovna Zaharova (pour le don de 1 600 roubles à l'asile de vieillards Podosenov), la veuve de marchand de Mologa Anna Aleksandrovna Dâkonova (pour l'installation de palissades autour de la nouvelle collégiale), la veuve du secrétaire du gouverneur Klavdia Pavlovna Grudzinskaâ (pour le don de 1 000 roubles pour le patronage des pauvres).

> À l'examen de la liste de ceux qui sont commémorés par le clergé des collégiales de Mologa, il apparaît que n'y figurent pas certaines personnes : Ivan Alekseevič LEONTIEV (pour le don de 1 000 roubles par billet n° 3290 de la banque de Rybinsk).

Une troisième et dernière catégorie d'hommes remarquables est constituée, enfin, par les *tvorčeskie lûdi*, créateurs, artistes et intellectuels. Cette catégorie est la plus importante en nombre, elle est peuplée d'innombrables hommes de lettres, gens de théâtre, peintres et poètes. C'est ce dernier groupe d'hommes remarquables qui fournit le plus d'exemples aux publications du *Mologskoe Zemlâčestvo*. La catégorie des artistes et des intellectuels intègre en effet également les lettrés, les gens de culture et d'éducation au sens large, c'est-à-dire les scientifiques, les explorateurs, les médecins et les enseignants. Il en va ainsi, par exemple, du dramaturge Alexandre Suhovo-Kobylin [1817-1903], désigné à son époque comme le premier des gentlemen de Russie, auquel plusieurs institutions culturelles locales, notamment le musée Mologa, consacraient en septembre 1997 à Nekouz, petit chef-lieu de district jouxtant le domaine où est né l'écrivain et distant d'une quinzaine de kilomètres du site englouti de Mologa, deux jours de commémorations qui incluaient, outre un colloque scientifique portant sur la vie, l'œuvre de Suhovo-Kobylin et les membres célèbres de son lignage, la représentation d'une pièce du dramaturge et une fête mêlant littérature et folklore local dans le domaine natal du grand homme.

Car ces hommes de l'art ou de l'intelligence jouissent d'une célébrité dont la légitimité reste très forte : celle du don artistique et de l'érudition savante. Cette catégorie d'hommes remarquables ne porte que très peu les stigmates des excès ou des travers de leur époque. L'œuvre créée ou accomplie conserve ainsi une notoriété incontestable et incontestée, et ce d'autant plus qu'elle confine au chef-d'œuvre pictural, littéraire, musical ou cinématographique ou à la découverte de génie. L'œuvre d'art et la renommée dont elle est le vecteur servent alors de support à mémoire collective des gens de Mologa, qui s'en réapproprient le prestige sur la base d'une communauté d'origine avec son auteur.

La communauté des Mologžany s'empare ainsi de la célébrité des œuvres, des inventions ou même la simple notoriété d'un savant pour peu que leurs auteurs aient les mêmes origines géographiques. Les *zamečatel'nye lûdi* sont en effet reconnus et célébrés pour avoir marqué le monde bien au-delà de leur *kraj*, leur petite contrée provinciale : ils tirent localement une renommée supplémentaire de l'écho qu'ils ont offert à leur terre natale. Le sentiment identitaire de la communauté est aussi partage d'une autochtonie, cette représentation dominante de l'univers symbolique des gens de Mologa sur laquelle nous aurons l'occasion de revenir dès le début de la deuxième partie.

La liaison intime qui s'instaure entre la mémoire de l'histoire d'un espace, d'une part, et la construction d'un sentiment d'autochtonie nourrie de la célébrité de ses hommes remarquables, d'autre part, incite alors les déplacés à porter une attention particulière aux gloires de passage à Mologa. Les Mologžany mentionnent ainsi Alexandre Dumas qui relate dans le récit de ses voyages s'être arrêté pour une nuit dans la ville en descendant la Volga en bateau, le poète S. Podelkov qui consacra un long poème intitulé *Gerb goroda Mologi* au blason de Mologa dont son épouse était originaire, ou l'historien et écrivain soviétique S. Markov qui y cherchait en 1937-1938 l'inspiration pour la grande œuvre de sa vie, *Zemlenoj krug*.

Toutefois l'usage extensif de ces figures célèbres, de même que la restitution fréquente – bien que souvent partielle – de leurs biographies, inscrit la mémoire des gens de Mologa dans une linéarité qui n'est pas celle de l'histoire critique. Les récits mémoriels des uns et des autres tout autant que la muséographique du *Muzej Mologskogo Kraâ* accordent en effet peu de place aux nuances. La clarté des statuts et la lisibilité des destinées restent primordiales : héros ou victimes, savants ou ennemis, pas de demi-mesures, de confusion des genres, ni de demi-teintes possibles dans cette quête de la figure remarquable. Il en ressort un usage fréquent de l'omission si ce n'est du travestissement dans la restitution des souvenirs, toutes transformations qui se sont dévoilées lorsque j'ai interrogé plus précisément les historiens locaux. Car la mémoire des morts courtise parfois un mensonge convenu et convenable, et ne retient de la vie de ces grands hommes que ce qui est utile à la légende et à l'édification de la communauté. Les érudits eux-mêmes, pourtant très au fait des menus détails de la biographie des multiples gloires locales, manifestent des réticences à introduire des nuances dans le récit des vies parfaites de ces morts parfaits.

La construction d'un manichéisme ou d'un angélisme biographique de cet ordre relève alors d'un immense défi dans le contexte post-soviétique. Le maintien d'une représentation normative de parcours biographiques modèles, alors même que les repères politiques et culturels ont été bouleversés voire même inversés, reste difficile. Pour de nombreux interlocuteurs, ce délicat travail de recomposition biographique est à la source de multiples interrogations et d'un réel désarroi. « *A teper', kto palač kto žertva ?* » (et maintenant qui est le bourreau, qui est la victime ?) « *Ne znaem točno komy nado stavit' pamâtniki* » (nous ne savons plus très bien à qui il faut dresser des statues), m'a-t-il ainsi été possible d'entendre en 2001 lors de la commémoration du 60e anniversaire de l'engloutissement de Mologa.

La question de la pérennité du statut de ces hommes autrefois remarquables a, plus d'une fois, été posée explicitement par mes interlocuteurs. Ces questions m'ont incitée à réfléchir plus précisément encore sur le sens et la fonction assignés à ces personnages clés de la mémoire commune que sont les morts, en me demandant jusqu'à quel point la figure de l'homme remarquable demeurait mobilisable pour un discours identitaire.

Ces incertitudes amènent, quoi qu'il en soit, les gens de Mologa à un surcroît de prudence dans leurs évocations, et l'ethnologue constate fréquemment, dans la première partie des récits collectés, d'une part le repli du discours mémoriel sur les figures les plus consensuelles et les moins contestables, celles qui ont le moins souffert d'une compromission avec les travers de leur époque (bien souvent des artistes et des savants), et d'autre part l'évocation à demi-mot de figures plus problématiques.

Les fantômes de la mémoire

En contrepoint des ancêtres et des lignées d'hommes remarquables subsistent en effet les absents de l'histoire (des histoires) de Mologa. Il s'agit de défunts que les discours et les pratiques commémoratifs n'évoquent pas volontiers. Ces grands absents révèlent les trous noirs de la mémoire commune, dont ils participent par défaut à souligner les marges. Ces importuns du souvenir, bien que morts, restent en effet porteurs d'une importante dangerosité symbolique. Ces acteurs reniés du passé collectif montrent, à travers le traitement dont ils font l'objet, la nature, l'importance et la durée des sanctions sociales en vigueur au sein de la communauté. Ils rappellent *a contrario* les normes sociales qui sont – ou ont été un temps – en vigueur, et les risques qui subsistent à s'en éloigner ou à les transgresser : l'exclusion et l'oubli.

Prendre ces fantômes en compte représente une étape fondamentale de l'anthropologie du souvenir esquissée ici et oblige déjà à évoquer le thème du secret. Lorsque j'ai abordé la question de la lisibilité ou du sens qui pouvait être conféré par les gens de Mologa aux diverses destinées, j'ai cherché à explorer les aspects cachés de certaines vies. Lors de mes enquêtes, je ne pouvais, en effet, m'en tenir à l'aspect normatif et conventionnel que revêtent volontiers bon nombre de récits biographiques collectés. Pour comprendre les logiques d'action, et la part éventuelle de stratégies qui peuvent être élaborées dans le domaine de l'identité et de la mémoire, il m'a semblé nécessaire de puiser dans la part d'ombre, de fouiller aussi le silence des souvenirs, de m'interroger sur les non-dits, les lapsus, l'omission de certains personnages ou d'informations rendant lisible, par exemple, leur identité sociale. Ce sont toutes ces choses que manifestent et rappellent les fantômes de

Mologa qui demeurent à terme les révélateurs des risques symboliques qui sont ou furent un jour encourus par la communauté.

Enquêter sur les secrets d'une communauté requiert alors un surcroît de circonspection et de délicatesse. Que ce soit dans la phase de collecte de données comme dans l'étape de la restitution par l'écriture, une telle enquête a exigé en effet de multiples précautions et une grande prudence. Une interrogation sur ces fantômes, dont l'objectif premier était de dépasser le silence dont les interlocuteurs enrobaient inévitablement certains aspects de leur passé, pouvait suivre deux voies. La première est une voie externe qui suppose de s'en tenir au silence des interlocuteurs et d'aller chercher ailleurs (auprès d'autres interlocuteurs ou encore dans des sources publiées ou archivées) des données complémentaires. Tant il est vrai, comme le soulignait déjà A. Kravchenko avec une pointe d'ironie dans ses Mémoires, que tout ce qui était marqué du sceau du secret en URSS était immanquablement et rapidement connu de tous, même s'il n'était jamais bon d'en parler. L'une des propriétés de l'environnement social soviétique est que ce qui reste caché ou ignoré est moins important que ce qui est su, mais tu. Le risque existe toujours, pourtant, pour l'enquêteur d'aboutir à une impasse et de se heurter par exemple à des sources archivistiques portant explicitement la marque du *sekretno* (secret) qui en limite ou en interdit la consultation.

L'alternative existe : elle consiste à poursuivre la quête en interne en imposant à l'interlocuteur une sollicitation franche, à travers des questions précises, ou moins directe à travers de multiples retours sur les moments ou des épisodes qui ont pu faire l'objet de silences ou de réticences. Dans le contexte particulier où les enquêtes ethnographiques furent réalisées, celui d'une ville ouverte à la circulation des étrangers depuis moins d'une dizaine d'années après avoir été longtemps un espace fermé et contrôlé, j'ai fait le choix de ne pas solliciter directement pour ne pas faire (re)naître la peur. Je suis revenue autant qu'il était possible et décent sur les zones d'ombre, sur les époques troubles et les personnages évanescents en cherchant à ne pas poser de questions abruptes. Il s'agissait pour moi d'amener mes interlocuteurs à esquisser ce qu'ils répugnaient parfois à évoquer franchement, à dévoiler une mémoire marquée par la peur, la peine ou un malaise durable, dans une relation qui souhaitait relever plus de la confession que de l'interrogatoire. J'ai cherché ailleurs aussi, et notamment dans les archives administratives de Mologa conservées à Rybinsk et à Yaroslavl, des contrepoints à la mémoire silencieuse ou allusive de la communauté. Les sources archivistiques ont à cet égard offert de passionnants échos aux discours de mes interlocuteurs. Mais il m'a été tout aussi délicat de restituer sans dévoiler. De donner à voir ces fantômes sans mettre en difficulté ceux dont ils continuent de hanter les vies et les mémoires.

Qui sont ces fantômes ? Cette catégorie semble être composée tout d'abord de personnages ayant eu de « mauvaises » vies. Ces acteurs défunts de la mémoire communautaire sont aisément repérables car ils représentent des personnages qui s'absentent des souvenirs, qui disparaissent du récit. Il arrive ainsi qu'après avoir figuré dans un récit, une portion de leur biographie soit passée sous silence ou bien que leur identité professionnelle ou encore sociale ne soit pas clairement établie. La portion congrue du récit qui les concerne contraste alors de façon saisissante avec le discours abondant et parfois pléthorique, emprunt d'emphase et de lyrisme, sur d'autres membres de la parentèle ou de la communauté. La distance s'introduit ainsi aussi bien dans la forme que dans la quantité du discours mémoriel.

Les premiers fantômes sont des exilés, des étrangers à la communauté présents à Mologa. Ils occupent de façon manifeste, durant la période qui précède l'instauration du pouvoir soviétique comme dans les trois premières décennies du XXe siècle, une position sociale marginale. Ce ne sont pas des habitants de souche. Nés ailleurs, arrivés là par hasard, ils vivent une existence solitaire. Ces hommes, sans famille et le plus souvent sans emploi stable, purgent à Mologa une peine d'exil ou pâtissent d'un statut spécifique qui les assigne à résidence ou bien leur interdit l'accès de grands pôles urbains. Les exilés ne sont pas des figures centrales de l'antimémoire commune, mais ils en constituent les premiers et les plus anciens exemples. La destinée des exilés révèle des trajectoires géographiques et sociales très variables, qui combinent des contraintes juridiques (l'interdiction ou au contraire l'assignation à résidence) et des opportunités professionnelles ou résidentielles telles que la possibilité de trouver rapidement un travail ou un logement à l'issue d'une période d'incarcération.

Les exilés se repèrent ainsi dans les souvenirs des anciens de Mologa où ils viennent faire irruption au détour d'une anecdote ou d'une précision. Figures inquiétantes ou cocasses, pathétiques ou admirables, ils ouvrent aussi aux Mologžany du début du siècle les horizons agités de l'activisme politique, loin de la routine paisible de leur gros bourg rural. Tel Feodor Alekseevitch Kolokolov, ce vieil intellectuel originaire de Saint-Pétersbourg condamné à l'exil pour ses opinions politiques, hébergé au début des années 1930 à Mologa dans l'entresol familial des D. Le septuagénaire dont Youri, qui n'était qu'un très jeune écolier à l'époque, garde un souvenir marquant[2] enseigna à l'enfant à jouer aux échecs et l'initia à l'astronomie. Du vieil homme qui écrivait des poèmes sous forme de fables pour ne pas risquer d'être condamné à nouveau, Youri a aussi hérité de solides connaissances en matière de botanique et d'herboristerie médicale qui bénéficient toujours à sa famille et à ses proches. Youri se souvient aussi de Pavel Vassilievitch Dobrinov, prêtre sans église, qui connaissait le prénom, le prénom patronymique, le patronyme et la généalogie de chaque habitant de Mologa, et dont il a enregistré clandestinement quelques prières sur un magnétophone. Les deux hommes furent transférés au moment de l'inondation vers l'asile de vieillards d'Ouglitch, leur destinée ultime n'est pas connue.

Certains de ces exilés intérieurs se repèrent aussi dans le recensement de 1895, lorsque au détour de l'inventaire des habitants d'une demeure se faufilent d'étranges cohabitants qui ne relèvent ni de la catégorie des parents pauvres ou des domes-

2. Entretien YVD, juillet 2002.

tiques et autres aides ménagères hébergés à demeure, ni de celle des locataires habituels, militaires en garnison, négociants ou artisans de passage. Ces hommes vivant seuls, séparés de leur famille et, bien que bénéficiant d'un niveau d'éducation supérieur à la moyenne, demeurent des marginaux. Tel Ivan Ignatievič Baronov, né à Saint-Pétersbourg en 1859, qui vit seul, hébergé dans une pièce de l'isba de la famille Neustrov en tirant ses revenus de la mendicité[3] ou encore Boris Yakovlevitch Orlov, âgé de cinquante ans, hébergé par les Klioukine[4], qui vit lui aussi de la charité publique quand il ne trouve pas à s'employer comme travailleur saisonnier. Sachant lire et écrire, nés ailleurs, mariés et pères de famille mais durablement éloignés des leurs, malgré leur bagage intellectuel ou professionnel, ils ne sont pas intégrés à la communauté.

Les *belye* (blancs) constituent une autre catégorie de fantômes de mauvaise vie. Ces hommes jeunes ou dans la force de l'âge, qui disparaissent de la mémoire collective, sont pourtant des membres à part entière de la famille et de la communauté. Ils furent engagés, au moment de la révolution de 1917 ou de la guerre civile qui suivit, aux côtés des forces régulières ou dans des activités contre-révolutionnaires. C'est ainsi toute une mémoire intime de l'opposition à la montée du pouvoir bolchevique qui disparaît à travers leur escamotage. Ces fantômes blancs révèlent aussi les premières ruptures des unités familiales et sociales du Mologa du début du siècle, et renvoient à des divisions et des clivages longtemps tus. Et si ces divisions politiques peuvent désormais être mentionnées, elles ne sont pas pour autant explicitées ni détaillés. Grands-oncles, arrière-grands-oncles, ascendants collatéraux dont la lignée reste le plus souvent sans postérité, ils incarnent des branches familiales silencieuses car rendues muettes. C'est le cas de la mémoire familiale des Ostroumov. Dans l'arbre généalogique tracé par Aliona âgée d'une trentaine d'années[5], comme dans la légende

3. Archives de Yaroslavl, fond 642, delo 201-202, opis 3, list 52.
4. Archives de Yaroslavl, fond 642, delo 204, opis 3, list 8.
5. Entretien AAO, mars 1996.

familiale, le frère de celui qui assume le rôle d'ancêtre fondateur est désigné comme un soldat de l'armée blanche. Son prénom et son prénom patronymique sont mentionnés, suivis de l'épithète *belyj* (blanc), mais officiellement resté sans descendance, sa destinée ultime n'est pas connue, les détails de sa biographie ne sont pas non plus restitués dans le récit.

Ces fantômes-là ont en fait longtemps représenté une menace pour leurs proches, qui au cœur de la période des répressions staliniennes étaient même susceptibles d'être condamnés au motif d'être un membre de la famille d'un traître à la patrie ou d'un ennemi du peuple. Dès les années 1920 des peines de prison sont en effet prévues pour les *ČS* (membres de la famille) d'un condamné, peines qui vont aller en s'accroissant. Un *ČSVR* (membre de la famille d'un ennemi du peuple) risque entre 1936 et 1940 de 5 à 8 ans de camp de travaux forcés, et 10 ans à partir de 1940. Puis la législation se durcit avec l'entrée en guerre de l'URSS. De 1942 à 1943, un *ČSIR* (membre de la famille d'un traître à la patrie) risque ainsi 10 ans de camp de travaux forcés ; de 1943 à 1947, il en risque 10, 15 ou 20 ; et de 1947 à 1953, il risque de 10 à 25 ans de camp spécial ou de prison [Rossi, 1997, p. 252]. Des branches familiales entières furent ainsi élaguées à la faveur des purges, pour un mari, un père, un frère ou un membre de la famille connu pour ses prises de position politiques. Le silence qui entoure leur mémoire est à cet égard compréhensible. La stigmatisation de la parentèle tout entière, même tardive, est toujours envisageable. Les familles de ceux qui ont pu être désignés comme des « ennemis du peuple » sont inexorablement vouées à l'« *obida i oskorblenie* » (l'outrage et l'offense) selon l'expression employée par l'un de mes interlocuteurs. Humiliations et marginalisations multiples sont en effet le lot de ceux qui ont partagé des liens familiaux avec ceux qui sont devenus des parias. Dans le contexte soviétique, se souvenir d'eux trop précisément représentait un danger, même si les oublier tout à fait, au risque de mentir, représentait un autre risque. La plupart de mes interlocuteurs restent dès lors dans l'ordre de la suggestion. Se taire tout à fait, c'est en effet laisser penser que l'on sait quelque chose que l'on cherche à taire, alors la restitution oscille entre l'évocation brève et l'allusion. Et, le plus souvent, la mémoire tourne court.

À l'opposé des blancs, les rouges. La mémoire des militants ou des responsables du Parti communiste, lorsqu'ils n'ont pas été de leur temps figés dans la figure glorieuse du héros, n'est pas non plus évoquée par leurs proches. Le risque existe désormais de voir pointer des interrogations sur leurs implications personnelles dans les fonctionnements et dysfonctionnements de l'État et des administrations soviétiques. Les bourreaux ont existé, ils eurent leurs complices, et les exactions, injustices ou crimes commis au nom du régime ou de ses idéaux par des individus en charge d'une part du pouvoir politique ou administratif sont innombrables. Mais leur donner un nom et un visage est encore prématuré. « *Vinovnyh net i net* » (De coupable point, non, point) martèle, rappelons-le, le poème de Valéria.

La question du statut exact et des fonctions précisément occupées par les anciens fonctionnaires soviétiques n'est en effet jamais bien venue. La mémoire des parentèles des anciens responsables politiques locaux de Mologa reste à cet égard focalisée sur de prudents et très anciens ancêtres fondateurs, et de très sages lignées d'illustres artisans ou artistes. Les *mestnye vlasti* (pouvoirs locaux), le *melkoe načal'stvo* (petits dirigeants) qu'abordent les anciens *zeks* (abréviation de *zaklûčennij*, détenu) dans leurs souvenirs, comme la question épineuse de la *partijnaâ rabota* (travail pour le parti, donc politique) n'ont pas pour l'instant au sein de la communauté de Mologa trouvé d'espace d'évocation, ni de postérité. L'exemple de Marina, honorable Mologžanina âgée de soixante-dix ans et seule femme membre du conseil d'administration du *Mologskoe Zemlâčestvo*, est en cela révélateur. Elle n'a évoqué avec moi que de façon allusive les fonctions professionnelles de son père, responsable du soviet de Mologa, en charge de l'évacuation des familles et, à ce titre, le dernier à avoir quitté le site dévasté avant son inondation, et au cours de son troisième entretien[6]. Les responsables soviétiques

6. Entretien MVK, avril 2001.

deviennent donc eux aussi, de façon paradoxale et *a posteriori*, les fantômes de la période soviétique, dans la façon même dont leurs héritiers restituent désormais leur souvenir. Et il arrive que l'assassin disparaisse parfois sous le linceul de la victime qu'il est lui-même devenu.

Les derniers fantômes de mauvaise vie sont les innombrables victimes du système concentrationnaire, au sein desquels il est possible de distinguer d'une part des absents et d'autre part des présents. Les grands absents sont les déportés qui ne sont jamais revenus après avoir purgé leur peine. Longtemps éloignés, géographiquement disparus, morts ou restés vivants, ils sont opportunément évaporés de la mémoire familiale. La participation de ces fantômes à la vie commune cesse au moment de leur arrestation ou de leur déportation, et la présence aux côtés du narrateur s'interrompt sans que les raisons de leur absence soient toujours explicitées. Ils obtiennent le même traitement dans la forme de la restitution mémorielle que les deux catégories précédentes. Il en va ainsi des deux frères aînés de Galina Petrovna S.[7]. Originaires de Borok à quelques kilomètres de Mologa, tous deux médecins et petits-fils de prêtre, ils sont expédiés au milieu des années 1930 au fin fond de la Sibérie pour des raisons qui ne sont pas évoquées par leurs proches. Ils ne reviendront jamais dans leur région natale. Mariés sur le lieu de leur détention, ils resteront y travailler à la fin de leur période d'exil. Ils eurent des enfants, dont le nombre est connu, mais pas le nom. Très proches de la narratrice pendant son enfance, ils disparaissent ensuite totalement de son récit biographique, bien que le plus jeune d'entre eux soit toujours en vie.

À l'opposé, d'autres fantômes de mauvaise vie, trop présents, sont ces dizaines de milliers de détenus du Volgolag dont le lieu d'internement a voisiné pendant plusieurs années avec Mologa et qui viennent hanter la mémoire commune. Ceux qui contribuent malgré eux à ternir l'image d'Épinal d'une Mologa idyllique sont restés dans une large mesure les indésirables de

7. Entretien GPS, février 1995.

la mémoire commune, qui n'en conserve que des souvenirs infimes, silhouettes sans visages, avec parfois quelques signes distinctifs de leur nationalité ou leur origine ethnique, Kazakhs, Kirghizes, Ouzbeks, vêtus de leurs seuls vêtements civils pour survivre aux rigueurs de l'hiver russe et à une vie de bagnard marquée par le travail de force, l'épuisement physique, la misère matérielle et morale.

Pour les déportés, pas de mémoire onomastique : pas de nom, ni de prénom, pas même de surnom. Les *zek* sont restés des anonymes dans la mémoire de la communauté. Il ne reste d'eux que la mémoire d'un quotidien de souffrance que les Mologžany ont côtoyé en voisins dès 1936. L'histoire de ces détenus renvoie à ce que les gens de Mologa n'ont pas pu ou voulu regarder, et à ce dont un certain nombre d'entre eux ne veut même plus se souvenir. Sans le témoignage des anciens déportés eux-mêmes, il n'en resterait pas d'autres traces que quelques fils de fer barbelés pris dans la terre des berges du lac et des ossements que rapportent les eaux. Il est pourtant possible d'en connaître plus sur ce qui est omis par la communauté sur son propre passé, en lisant la prose ou les vers que certains composèrent, mais aussi en se tournant vers les dossiers personnels des anciens déportés qui se sont fait connaître auprès de la fondation Memorial.

Surgissent alors Hai Husannovič Mannaïskij[8], né en 1913 au Tatarstan, condamné pour la troisième fois en 1950 à 25 ans d'emprisonnement qu'il purgera au *Lagpunkt* n° 2 de l'*Intalag* de Rybinsk jusqu'à la date de sa libération en mars 1956 en exerçant la fonction de *buhgalter* (comptable), ou bien Elena Iakovlevna Princ[9], née en 1915 à Moscou, docteur en sciences arrêtée à Leningrad en 1941 et détenue au Volgolag jusqu'en décembre 1951. Internée au quartier des femmes du village de Perebory, aux abords immédiats du barrage, avec 400 à 500 de ses codétenues, elle sera employée aux travaux des champs puis à l'hôpital voisin où elle croisera le célèbre metteur en

8. Archives Memorial, fond 1, delo 2934, opis 1.
9. Archives Memorial, fond 1, delo 4112, opis 3.

scène de Leningrad Radlov, et sa troupe au grand complet, ou encore la femme du ténor Petchkovskij, qui décédera dans ses bras.

Grigori Aronovič Golodnûk[10], interné au Rybinlag de 1942 à 1947, évoque dans ces mêmes dossiers ses conditions de vie et de travail. Affecté d'abord à des travaux de coupe de bois et de défrichage sur le bassin même de la Mologa, il se souvient des baraques en rondins entourées de fil de fer barbelé, des tours de guet où officiaient des militaires, en majorité des personnes âgées qui assuraient la surveillance du camp, des convois avec les chiens de garde pour accompagner les détenus sur leur lieu de travail, ces parcelles qui avaient été délimitées bien avant la guerre.

Pavel Matveevitch Sokolov[11], né à Varsovie en 1903, fut arrêté en novembre 1937 et interné jusqu'en février 1940 à Rybinsk sur le site même du barrage où il effectuera des travaux généraux en relation avec ses compétences professionnelles d'électricien. Il se souvient du mécanicien en chef Šapiro et d'autres engagés volontaires sur le chantier, tous originaires des villages alentours. Iakov Zinovievič Životovski[12], n'a laissé pour sa part aucune trace. Né en 1903 à Bakou, et membre du VKPb de 1928 à 1937, il est mort au Rybinlag d'avitaminose, métaphore administrative de la faim, le 11 août 1944 après avoir été arrêté en août 1937 et condamné à 10 ans de privation de liberté pour activité contre-révolutionnaire. C'est sa fille qui souhaita laisser un témoignage de son destin.

Ces anciens détenus nous renseignent aussi à travers leur témoignage sur la population des Volgolag, leurs conditions de travail et d'existence. Un quotidien fait de travaux forcés et de transferts multiples sur un chantier marqué par le gigantisme des grands travaux staliniens. Leur vie à proximité de Mologa, l'implication des civils, voisins, riverains du lac, dans le fonctionnement des camps sont souvent évoquées. Mais il n'en

10. Archives Memorial, fond 1, delo 294, opis 3.
11. Archives Memorial, fond 1, delo 2927, opis 1.
12. Archives Memorial, fond 1, delo 4805, opis 1.

reste pas moins que cette mémoire-là reste extrêmement ténue et parcellaire, elle ne dispose pas de véritable espace d'expression et demeure sans forte légitimité, parfois même contestée pour la part d'ombre qu'elle vient introduire dans le mythe.

La catégorie des fantômes est par ailleurs peuplée de personnages qui ont eu une mauvaise mort. Les premiers d'entre eux sont des suicidés, ces morts sans gloire dont la fin, si elle est souvent violente, n'en est pas pour autant associée à une idée d'héroïsme ou de sacrifice. Puisées au cœur du désespoir des plus jeunes ou de la détresse des plus vieux, les motivations de ces morts choisies sont diverses mais d'intensité égale. Ces morts auto-administrées, *samo-ubijstvo* comme l'explicite littéralement la langue russe, liées à l'engloutissement, font l'objet d'un traitement mémoriel qui mêle le déni et l'évocation allusive. Tel le suicide des anciens, ceux qui, nés dans un autre siècle, refusèrent de voir, à l'approche de la mise en service du barrage, l'engloutissement programmé de leur terre et la fin leur univers.

Dans le village de Bašarov[13], à quelques kilomètres de Mologa, certains se laissèrent mourir de faim, telle baba Šyša qui décida de sa mort, s'alita et arrêta de s'alimenter. Elle mit plusieurs mois à dépérir, mais mourut le sourire aux lèvres, certaine d'être inhumée sur sa terre natale et de pouvoir faire à jamais corps avec elle. D'autres se donnèrent la mort par noyade ou pendaison tel le vieux dâdâ Saša que les enfants du voisinage retrouvèrent au début de l'hiver, dans la forêt toute proche, pendu à une branche de sapin, ses larmes restées intactes gelées sur ses joues, ou encore Pavel Nikolaevitch, déjà grand-père mais encore dans la force de l'âge, qui revint se noyer au printemps suivant l'inondation à l'endroit même d'où il aimait observer le soleil se coucher sur son village, en ne laissant que son chapeau soigneusement posé sur la souche sur laquelle il avait l'habitude de s'asseoir.

À l'échelle du territoire tout entier, enfin, au moment du déplacement, des dizaines d'hommes et de femmes s'enchaînèrent

13. Entretien LVK juillet 2002.

aux rondins de bois de leur maison pour périr engloutis avec leur terre. Les archives du *Volgostroj* évoquent l'unique comptabilité connue de ces décès liés à la mise en eau du barrage : 294 personnes.

Ces suicidés renvoient à l'acceptation par les vivants d'un état de fait ou d'un ordre des choses violemment rejeté par ces morts qui abandonnent dès lors les survivants à d'inextricables méandres d'interrogations mêlées de culpabilité. Il faut noter alors que les décès par noyade sans témoin sont souvent associés au suicide, car ils sont toujours suspects. Les noyades laissent en effet toujours planer le doute d'une mort choisie. Ce sont des défunts dont on n'évoque pas volontiers la fin, auxquels on fait allusion avec peine, des morts qui font peur et qui incommodent.

La disparition d'une personne constitue une autre forme de mauvaise mort qui participe à étoffer la catégorie des fantômes. Ceux qui sont demeurés *poteren bez vesti,* selon la terminologie exacte – perdu sans laisser de traces –, laissent en effet planer autour d'eux l'ombre de la suspicion et du doute. Car la disparition demeure incompatible avec la figure glorieuse d'une vie et d'une fin héroïques. Ces disparitions qui sont advenues dans chaque famille correspondent à des moments de crise sociale. Durant les périodes de guerre (civile, patriotique), les disparus sont supposés morts au front ; au moment des purges, de la collectivisation et de la dékoulakisation, les disparus sont supposés être morts en déportation. Mais une disparition n'abolit jamais le doute sur une vie poursuivie en secret ailleurs, sur des aspects cachés de l'existence de ceux qui pourraient être des survivants.

L'exécution demeure une autre forme de mauvaise mort. Quelles que soient les modalités d'administration de la sentence, fusillade ou pendaison, les personnes qui finirent exécutées demeurent en effet toujours porteuses d'une suspicion de culpabilité, qui vient encore alourdir la stigmatisation sociale laissée en héritage aux enfants, conjoints et parents. Les réhabilitations qui furent massivement effectuées par l'administration soviétique dès la fin des années 1950 ne suffisent jamais à ôter tout à fait le poids de la mémoire d'une mort perçue comme une injustice, et dont les causes circonstancielles ou plus profondes demeurent mal identifiées et incomprises. La mémoire de ces mauvaises morts est toujours accompagnée d'un intense vécu victimaire.

Mais c'est la famine qui laisse le plus de morts sans place légitime. Le souvenir des morts de faim est une mémoire qui dérange. *Golod*, la famine en tant que telle, n'est que très rarement désignée (en privé comme en public) comme l'origine d'une mort. Et les périphrases des interlocuteurs (« il est mort *pendant* la famine », « il habitait dans les régions de terres noires pendant la famine ; il n'a pas survécu ») viennent relayer les puissantes métaphores administratives soviétiques (*pellagra*, avitaminose) et faire de façon ultime écho à une difficulté fondamentale à nommer ce type de mort. Rien n'est ajouté à ces formulations qui viennent clore l'évocation de ces inconfortables disparus. Se souvenir en détail de la vie de ceux qui étaient aussi les plus faibles de la communauté (enfants et personnes âgées) obligerait, peut-être, à une évocation moins succincte de leurs morts.

Ce sont finalement les anciens déportés du goulag, les *zek*, qui forment de façon absolue la catégorie des fantômes. Ceux qui ont tout au plus été inhumés dans des fosses communes, dont le nombre et la localisation exacts constituent aujourd'hui encore une source discrète mais persistance de rumeurs, cumulent en effet mauvaise vie et mauvaise mort. Le sujet n'est jamais abordé spontanément par ceux qui ne furent pas des victimes directes du système concentrationnaire soviétique. Mais dès qu'il fait l'objet d'une sollicitation, l'évocation de ces ombres fantomatiques de la mémoire donne lieu à une libération de la parole et des souvenirs les plus pénibles. Les morts du Volgolag n'ont en effet pas encore trouvé de place convenable ou convenue dans le discours mémoriel, aussi bien institutionnel que privé, même s'ils n'en sont pas pour autant totalement absents. Leur souvenir reste porteur d'une charge émotionnelle très forte, emplie d'un sentiment d'effroi que les anciens voisins et spectateurs des sites d'internement et de travail restituent avec force.

Certains évoquent ce wagon de déportés arrivé de Leningrad jusqu'à la zone de tri des prisonniers aux abords de la *derevnâ Perebory* durant l'hiver 1943 sans un seul survivant à son bord, et qui resta sur les rails plusieurs jours sans être déchargé de ses morts, jusqu'à ce qu'une commission spéciale venue de Moscou statue sur la responsabilité de l'incident et ordonne l'inhumation des centaines de corps gelés[14]. D'autres comme Valéria signalent la présence, aux abords immédiats des chantiers de déboisement, de charniers où des cadavres mal enterrés dans des fosses creusées à la hâte offraient aux loups dès 1936 une abondante nourriture au point de favoriser leur prolifération[15]. L'ensemble de ces sites d'inhumation sauvages fut noyé lors de la mise en service du barrage, mais la baisse du niveau des eaux du lac et le lessivage des sols en laissent désormais certains à ciel ouvert et posent le problème de la résurgence progressive de charniers et de la destinée ultérieure des restes humains. D'autres enfin se souviennent de ces corps gelés tombés des chariots sur le chemin de la fosse commune qui restaient dans les bas-côtés enneigés des routes jusqu'au printemps où ils étaient découverts dans un état avancé de décomposition[16].

Cette mémoire locale n'est pas une mémoire fantasmatique qui relèverait d'une sorte de cauchemar rétrospectif : des champs d'ossements émergent. Elle est par ailleurs confirmée par les éléments que les anciens déportés eux-mêmes restituent sur les enterrements de masse. C'est notamment ce que rapporte Dimitri Vassilievič Ostroumov, né à Moscou en 1924, arrêté en août 1942 à Leningrad, où il est emprisonné jusqu'en février 1943. Condamné à 10 ans de travaux forcés, il est d'abord transféré au Volgolag d'Ouglitch, à 50 kilomètres de Mologa en amont sur la Volga, puis en 1945 au Volgolag de Rybinsk où il restera jusqu'en 1948 avant d'être transféré à Norilsk jusqu'à la fin de sa peine. Principalement occupé sur le

---

14. Entretien KVK, juillet 2002.
15. Entretien VAK, juillet 2002.
16. Entretien NMA, avril 2000.

site de Rybinsk à des travaux généraux, comme la coupe et la préparation du bois, le jeune homme fut aussi affecté à la brigade des *mogil'ščiki* (les fossoyeurs). Il précise avoir ainsi participé à creuser – chaque jour de son affectation au site – une fosse pouvant contenir 20 à 30 corps, aux abords d'un des cimetières civils de Rybinsk[17].

Les fantômes de Mologa sont ainsi de façon ultime ces innombrables morts en détention restés sans sépulture connue. En effet, leurs proches furent simplement informés de leur décès mais l'information de leur lieu d'inhumation, lorsqu'elle existe, n'a pas été communiquée. Parmi ces fantômes, Iliâ Nikolaevič Belogovski, ancien membre du Politotdel d'Odessa, né en 1885, emmené durant l'été 1937 par le fourgon noir de la police politique, et dont la fille précise avoir été informée de son décès en 1942 à cette adresse « *Yaroslavskaâ Oblast', Gorod Rybinsk, 6 Volgolag NKVD SSSR* » en soulignant : « De tombe à proprement parler, il n'y en a pas. Ils sont des milliers à être étendus là, eux ou plutôt leurs restes, sous le fond de cette retenue d'eau de Rybinsk qu'ils étaient en train de construire[18]. » Et la survivante Tamara Žurina ajoute : « Nous construisions la station hydroélectrique, nous construisions les écluses. Tout cela est construit sur le sang, la sueur et les cadavres humains[19]. »

La forme crue de l'évocation des survivants et le relais médiatique[20] offert à ces témoignages directs ne doivent toutefois pas faire oublier que ces souvenirs ne constituent qu'une portion congrue de la mémoire communautaire. Mais cette petite portion me semble pourtant assumer une fonction essentielle : c'est la seule qui rende possible le dévoilement de la part de construction des souvenirs du plus grand nombre.

17. Archives Memorial, fond 1, delo 3449, opis 1.

18. Archives Memorial, fond 1, delo 622, opis 2.

19. Archives Memorial, fond 1, delo 1710, opis 1.

20. La réalisatrice finlandaise Marja Pensal, dont le propre père fut détenu dans les Volgolag, a réalisé en 1999-2000 un film documentaire intitulé *Eclipse of the Soul* (Jörn Donner Production, 2000), projeté et primé lors de plusieurs festivals de films documentaires.

L'évocation de ces fantômes permet à cet égard l'expression de la portion de mauvaise conscience qui subsiste au cœur de la fabrication du passé mythique de Mologa. Ces fantômes participent ainsi à rendre possibles la déconstruction de la mémoire communautaire, mais aussi son enrichissement par la contradiction. Le fait que le souvenir de ces personnages subsiste malgré la place marginale qui lui est accordée montre aussi que la mémoire collective des Mologžany ne se limite pas à sa part de légende, mais qu'elle laisse ouvertes, et pour l'instant inexplorées, les voies de l'ombre.

La chronologie que tracent les défunts marque ainsi les pleins et les déliés de la mémoire commune, elle en construit le rythme intrinsèque. Au plan symbolique, comme au plan narratif, la communauté des gens de Mologa est en effet profondément ancrée dans la généalogie de ses morts. Comme si une remémoration sans cesse entretenue du passé offrait au groupe la seule alternative imaginaire tenable à un présent instable ou un futur incertain. Car les morts, eux, ne meurent pas, ils sont immortels et promis à l'éternité du souvenir.

Être privé de morts revient alors à être privé du contenu de la mémoire communautaire comme de son identité propre. À ce titre, la mémoire des Mologžany est doublement amputée. Privés de cimetières restés engloutis sans que les ossements ni les pierres tombales n'aient été déplacés, les anciens de Mologa et leurs descendants sont en effet privés de sites de commémoration. Mais ils sont aussi, de fait, privés des supports de mémoire d'ordre onomastique et chronologique qu'offre habituellement la fréquentation familière des morts de la communauté. L'absence des morts est ainsi perçue comme une mutilation du patrimoine immatériel collectif, comme une blessure irréparable dans ce qui fait la chair de l'identité du groupe. On comprend le souci manifesté par les gens de Mologa de mettre en place des pratiques ritualisées de substitution qui permettent de pallier l'impossibilité même de commémorer : requiem célébrés sur l'eau au-dessus des sites d'inhumation, fleurs jetées dans la Volga ou pèlerinages mémoriels qui ont lieu à la saison sèche sur les territoires désormais laissés découverts par les eaux retirées du lac.

Car la mémoire collective des Mologžany relève d'une façon ultime d'une construction, celle d'un être-ensemble dans le temps, qui dans la forme de son expression révèle aussi une approche téléologique de la temporalité. Les histoires personnelles comme l'histoire collective sont ainsi pensées en terme de *sud'ba* (destinée). Dans le cas de la communauté de Mologa les représentations du temps long acquièrent une importance toute particulière, pour une mémoire communautaire qui s'ancre dans un récit qui relève plus volontiers de l'ordre de la légende et du mythe que de celui d'une histoire simplement chronologique. La durée conférée à la communauté est ainsi sans réalité, elle renvoie à une éternité, celle de la *večnaâ pamât'* que promettent les Mologžany à leurs morts. Pour les gens de Mologa, mis dans la situation de survivre à la destruction de leur espace identitaire, il paraît ainsi plus aisé de s'adonner au mythe de la communauté originelle engloutie que de s'engager dans une histoire critique. S'il fallait alors appliquer à cette société la grande distinction opérée par Claude Lévi-Strauss entre les sociétés chaudes disposant de l'écrit et se pensant en référence à l'étalon du temps qui passe, et les sociétés froides sans écriture et se pensant inscrites à travers l'usage du mythe dans l'ordre de la nature, la communauté des Mologžany relèverait bien d'une société froide. Car la division établie entre une société mythique et une société qui se pense historiquement est peut-être moins affaire de développement technologique que de représentation philosophique de la temporalité et de la durée. Cette existence symbolique de la communauté des Mologžany maintenue dans la remémoration d'un passé désincarné dans un environnement où les repères spatiaux sont par ailleurs omniprésents renvoie à un examen des catégories mêmes de la temporalité.

II

Les territoires de la mémoire

L'idée selon laquelle le territoire est une réalité d'abord culturelle ne signifie pas pour autant qu'il n'y ait pas de fonction « objective » assumée par les territoires mais qu'elle varie selon les époques et les systèmes d'organisation politiques, tout comme par ses formes géographiques. Le territoire peut être un lieu de rêve permanent autant et plus qu'un lieu de vie comme c'est le cas, par exemple, de toutes ces diasporas qui se saluent depuis des siècles en parodiant la phrase des juifs de l'exil : « L'an prochain à Jérusalem » [...].

Dans toutes ces cultures prémodernes ou d'exil, le territoire est un cœur avant d'être une frontière. C'est une qualité de relation émotive qui réunit ceux qui partagent la même représentation de l'espace. Dans ce sens c'est assurément un lien culturel qui a été vécu comme tel durant des millénaires et, encore plus souvent qu'on ne le croit, qui l'est toujours aujourd'hui [Bonnemaison, Cambrezy et Quinty-Bourgeois, 1996].

Le caractère central occupé par l'espace géographique dans l'exercice de la mémoire communautaire des gens de Mologa représente l'un des fils conducteurs de mon questionnement et de mon écriture. L'intérêt pour les cadres proprement topographiques de la mémoire collective reste encore une approche relativement marginale dans l'étude des imaginaires sociaux [Fabre, 2000]. On peut ainsi souligner le peu de postérité des travaux de Maurice Halbwachs [1950, p. 130-167] sur la « mémoire collective et l'espace » si l'on écarte l'immense entreprise historique des *Lieux de mémoire* [Nora, 1984-1994], qui me semble présenter une réflexion sur la production d'une mémoire historique et s'intéresse plus volontiers à ce titre aux marques laissées par l'activité de l'homme sur des lieux (eux-mêmes envisagés d'un point de vue très vaste) qu'à la façon dont se perpétue la mémoire d'espaces géographiques complexes.

Pourtant, c'est précisément à la façon dont se construit et se négocie, au sein d'une communauté, la mémoire de ses territoires de référence [Augé, 1989a], bien au-delà de la postérité de tel ou tel site ou objet architectural particulier, que je souhaite accorder ici mon intérêt. C'est cette démarche qui m'a incitée à poser, de façon tout à fait symétrique à ce qui aurait pu être une approche historique[1], la question de la relation des individus à leur géographie, celle de la fonction de la distance, de l'éloignement et de l'espace ou de l'étendue dans l'organisation de la mémoire de la communauté de Mologa. Comme l'écrit Halbwachs [1949, p. 132] :

> Le lieu occupé par un groupe n'est pas comme un tableau noir sur lequel on écrit puis on efface des chiffres et des figures. [...] Non. Mais le lieu a reçu l'empreinte du groupe, et réciproquement. Alors toutes les démarches du groupe peuvent se traduire en termes spatiaux, et le lieu occupé par lui n'est que la réunion de tous les termes. Chaque aspect, chaque détail de ce lieu a lui-même un sens qui n'est intelligible que pour les membres du groupe, parce que toutes les parties de l'espace qu'il a occupées correspondent à autant d'aspects différents de la structure et de la vie de leur société, au moins à ce qu'elle a de plus stable. Certes les événements exceptionnels se replacent aussi dans ce cadre spatial, mais parce qu'à leur occasion le groupe a pris conscience avec plus d'intensité de ce qu'il était depuis longtemps et jusqu'à ce moment, et que les liens qui le rattachaient à ce lieu lui sont apparus avec plus de netteté au moment où ils allaient se briser.

J'ai donc choisi de regarder avec attention ce déploiement spatial de la mémoire que pointe Halbwachs, en tant que ce déploiement semble à la fois producteur et mobilisateur de multiples repères topographiques qui sont autant de référents identitaires. Car le groupe étudié, au même titre que tout autre, est à la fois consommateur et producteur d'espaces géographiques. Et, pour la communauté des gens de Mologa, ces espaces ne se limitent pas au territoire englouti, même si, comme il en sera question plus loin, celui-ci assume une fonction primordiale dans la conscience que la communauté des Mologžany conserve d'elle-même.

---

1. De façon classique, le fait que le chercheur s'attache dans son analyse à la dimension temporelle ou historique de la mémoire sociale, comme au jeu entre l'instant et la durée qu'instaure l'exercice mnémonique, l'oblige à poser la question de la relation des individus à l'histoire telle qu'elle est institutionnellement écrite ou encore celle de la place du temps long dans l'organisation des mémoires collectives comme l'a fait F. Zonabend dans ses travaux sur la Bourgogne et la Normandie.

Pour organiser mon propos, il m'a donc fallu établir un certain nombre de distinctions au sein d'une multitude d'espaces nommés et connus mais aussi mobilisés, habités, appropriés ou exploités de façon extrêmement diverses, avant d'être restitués par la mémoire vive de la communauté sans être toujours ni reliés entre eux, ni même hiérarchisés.

Pour ce faire, j'ai pris appui sur les distinctions catégorielles auxquelles procède le géographe Roger Brunet [2001b], distinctions qui offrent des pistes d'analyse extrêmement fécondes pour le déchiffrement des pratiques et des représentations mémorielles observées au sein de la communauté des gens de Mologa. Mon propos visera donc, en suivant ces distinctions, à m'intéresser en premier lieu à des territoires en tant que ceux-ci sont compris comme des espaces géographiques appropriés, que cette appropriation relève d'une revendication d'appartenance ou d'une pratique, c'est-à-dire d'un usage symbolique ou matériel. Je suivrai pour commencer, pas à pas, le géographe lorsqu'il énonce :

> [...] Le territoire est à l'espace géographique ce que la conscience de classe, ou plus exactement la classe sociale conscientisée, est à la classe sociale potentielle : une forme objectivée et consciente de l'espace – à ceci près que l'on rencontrera certainement plus de territoires que de classes sociales. On parle de territoires en fonction du sentiment d'appropriation d'un espace : il vous appartient et vous lui appartenez. Un peuple aliéné de son espace n'a pas de territoire ; une hypothèse est qu'il en meurt ; ou qu'il s'en recrée un autre : mais alors est-il encore lui-même ? [Brunet, 2001b, p. 17].

De cette interrogation primordiale portant sur les impacts d'un déplacement de population, il s'agit d'essayer de comprendre les répercutions du déracinement vécu par les gens de Mologa sur la perpétuation de leur identité communautaire. Car en cherchant à identifier les territoires de référence et à évaluer leur caractère pérenne ou au contraire novateur, c'est bien finalement les repères mêmes de l'identification communautaire qui sont observés.

3

Les lieux de l'origine

Gde sosna vozrosla tam i ona krasna.
(Là où le sapin a poussé, c'est là qu'il est en beauté.)

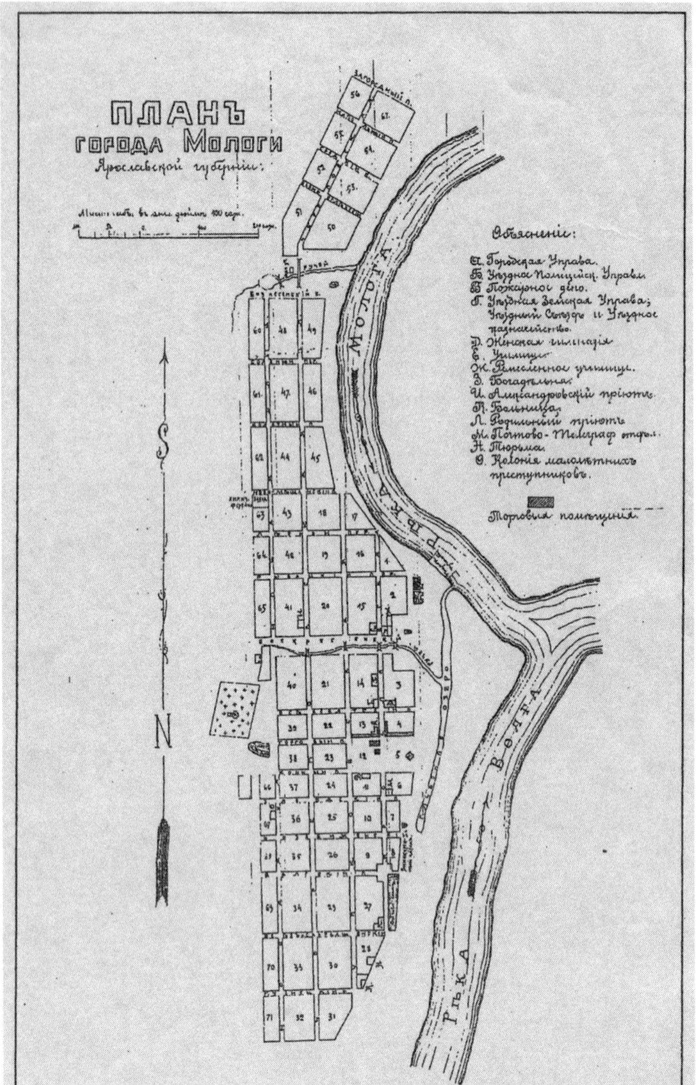

Plan de la ville de Mologa avec relevé des parcelles telles que référencées dans les recensements démographiques, *Plany i kratkie očerki gorodov Yaroslavskoj Gubernii*, 1909, Yaroslavl.

La mémoire de la communauté des Mologžany est une mémoire localisée. Véritablement ancrée dans l'espace géographique, elle s'élabore immédiatement en référence à des lieux. Ces lieux sont distinctement repérés, mais aussi situés et localisés, c'est-à-dire mis en relation avec d'autres. Cette mise en relation participe alors, à travers le jeu de la comparaison, à produire leur caractère unique et singulier. « Atome de l'espace géographique [...] repérable, identifiable, définissable » [Brunet, 2001, p. 12], le lieu est ainsi l'unité de mesure la plus fine du déploiement géographique de la mémoire communautaire des gens de Mologa.

Mes premiers territoires sont donc des lieux, et plus particulièrement ceux qui sont désignés et constitués en lieux de l'origine. Les lieux d'origine, en ce qu'ils sont destinés à marquer un (ou des) commencement(s), sont à la fois essentiels et premiers à l'identité des individus et des groupes. Ils permettent en effet déjà, au seul niveau symbolique, d'élaborer des réponses à la question essentielle de l'origine (notamment géographique) de soi. Mais les lieux d'origine sont aussi ceux à partir desquels s'organisent – il en sera question plus loin – les représentations de la création et de la production symboliques et sociales des hommes.

Or, il m'a été possible d'observer de notables convergences entre deux types de lieux pourtant différents. Mon enquête ethnographique m'a en effet amenée à repérer des représentations et des pratiques à la fois similaires dans leur mode d'expression et connexes dans les fonctions qu'elles assument, pour des lieux qui intègrent des différences notables d'échelle : d'une part *rodina*, cette patrie aux contours flous, et d'autre part *dom,* la maison, espace replié sur l'intimité aux frontières et aux limites vives. L'exploration de ces deux lieux, distincts et pourtant très semblables dans les logiques symboliques qu'ils participent à mettre en œuvre, me servira de première reconnaissance des territoires de la mémoire de Mologa.

Ainsi, l'imaginaire des gens de Mologa ne se développe pas seulement à l'intérieur des repères chronologiques que fournissent la lignée des aïeux et la figure du *rodonačal'nik.* La notion de *malaâ rodina* offre à l'imaginaire individuel et collectif des repères géographiques tout aussi fondamentaux. Le terme *rodina,* qui désigne le territoire natal compris dans son acception culturelle, est utilisé en Russie dans son sens le plus élargi pour désigner la patrie. Il oblige toutefois d'emblée à procéder à une distinction précise des modes d'appartenance territoriale.

Différentes modalités d'une relation identitaire à un même objet – l'espace de référence – et donc différents niveaux d'autochtonie permettent en effet de distinguer en Russie pour chaque individu plusieurs patries de rattachement. *Otečestvo* désigne ainsi la patrie-État à partir de l'idée d'une relation politique au territoire : autrefois celui de l'Union soviétique, désormais celui de la Fédération de Russie. La *rodina* est une autre patrie qui renvoie, quant à elle, à une appartenance territoriale d'ordre culturel qui se pose en référence à une entité spatiale qui peut être nationale (c'est le cas pour la Russie) mais aussi régionale (c'est le cas des entités autonomes de la Fédération par exemple). La *malaâ rodina* fait enfin référence à la part proprement affective et métaphysique de l'inscription territoriale des identités personnelles.

Précédée de l'adjectif *malaâ* (petite), la mention de la *rodina* fait en effet explicitement référence à la localité (ville, village, lieu-dit) qui a vu naître le locuteur. Le mot renvoie donc d'emblée à une idée d'origine et de naissance (*roždenie*), avec laquelle il partage par ailleurs les mêmes racines étymologiques. Lieu de l'identité propre à chacun, c'est aussi un lieu idéal-type commun à tous, qui représente à la fois un espace privé et personnel, et un espace public partagé. Cette unicité des lieux de l'origine s'appuie sur un ensemble de représentations communes, nourries d'expériences réitérées (ces pratiques topographiques qui relèvent de trajets personnels, de parcours motivés ou de promenades sans but) et d'une culture du paysage, cet espace de la mémoire collective et des repères en partage. Les constructions identitaires russes révèlent au passage l'instrumentation différenciée d'éléments topiques incorporant un jeu d'échelle entre le global et le local : les qualificatifs renvoyant aux outils d'un repérage national ou supranational offrant un cadre général, auquel les éléments locaux utilisés pour l'identification personnelle vont à chaque fois fournir un contenu particulier.

Chacun est ainsi capable de désigner et de situer sa *malaâ rodina*, que ce soit un lieu proche ou lointain, existant ou disparu. Et pour les milliers de familles originaires de Mologa ou des centaines de villages engloutis par la mise en service du barrage de Rybinsk, leur *rodina* est cette Atlantide russe, territoire à la fois subsistant et anéanti sous les eaux, tout proche et pourtant inaccessible. Mais même au-delà de l'anéantissement, la désignation et la connaissance de sa propre *rodina* demeurent toujours possibles et ce *topos* anéanti reste efficace et reconnu pour l'assignation des identités sociales.

Selon R. Brunet, les lieux se distinguent en effet des territoires et des espaces en ce qu'ils bénéficient d'une position et d'une localisation précises sur le globe terrestre. Interrogés, mes interlocuteurs sont ainsi toujours capables de situer leur *rodina* sur une carte ou un planisphère : désormais un emplacement que distingue tout au plus une cote de profondeur au sein de la grande tache bleue que représente le réservoir de Rybinsk sur la plupart des plans. En outre, ce même lieu fait très volontiers l'objet d'une description au sein de laquelle l'image idyllique d'un espace rural estival domine très nettement.

Pour les Mologžany, la *malaâ rodina* demeure la ville de Mologa et ses environs proches, d'autant plus aisément repérables que ses restes viennent affleurer à la saison sèche, et qu'il est même possible de parcourir ce territoire désormais ensablé. Au sein des récits, les paysages bucoliques des bords de la Volga et de la Mologa à jamais anéantis viennent, par effet de contagion esthétique, supplanter les descriptions proprement citadines. Mais si ce territoire pourvoyeur d'identité est effectivement connu et nommé, il demeure toutefois une étendue complexe.

J'ai fait dessiner à mes interlocuteurs des cartes mentales de leur *rodina* pour servir à la fois de support et d'illustration à ces récits topographiques. Ces croquis, qui se limitent le plus souvent à des ébauches ou des esquisses, révèlent ainsi un tracé qui dessine le cœur ou l'ossature de la *rodina*, et sur lequel des croix, quelques rectangles, d'innombrables petits points et différents coups de crayon viennent signaler au fil du récit des précisions d'importance telles que la localisation de maisons familières, celle de routes ou de chemins maintes fois empruntés, le cours des rivières et l'emplacement des gués qui les traversent, l'emplacement des talus ou des fossés qui ont été le théâtre des petits et des grands événements de l'histoire familiale.

Les récits des Mologžany restituent ainsi la prégnance d'un espace rural désormais cristallisé dans une image bucolique et intemporelle. La campagne russe y est figée dans une lenteur si ce n'est une immobilité. Y domine un espace ouvert et estival, celui des journées sans fin propres aux zones septentrionales, où les hommes font parfois irruption à travers l'exercice de leurs activités professionnelles, telles que la pêche, le transport du bois ou des produits laitiers, et où se donnent surtout à voir les jeux des enfants. La mémoire des déplacés a peu conservé d'images hivernales alors même que la saison froide dure plus de six mois. À partir de quelques signes se déploient ainsi parfois des heures de récit.

Les lieux clés de la topographie mémorielle demeurent en effet les *zalivnye luga*, ces verdoyantes prairies qui s'étendent sans clôture le long des berges du fleuve et de ses affluents. Ouvertes aux crues de printemps, la végétation luxuriante qui les recouvrait dès les premiers beaux jours, avec ses hautes herbes qui se mêlaient aux ajoncs et aux fleurs multicolores et parfumées, y offrait en effet l'image paradisiaque d'une nature aussi belle que généreuse. Le panorama restitué par la mémoire en vient alors à se confondre avec les quelques vues paysagères de la ville fixées par les photographes de la fin du XIXe siècle, tant il est vrai que les premières décennies du XXe siècle n'apportèrent que peu de changement à l'aspect de la ville.

Les cours d'eau demeurent ainsi les voies majeures de cette géographie identitaire et sentimentale, bien plus que d'autres axes de communication : chemins de terre, routes pavées et voie ferrée inaugurée en 1871 pour relier la région à la capitale. Mais les relations avec le monde extérieur restent peu renseignées au-delà de leur caractère le plus souvent commercial, seules les destinations sont précisément mentionnées : la ville d'Ouglitch toute proche en amont, Rybinsk et Yaroslavl plus en aval sur la Volga, mais aussi Saint-Pétersbourg et même l'Europe jusqu'où se vendait, dit-on, le beurre de Mologa, et qui demeurent les symboles de cet au-delà de l'espace local, dont l'évocation à peine réelle suffit à conférer à la frontière pourtant floue de la *malaâ rodina* tout son caractère tangible. La petite patrie des Mologžany subsiste ainsi de façon ultime comme une intériorité spatiale, une monade aux vertus centrifuges dont le cœur et le noyau phagocyteraient les marges.

L'absence de toute idée de paysage au sein du discours des Mologžany demeure particulièrement remarquable. Il n'existe – il est vrai – pas de terme russe pour le designer, et les vocables français (*peïzaž*) ou allemand (*landšaft*) ne sont employés que dans le contexte artistique ou agricole. Pour Augustin Berque qui a déjà douté, ailleurs, du paysage, il est certain que :

> La question pour nous qui baignons dans une civilisation paysagère, c'est d'arriver à comprendre, ou ne serait-ce qu'à admettre, que d'innombrables cultures, et plusieurs grandes civilisations, ont eu conscience de leur environnement dans des termes qui sont irréductibles au paysage. Des termes que nous ignorons tout autant

> qu'elles ignorent la notion de paysage [...]. Leurs critères à elles, nous y sommes tout aussi aveugles, et nous n'avons pas de mot pour les dire ; à moins d'un patient, d'un humble travail d'apprentissage et de traduction... [Berque, 1994, p. 16].

Pour les gens de Mologa, qui pensent leur relation à l'environnement familier en terme de *malaâ rodina*, l'espace n'est pas un contexte ou un décor extérieur à soi, mais bien propre à soi et même consubstantiel de soi. Mologa est un monde.

La *malaâ rodina* subsiste ainsi comme suspendue à partir du locuteur dans une sorte de diffusion ou d'irradiation. Les interlocuteurs n'en définissent en effet jamais précisément les contours ou les limites. Pour l'observateur extérieur, les frontières de cette petite patrie semblent même fondamentalement problématiques car elles ne se superposent jamais à des découpages administratifs, pas plus qu'elles ne les appellent ou les imposent. La petite patrie des Mologžany demeure un lieu qui renvoie plus volontiers à un usage pratique et familier de l'espace tout autant qu'à l'expérience partagée, beaucoup moins à l'existence d'une entité politique ou économique.

Aucun des interlocuteurs n'est donc en mesure de fixer les limites géographiques de sa *malaâ rodina*. Chacun est capable de dire là où elle est, et là où elle n'est pas, mais pas d'en poser un bornage. La petite patrie reste un territoire marqué par l'affect, et qui conserve d'étonnantes capacités extensives.

La proximité, l'interconnexion et le voisinage en viennent à partir de là à produire les lieux de l'identification mutuelle. Car la *malaâ rodina* permet aussi de se reconnaître, et offre une légitimation forte aux identités sociales en en demeurant l'une des clés et l'élément topographique essentiel. En cela elle existe aussi comme une notion qui est faite pour permettre et produire le lien social, pour agréger et rassembler plus que pour exclure. Et c'est ainsi que, petit ou grand, l'espace russe diffuse de l'identification. Interrogés sur ce qu'elle est et ce qu'elle représente pour eux, les gens de Mologa sont particulièrement diserts sur leur *malaâ rodina*. Ils la racontent de façon volubile et prolixe, avec une éloquence que vient stimuler un attachement sincère.

L'une des premières associations sémantiques qui s'effectue alors rapproche la *rodina* et *zemlâ*, la terre. Très vite, chaque interlocuteur qui est interrogé sur son espace natal exprime en effet son attachement à sa *malaâ rodina* à travers une reconnaissance à l'égard d'une terre nourricière qui fournit encore à de très nombreuses familles russes les moyens de leur subsistance dans le difficile contexte post-soviétique. La seule représentation du lieu originel est donc très vite élargie et associée aux espaces ruraux avoisinant le lieu de naissance proprement dit. Et le lien à l'espace d'origine acquiert également un caractère matériel et économique.

La figure de la terre nourricière, *zemlâ kormilica*, est restée un thème classique et dominant de l'imaginaire populaire russe jusqu'à la fin du XIXe siècle [Conte, 1997, p. 62-63]. Dans cette civilisation paysanne, marquée par son ancrage rural, rythmée par les saisons et le calendrier des travaux agricoles, et dont la survie dépendait de la terre, une représentation sublimée du caractère nourricier du sol offrait en effet le moyen de s'approprier de façon symbolique, par le rituel ou l'adresse codifiée, l'apparence d'un contrôle sur l'espace même de la dépendance.

Désormais la relation à la terre et à ses richesses est maintenue à travers des activités de loisirs, telles que la cueillette de baies, le ramassage de champignons ou encore la pêche et la chasse. Les anciens de Mologa ou leurs descendants fréquentent ainsi assidûment les abords immédiats de la zone inondée lorsqu'ils n'y habitent pas à l'année ou bien reviennent en visite chez des proches à l'occasion de congés ; certains y acquièrent une résidence secondaire à quelques kilomètres du village familial d'origine. Collecter pour consommer, et au besoin conserver les fruits de la terre natale, demeure pour tous un incontournable : conserves, confitures, salaisons et produits du séchage sont ensuite rapportés sur le lieu de résidence principale, et présentés fièrement comme les produits de la *rodina*. Le sol de cette petite patrie reste en effet une terre avec laquelle on cherche à maintenir le lien nourricier.

Une seconde association s'effectue alors dans le discours des Mologžany entre la notion de *rodina* et l'idée de naissance (*roždenie*). La *rodina*, qui est le premier des repères spatiaux d'un individu dans la mesure où elle représente le site de son origine géographique, devient en effet par extension l'espace même de son engendrement symbolique. Des liens sémantiques forts établis entre l'idée de patrie et la notion d'engendrement sont déjà repérables, à partir des racines étymologiques communes entre le terme *rodina*, et le verbe *rodit'* qui désigne le fait d'accoucher, de faire naître, ou encore les termes *rody* (les couches) et *rodnik* (la source). Lieu générateur d'identités individuelles et collectives, la *rodina* devient ainsi un *topos* éminemment emblématique, lieu de l'origine de soi mais aussi lieu de la procréation de la personne et, à plus grande échelle, de la parentèle ou du groupe social tout entier. Car la terre qui les a nourris représente aussi aux yeux des Mologžany l'espace qui les a mis au monde.

Cette symbolique n'est pas neuve pour la Russie, puisque le panthéon vieux-slave faisait déjà figurer, au centre de son culte de la nature, l'entité *Mat' Syra Zemlâ* (Terre mère humide) qui donnait la vie au monde et aux hommes, vénérée parce que symboliquement nourricière et matrice. Les enjeux symboliques des représentations archaïques de la terre analysés par les sémioticiens russes pointent ainsi de façon explicite cette association sémantique.

> L'importance de la Terre-Mère est essentielle dans ces croyances. Elle peut s'associer tant à la femme-mère qu'à la Vierge : il s'agit à proprement parler du principe maternel qui s'exprime avant tout dans le culte de la Terre-Mère, et qui, avec le christianisme, s'est étendu à la Mère de Dieu. Le rapprochement entre la Terre-Mère et la mère naturelle est assez fréquent dans les textes vieux-russes ; ce rapprochement peut en principe prendre le caractère d'une identification pure et simple [Lotman et Ouspenski, 1990, p. 405-406].

En explorant les textes religieux et profanes vieux-russes et en cherchant à restituer les conceptions les plus anciennes, les sémioticiens de l'école de Tartu soulignent ainsi les associations fortes effectuées entre la figure de la Terre et celle de la maternité, à travers notamment l'existence de virulentes condamnations de toute parole injurieuse ou blasphématoire émise à l'encontre de la Terre-mère [Lotman et Ouspenski, 1990, p. 400-424].

Il est alors important de noter que, jusqu'au début du XXe siècle, la *derevnâ* ou le village d'origine du *rodonačal'nik* représentait le seul centre de gravité géographique du groupe familial. L'éclatement des familles et la dispersion des parentèles qui marquèrent la période contemporaine ont *de facto* provoqué une multiplication des *rodiny* : la terre natale de chacun n'étant souvent ni celle de ses grands-parents ni même celle de ses parents. Or cette dispersion géographique des familles revient de fait à une dilution symbolique de l'identité de la parentèle, au sein de et pour laquelle la *rodina* est censée jouer un rôle de repère fédérateur.

Le rattachement reconstruit à un lieu unique de l'origine familiale ou encore la perpétuation du souvenir d'un site disparu fait, dès lors, partie des reconstructions identitaires auxquelles procèdent les familles de Mologžany, recompositions qui leur permettent de conserver à la notion de *rodina* tout son effet symbolique. Les manipulations auxquelles procèdent les générations des descendants portent sur différents objets et relèvent de plusieurs registres.

Il s'agit tout d'abord de pratiques langagières porteuses d'une efficacité logique et symbolique toute particulière. À travers un discours maintenu sur Mologa, la *rodina* demeure en effet aux yeux de chaque descendant de déplacés un élément fondamental de l'identité individuelle et familiale. Ce repère géographique primordial joue tout naturellement un rôle structurant dans l'élaboration et la perpétuation des romans familiaux comme de l'épopée communautaire : il leur fournit à la fois un territoire d'origine et de déploiement. Un lieu unique, Mologa ou un site proche, choisi pour l'efficience de sa portée identitaire et la pérennité de sa capacité intégrative, vient alors primer sur tous les autres qui sont même progressivement évacués du récit. On observe ainsi une sorte de focalisation ou de polarisation géographique accompagnée d'un effet de translation vers un *topos* identitaire unique, unanimement érigé en *malaâ rodina* familiale.

Mais les procédures de recomposition se manifestent également à travers des pratiques résidentielles et funéraires. Car les représentations de l'origine que véhicule la notion de *rodina*, impliquent une sorte d'appartenance consubstantielle au territoire qui appelle – par-delà la séparation – le retour. En effet, cette appartenance essentielle et ontologique des hommes au territoire s'accommode mal de la distance. Et si elle peut certes composer avec un déplacement temporaire, elle demeure difficilement conciliable avec un éloignement définitif.

L'attachement au lieu familial d'origine reste extrêmement prégnant et demeure de nos jours le moteur efficace de stratégies résidentielles complexes articulées autour d'un principe de retour. Une première forme de retour est celle de la résidence et notamment de l'élection ou de l'érection d'une résidence secondaire [Ortar-Manigault et Gessat-Anstett, 2001]. L'éloignement de la terre natale donne en effet lieu à l'expression collective et très consensuelle de la *toska po rodine*, la nostalgie, le mal du pays, qui correspond à un sentiment parfaitement repéré et codifié par la culture russe. À travers l'acquisition d'une datcha à proximité directe de la *rodina* familiale, nombreux sont ceux – comme Sergueï et sa famille, ou le fils de Nikolaï installé à Moscou – qui effectuent donc de façon saisonnière mais régulière des déplacements considérables afin de maintenir un lien de résidence avec leur *topos* originel.

Une autre forme de retour sur la *rodina*, loin d'être marginale ou anecdotique, est celle de l'inhumation dans la terre natale. C'est une forme qui, rappelons-le, a explicitement motivé certains des suicides de personnes âgées de la région de Mologa à l'annonce de l'inondation programmée. Lorsque l'enterrement ne peut avoir lieu sur la *rodina*, c'est en effet le même déchirement et le même sentiment d'exil qui s'expriment que dans les situations d'éloignement. Cette ultime et insurmontable séparation du lieu qui a vu naître le défunt est considérée de façon unanime en Russie comme un mal ; elle traduit matériellement et de façon définitive la rupture du lien au pays d'origine tout autant que la dispersion de la parentèle, et donne lieu à de nombreuses lamentations. Ces pratiques funéraires géocentrées qui appellent le retour sur la terre natale affectent par ailleurs une fonction identitaire tout à fait essentielle aux tombes en tant que lieux de commémoration, fonction sur laquelle reviendra le prochain chapitre.

La *rodina* en tant qu'espace d'inhumation, lieu de l'origine et de la destination, devient ainsi de façon ultime un espace consubstantiel de la parentèle et un espace que la communauté tout entière participe de façon mutualiste à faire exister et subsister. De telles représentations ont déjà été repérées ailleurs pour leur caractère central et particulièrement opératoire. Ainsi l'anthropologue Tim Ingold, lorsqu'il s'interroge sur les diverses représentations possibles de l'espace, en vient à opposer au modèle généalogique des sociétés occidentales, pour qui le territoire n'est que le cadre inerte et immuable d'une production historique des hommes par eux-mêmes, un modèle relationnel en vigueur dans les sociétés agropastorales et les communautés de chasseurs-cueilleurs. Pour ce second modèle, l'anthropologue précise :

> Cette perspective [le modèle relationnel] nous donne une représentation de la terre bien différente de celle – à deux dimensions, intemporelle et inerte – du modèle généalogique. Elle figure plutôt un immense enchevêtrement de sentiers entrelacés – un rhizome enveloppant – qui, sans discontinuer, s'emmêle plus densément ici, et s'effiloche là. J'ai fait référence à cet effet de nœud et d'effilochage comme à un processus générationnel. Chaque être, durant le cours de son histoire, œuvre en effet en premier lieu afin d'entretenir ce processus générationnel de façon à assurer plutôt le remplacement de sa propre capacité procréative. Ainsi il n'y a pas d'opposition dans ce cas entre terre et histoire. Terre et histoire sont toutes deux porteuses du même régime intrinsèque de temporalité. Et de la même façon que la parenté s'inscrit géographiquement, les vies des individus et l'histoire de leurs relations peuvent être retracées dans la texture même de la terre [Inglod, 2000, p. 149-150, traduction de l'auteur].

Ici aussi, en Russie, cette consubstantialité des identités individuelles et sociales au territoire prime – et c'est le cas pour les Mologžany – sur toute autre forme d'ancrage identitaire. On comprend alors déjà que l'histoire et la chronologie puissent chez les déplacés s'effacer au profit d'une puissante géographie mémorielle.

Le discours des Mologžany est désormais organisé de façon centrale autour de la perte de la *rodina*. Mais, par contraste, les archives et les documents d'époque montrent qu'à la fin des années 1930, à la veille de l'inondation et du déplacement, c'est plutôt sur la perte du domicile familial que se focalisaient les pensées et les préoccupations. C'est bien à leur maison – plus qu'à leur territoire ou au monde auquel ils appartiennent – que les gens de Mologa semblent alors attacher le plus de prix. Et alors qu'une puissante nostalgie de l'espace originel disparu fonde désormais l'identité de la communauté, subsiste toutefois un autre lieu prégnant, le *rodnoj dom* (littéralement la maison natale), avatar domestique de la terre natale auquel la mémoire familiale et communautaire continue d'attacher une attention toute particulière.

Il m'a alors semblé légitime de me demander dans quelle mesure l'espace domestique disparu était demeuré pour les gens de Mologa un espace producteur de mémoire et d'identifications dans le contexte spécifique du déplacement. Je cherchais ce faisant à savoir si la maison natale subsistait au même titre que la *malaâ rodina* comme un autre haut lieu des discours et des pratiques commémoratives, et quelle fonction ce territoire de l'intime venait précisément y assumer. J'ai donc choisi de revenir sur l'interrogation posée par Roger Brunet, que je mentionnais en introduction à cette seconde partie, sur le devenir du lien consubstantiel entre lieu fondateur et identité collective dans le contexte spécifique du déracinement.

« Un peuple aliéné de son espace n'a pas de territoire ; une hypothèse est qu'il en meurt ; ou qu'il s'en recrée un autre : mais alors est-il encore lui-même ? » se demandait ainsi le géographe [Brunet, 2001b, p. 17]. Appliquée à l'espace domestique des Mologžany, l'alternative entre la mort du groupe (à un niveau identitaire pour le moins) et la transformation de ce territoire d'identification qu'est l'espace domestique m'a semblé intéressante à explorer. Et ce d'autant plus quand la parole autochtone vient faire écho aux réflexions du géographe. « Un déménagement est pire que deux incendies » énonce ainsi un dicton mentionné à plusieurs reprises, qui assimile explicitement le déplacement à une destruction réitérée, en faisant pencher l'interprétation dans le sens d'une altérabilité intrinsèque à l'espace domestique.

Dom : la maison

Mais qu'en est-il de ce territoire domestique déplacé, de ses formes et de ses fonctions ? Une première observation qui peut être effectuée montre que le thème de la maison natale (*rodnoj dom*) – celle qui était occupée avant l'inondation – et celui du déplacement (*pereselenie*) figurent à parts égales dans les discours et les récits des Mologžany. Je n'ai pas remarqué de traitement hypertrophié de l'un ou l'autre de ces deux motifs dans la parole des déplacés. Tout juste la maison a-t-elle volontiers le privilège de la première mention. Son évocation est peut-être plus aisée, malgré la nostalgie et la peine réelle qu'elle réanime, que celle de cette étape douloureuse, toujours chaotique, désarticulée et tragique du déplacement des familles et de leurs biens.

Pour la majorité des déplacés, l'espace domestique de référence, celui qui a disparu mais que l'on mentionne néanmoins et auquel on se réfère, renvoie à une maison en bois, dans de très rares exceptions à une partie habitée d'un édifice en pierre. Pour les gens de Mologa, la maison natale – celle qui continue de faire sens pour le discours identitaire – s'apparente en effet à une simple version citadine de l'isba traditionnelle [Kerblay, 1973] ; il est vrai souvent plus spacieuse et mieux entretenue que les demeures rurales, mais nullement différente dans sa conception. Simple chalet de rondins de bois dont les parois externes peuvent être tapissées de lambris, et dont le toit est fait de planches, les seules originalités de ces résidences d'allure sobre résident dans la décoration de leurs encorbellements de fenêtres et du faîte de leur toit, effectuée à l'aide de planches de bois découpées et sculptées de motifs complexes.

Les maisons de Mologa ont parfois pu être durablement sauvegardées. C'est le cas de celle de Nikolaï qu'il continua d'habiter jusque dans les années 1970 après son déplacement sur le site de la Mologa socialiste, avant qu'elle ne soit finalement revendue pour être remplacée par une construction en meilleur état mais également originaire de Mologa. L'ancienne maison familiale est désormais à l'abandon, à deux pâtés de maisons du nouveau domicile de Nikolaï, dans un état de délabrement avancé. L'isba, noircie par le temps et dont le bois est pourri par l'humidité, verse et s'enfonce inexorablement dans le sol. Elle subsiste comme un ultime vestige d'une Mologa à la dérive.

Youri quant à lui habite toujours sa maison natale qui a toutefois été modifiée à plusieurs reprises. Car le déplacement s'est toujours accompagné d'une transformation des isbas. En effet le démontage et le remontage du châssis obligent à apporter des modifications volontaires et involontaires. Ainsi les rondins pourris sont abandonnés pour être ensuite remplacés par des rondins neufs sur le nouveau site d'implantation. Mais lors du *pereselenie* de Mologa, les chargements convoyés par les eaux ont également subi des pertes dues aux courants du fleuve ou à la précipitation, tout autant que des pillages, qui ont obligé les déplacés à remplacer des parties entières de leur isba lorsqu'elle arrivait finalement à destination. V. A. Kapustina raconte ainsi dans un court récit autobiographique intitulé *Pereselenie* (le déplacement) [Kapustina et Kapustina, 2001, p. 46-49], qu'elle habita dix-huit mois et deux hivers, avec toute sa famille, dans un simple abri de fortune avant que ses parents puissent procéder au remontage complet de leur isba, et plus particulièrement au remplacement du poêle dont une partie importante des briques avait été volée lors du transport. Le déplacement a bien souvent rendu difficile l'identification terme à terme de la maison natale d'avant le déplacement et de l'isba transportée et sauvegardée, même s'il existe manifestement une reconnaissance et un attachement sincère pour ce qui a pu subsister.

Les souvenirs des Mologžany restituent ainsi plus volontiers l'allure générale de la maison natale avant l'inondation et sa localisation dans la ville même de Mologa ou dans son village d'origine. La mémoire des déplacés est même nourrie de multiples détails concernant cette maison. Le flamboyant Vadim, par exemple, évoque les larmes aux yeux la taille du perron où il s'asseyait les soirs d'été et même le nombre de marches qui y menaient, le motif précis des encorbellements, la couleur jaune de la façade et de la palissade entourant le jardin, la présence d'un potager et d'un verger attenant à la maison où les enfants du voisinage venaient chaparder des fruits au risque de laisser leurs fonds de culotte aux dents du chien de garde. L'aspect extérieur suscite bien plus volontiers l'évocation que la disposition intérieure de l'isba et la répartition des espaces à vivre, dont seul le poêle en brique semble faire l'objet d'une attention particulière.

Par un effet de métonymie mémorielle, les Mologžany procèdent à une assimilation du contenu au contenant, à une fusion de deux espaces différents en une seule désignation et une même référence : le *rodnoj dom* est à la fois le bâtiment et l'espace domestique. Il est vrai que c'est une fusion à laquelle invite le support lexical, puisque la langue russe ne distingue pas la maison en tant que bâtiment de l'espace domestique perçu en tant que foyer ou « chez soi », qui sont désignés du même terme : *dom*. Ces deux territoires qui ne sont pas différenciés sémantiquement sont associés en un seul lieu de mémoire. La maison natale demeure en cela un objet physique qui est aussi un territoire métaphysique, et offre finalement une image quasi photographique, immobile et immuable, figée dans l'éternité du roman familial.

Le *rodnoj dom* génère ainsi une évocation lyrique à laquelle la poésie offre les moyens d'exprimer un attachement exacerbé mais authentique. Tel ce poème de cinq quatrains composé par Valéria la poétesse et intitulé *Moj staryj dom* (Ma vieille maison), qui se termine par ces vers :

Na svidanie sûda prohožu.	Je viens ici en rendez-vous.
Grustnyj vzglâd i tosku ne skryvaû.	En ne cachant ni mon regard triste ni ma nostalgie.
Žit' v tebe postoânno hoču.	Je veux constamment retourner vivre en toi.
Milyj drug ! Po tebe â skučaû.	Bonne amie ! Tu me manques.

L'image du *rodnoj dom* reste pourtant, de la même façon que celle de la *malaâ rodina*, une image éminemment travaillée. Car la maison natale n'est pas toujours, ni même nécessairement, celle où mes interlocuteurs sont effectivement nés. Il subsiste en effet une distinction sémantique subtile entre « *moj rodnoj dom* », qui renvoie au domicile familial érigé en maison natale, et « *dom gde â rodilsâ* », qui désigne très précisément l'habitation où a eu lieu la naissance du locuteur. Le domicile natal – comme la terre natale – est ainsi reconnu et maintenu en tant qu'il est porteur d'une signification qui dépasse le simple marquage du lieu de l'engendrement des personnes, même s'il l'intègre.

Par effet de cumul des sens, le *rodnoj dom* devient alors un espace privilégié de l'auto-identification du groupe familial. L'une de ses principales fonctions – similaire à celle qu'assume à un autre niveau la figure de la *malaâ rodina* – est d'offrir un cadre légitime pour la construction et la restitution des souvenirs familiaux. À ce titre le *rodnoj dom* ne donne jamais prise à la polémique, bien au contraire, au même titre que la *malaâ rodina* c'est un espace de référence éminemment consensuel. On indique ainsi rarement la date de sa construction ou son âge, car la mention de la maison natale semble échapper à toute référence temporelle et chronologique précise. Ces références ne sont pas nécessaires dans le processus de légitimation identitaire. À la fois source et souche, la mémoire maintenue du *rodnoj dom* illustre un enracinement spatial localisé et durable des groupes familiaux autant qu'elle le fonde. La maison natale existe comme un trait d'union entre l'espace local producteur des hommes et la parenté à laquelle elle offre un point très précis d'ancrage. À travers le *rodnoj dom,* la famille en vient en effet faire corps avec son territoire d'origine.

Pereselenie : le déplacement

La mémoire collective de ce déplacement annoncé, tout autant que les archives des plaintes adressées au conseil municipal de Mologa dès l'automne 1936, montre alors à quel point la maison natale, abri familial, espace domestique et unique ressource, fut matériellement et symboliquement malmenée au cours des étapes dramatiques qui précédèrent la mise en eau du barrage.

Chaque phase du déplacement forcé fut en effet accompagnée de son cortège de complications et de drames, et provoqua de façon ultime le bouleversement absolu des repères spatiaux des familles de Mologa. Cette époque de chaos est restituée avec précision par les documents d'ordre personnel ou administratif collectés par les historiens de la communauté[1], qui informent aussi sur la nature des diverses épreuves subies par les déplacés. Ces témoignages permettent simultanément de saisir les transformations qu'a pu induire le déplacement dans la production des territoires de mémoire. Chacune des étapes du *pereselenie* semble avoir effectivement équivalu à elle seule à une destruction des lieux d'ancrage des identités personnelles et familiales.

La chronique dramatique du déplacement débute, rappelons-le, le 14 septembre 1935 par une résolution commune du Comité central du PC et de l'Assemblée des commissaires du peuple de l'URSS portant sur la « construction de barrages hydrauliques dans les districts d'Ouglitch et de Rybinsk[2] ». S'il

1. Nous sommes redevable à M. Nikolai Makarovitch Alexeev, directeur du musée Mologa de Rybinsk, de son aide précieuse pour le repérage et l'identification des fonds archivistiques locaux et régionaux concernant le déplacement de la population de Mologa. Sa connaissance parfaite de ces fonds et une grande disponibilité m'ont permis d'avoir très rapidement accès aux documents qui pouvaient m'être utiles.

2. RCHIDNI, fond 17, opis 1, delo 971, pages 1, 129-130.

se passe près d'un an avant que le Haut Comité central exécutif et l'Assemblée des commissaires du peuple de la RSFSR adoptent à leur tour le 1er août 1936 une résolution portant sur l'« organisation de la confiscation des terres pour la construction des barrages hydrauliques de Rybinsk et Ouglitch sur la Volga[3] », les décisions se succèdent ensuite à un rythme rapide. Et bien que cette seconde résolution accorde au *Volgostroj* (l'entité administrative du goulag en charge des travaux) jusqu'à la date du 1er août 1937 pour déterminer les frontières exactes de la zone qui sera totalement immergée ou inondée, à peine trois semaines plus tard, le 25 août 1936, l'Orgkomitet du Haut Comité central exécutif de la région de Yaroslavl prend à son tour un décret fixant le cadre juridique et administratif nécessaire à l'exécution des décisions d'expropriation et d'expulsion prises au niveau national[4], conférant à l'ensemble du projet un caractère désormais aussi concret qu'incontournable et non plus seulement programmatique.

Moins d'une dizaine de jours plus tard, le 4 septembre 1936, a lieu une réunion élargie du conseil municipal de Mologa qui regroupe, outre les 43 membres du conseil, 836 propriétaires résidant à Mologa. L'ordre du jour est consacré à la « reconstruction du fleuve Volga et (au) déplacement de la ville de Mologa[5] ». Dans le chaos, les cris et la confusion, et alors que la rumeur a déjà parcouru la ville, les habitants sont officiellement informés des décisions prises aux niveaux national et régional, et de leur caractère inéluctable. Bien que les détails techniques (frontières exactes de la zone inondée, modalités et calendrier de l'évacuation) ne soient pas connus des autorités locales, la machine administrative présidant au transfert de la population et à la destruction ou au déplacement des biens immobiliers se met inexorablement en marche.

La rapidité avec laquelle sont signifiés les ordres d'expulsion vient ébranler les quelques espoirs nourris par chaque

---

3. RF GAYaO, fond R 606, opis 1, delo 483, p. 4-7.
4. RF GAYaO, fond R 604, opis 1, delo 252, p. 105.
5. RF GAYaO, fond R 604, opis 1, delo 234, p. 44.

famille d'échapper personnellement au déplacement. À l'issue du conseil municipal du 4 septembre 1936, chaque propriétaire est en effet individuellement convoqué et se voit notifier la date à laquelle il doit avoir quitté le territoire. Il se voit également proposer une aide financière pour son déplacement dont le montant est fixé par la municipalité en fonction de la taille et de l'ancienneté de l'habitation. Le montant du dédommagement tout autant que la brièveté des délais imposés, génèrent de nombreuses plaintes, à l'image de celle d'Anna Ušakova.

> À l'attention du conseil municipal de Mologa
> De la part de la citoyenne Anna Vassilievna Ušakova
>
> **Demande**
> Je demande à la commission de regarder ma demande parce que, on m'a convoqué pour le 26 [*il s'agit du mois de septembre 1936 – NDLT*] et donné un délai de 10 jours. Je demande qu'on me laisse jusqu'au printemps ou qu'on me donne plus d'argent. Vous m'avez donné 800 roubles, c'est pas beaucoup d'après moi, et c'est pas possible de se transporter pour cette somme. J'ai trois enfants mineurs à ma charge. J'ai pas de mari. Je reçois une pension de 18 roubles. J'ai perdu de vue que j'ai 4 buissons de groseille, un puits, et un pommier de 15 ans. Je demande de pas me refuser, de pas les laisser pour l'hiver.
>
> Ušakova A.[6]

La brièveté de la période au cours de laquelle peuvent être entrepris les travaux de démontage et de transport – qui s'achève avec l'arrivée de l'hiver et la fin de la saison navigable –, le peu de main-d'œuvre disponible – les familles ne pouvant compter que sur le soutien dûment monnayé de prisonniers des Volgolag –, tout autant que l'incertitude qui existe quant à l'identité des autorités administratives effectivement compétentes pour organiser et gérer le déplacement des maisons et des populations, créent des situations inextricables accrues par l'extrême lenteur dans l'exécution des directives régionales. Ces conditions incitent la municipalité de Mologa, malgré le contexte de répression politique, à se plaindre. Après

6. RF GAYaO, fond R 604, opis 1, delo 253, p. 20. Nous proposons ici, comme pour toutes les citations d'archives qui suivent, notre traduction.

avoir été informé en janvier 1937 seulement que le barème de dédommagement pour le déplacement des habitations n'avait toujours pas été validé par la commission régionale de déplacement et le comité d'organisation[7], et avoir attendu jusqu'en mars 1938 que cette décision soit prise, le conseil municipal de Mologa manifeste au printemps 1938 son inquiétude et son impatience.

À l'attention du Comité régional économique de Yaroslavl
Groupe déplacement

Le conseil municipal de Mologa demande à être informé.

Qui au bout du compte doit organiser le transport des maisons appartenant aux particuliers. Ou les propriétaires eux-mêmes ou bien la direction du transport de la ville de Mologa qui dépend du conseil municipal de Rybinsk. Est demandé simultanément que soient envoyées les tarifications de transport qui ont été validées par la commission régionale le 4 mars 1938 pour que la commission des tarifications puisse commencer à travailler, et en même temps il est demandé des indications sur ce qui est désormais indispensable de faire. Pour que l'on puisse commencer le déplacement dès le dégel des rivières et ce qui doit être organisé. Dans la mesure où jusqu'à présent nous n'avons eu aucune indication sur cet aspect. Ce qui ne donne pas la possibilité de commencer à préparer le déplacement.

Il est demandé de ne pas tarder à répondre.

Le président du conseil municipal Nazarov
Le responsable du groupe de déplacement Gorškalev[8]

L'administration municipale de Mologa, mal informée et débordée, peine jusqu'à la fin à organiser le déplacement ; elle peine également à apporter un soutien financier approprié aux familles. Les Mologžany, dont la solidarité vole alors en éclats devant l'immensité de la tâche à accomplir, se replient sur les seules ressources familiales. Les déplacés doivent en effet payer chacune des étapes du démontage, du déplacement et du remontage de leur maison. Le dédommagement proposé par la ville de façon arbitraire, car les grilles tarifaires officielles mettront finalement des mois (des années pour certaines) à être

7. RF GAYaO, fond R 604, opis 1, delo 254, p. 10.
8. RF GAYaO, fond R 604, opis 1, delo 319, p. 50.

validées, se révèle largement insuffisant et laisse les familles sans autre recours que la supplique. Les premières sont rédigées dès l'automne 1936, telle celle extrêmement détaillée de Vasili Âzykov.

> À l'attention du responsable du service de déplacement des constructions, le camarade Râbov
> De la part du citoyen Âzykov V. M./Mologa/
>
> **Demande**
> Je vous demande par la présente… pour le déplacement de la construction qui m'appartient de Mologa à Rybinsk, la commission du Conseil municipal de Mologa a recommandé de me donner la somme (1 700 r.) de mille sept cents roubles pour la construction, augmentés de (300 r.) trois cents roubles, en tout (2 000 r.) deux mille roubles. Mais je ne m'en sors absolument pas avec cette somme. Ont été dépensés avec les charpentiers (1 200 r.) mille deux cents roubles pour démonter et remonter la maison et l'appentis, pour quoi j'ai un contrat. Le transport et la mise à l'eau à Mologa (315 r.78) trois cent quinze roubles et 78 kopecks, pour quoi j'ai un contrat avec l'artel de transport à cheval. La sortie de l'eau à Rybinsk (250 r.) deux cent cinquante roubles pour lesquels j'ai une quittance. Le transport avec les chevaux du *Volgostroj* : 1 journée de 6 chevaux (120 roubles), cent vingt roubles, pour lesquels il y a une attestation. Le reste du transport s'élève à (800 r.) huit cents roubles pour lesquels il y a un compte.
>
> Le bois pour compléter la maison et l'appentis pour (100 r.) cent roubles, pour lesquels j'ai une quittance. Le transport des briques depuis le fleuve et la pose du four (300 r.), trois cents roubles, l'apport de pierres (60 r.), soixante roubles.
>
> L'achat de clous pour le toit et la construction pour (250 r) pour deux cent cinquante roubles.
>
> C'est pour cela que je demande d'ajouter une somme pour les dépassements.
>
> 23/XI-36 Âzykov Vassili Mihailovitch[9]

9. RF GAYaO, fond R 604, opis 1, delo 252, p. 230.

Il faut lire aussi la demande suppliante de Maria Pirožkova.

À la commission de déplacement de la ville de Mologa
De la part de la citoyenne de Mologa
Pirožkova Maria Ivanovna
Rue prolétaire n° 263

Demande

La commission du déplacement de la ville de Mologa me demande de déplacer ma maison à Rybinsk, et dans ce but me donne près de 2 000 roubles, incluant le salaire de la main-d'œuvre et les autres dépenses.

La somme indiquée est insuffisante pour démonter, déplacer et reconstruire la maison à une nouvelle place, dans la mesure où pour le seul transport je devrai dépenser pas moins de 1 500 roubles.

Ma situation matérielle et patrimoniale ne me permet pas de disposer de ressources complémentaires pour le déplacement de la maison, dans la mesure où je suis la seule à travailler dans la famille – mon mari est invalide du 3e groupe, j'ai quatre enfants mineurs de 5 à 14 ans. Et en plus d'eux j'ai ma mère qui a 75 ans.

Cette situation m'oblige à m'adresser à la commission de déplacement avec cette requête pour qu'elle accorde une aide complémentaire pour le transport de ma maison en me donnant une somme complémentaire ou bien en m'accordant une aide pour le transport de ma maison en nature.

Je vous demande instamment de ne pas rejeter cette demande étant donné cette situation sans issue.

25 mai 1937 Pirožkova[10]

Une fois l'étape préliminaire du démantèlement des maisons achevée, l'impossibilité de les déplacer par manque de temps, de moyens matériels ou financiers laisse les familles sans domicile dans une situation d'extrême vulnérabilité. Certaines familles trouvent alors refuge dans des abris de fortune qu'elles construisent à la hâte : les *zemlânki*, cabanes de rondins partiellement encastrées dans le sol, exiguës, sans eau ni chauffage, leur offrent un toit temporaire mais totalement inadapté à la saison hivernale. D'autres sont purement et simplement sans domicile et, dans l'attente du déplacement définitif de leur maison désormais disloquée, viennent s'entasser dans la ville même de Mologa, qui se retrouve rapidement surpeuplée. La situation se reproduit chaque année de 1936 à

10. RF GAYaO, fond R 604, opis 1, delo 254, p. 98.

1940 et va en s'aggravant au point que la municipalité de Mologa en vient à émettre des protestations virulentes.

> Conseil municipal de Mologa, 5/VI-1939
> Au responsable du département
> régional de la construction
> Conseil municipal de Rybinsk
> Camarade Grigoriev
>
> Le conseil municipal de Mologa exige la remise immédiate des édifices communaux qui vous ont été transmis afin d'être transportés pour l'hébergement des populations déplacées. Mologa est complètement surpeuplée. Les déplacés sont obligés de vivre dans des cabanes, des écuries, etc.
>
> Les épidémies menacent d'éclater à chaque instant.
>
> En raison du manque de surface habitable l'organisation du déplacement est interrompue. Vous n'avez toujours pas livré cinq des maisons enlevées de Mologa en 1937 et trois des maisons enlevées en 1938.
>
> Le président du conseil municipal Nazarov
> Le responsable du déplacement à Mologa Gorškalev[11]

Lorsque les familles sont enfin en mesure d'entreprendre elles-mêmes ou de voir assuré par d'autres le transport fluvial des rondins, elles encourent toujours le risque de perdre partiellement ou totalement leur bien. Les menaces de vol obligent les familles à assurer une surveillance accrue du bois flotté qui laissent hommes et femmes épuisés, sans sommeil. Mais les risques de voir une partie du chargement emportée par les courants sont tout aussi élevés. Ces pertes fréquentes sont irréparables et fabriquent littéralement des sans-abri, car les familles sont le plus souvent dans l'incapacité de procéder au remplacement des rondins qui manquent. Elles n'ont en effet ni les moyens financiers d'en acheter de nouveaux, ni même la possibilité de s'en procurer d'autres rapidement. Là encore, les plaintes se multiplient.

11. RF GAYaO, fond R 604, opis 1, delo 423, p. 65.

À la commission de déplacement du Comité exécutif régional de la ville de Yaroslavl

Demande

Le 6 septembre 1936 j'ai été désigné pour être déplacé de Mologa vers Rybinsk. Le 15 octobre 1936 au moment du transport fluvial s'est produit un accident, 2 des 5 trains de bois ont été emportés. Pendant cinq mois j'ai frappé à la porte des diverses administrations, il est vrai, pour faire un procès, j'ai pas fait de procès, j'ai même pas déposé une plainte parce qu'il était pas possible d'établir la somme pour laquelle intenter une action civile, et de plus aucun constat n'a été fait de comment le *Volgostroj* avait rassemblé et fait flotter le bois, et maintenant c'est facile de se défiler, nous, on sait pas, ce que tu avais là-bas, peut-être qu'il n'y avait rien à Toi dans ces deux lots, mais comme j'avais un toit en fer, pour le fer j'ai pas refusé et le *Volgostroj* m'en a donné 1 000 roubles. Après avoir vendu tout ce que j'avais, et mis toutes mes forces, j'ai emprunté une partie, et j'ai réussi à poser le cadre, mais il faut faire avancer l'affaire : et d'une façon ou d'une autre faire l'intérieur : c'est-à-dire les planchers, les séparations et les portes et le toit j'ai plus de quoi les faire. C'est pour ça que je vous demande si c'est pas possible de recevoir une somme complémentaire du *Volgostroj*, alors je serais content, s'ils pouvaient me donner une somme dans les 3 000 roubles.

Si je ne reçois ni ça, ni autre chose, alors je resterai pendant de nombreuses années avec une famille de 6 personnes sans abri, et la maison elle pourrira progressivement. Je joins à cela une copie de l'acte.

Mešalkin

Adresse : Rybinsk, Ûžnaâ n° 55, de l'autre côté de la Volga, Mešalkin A. M.[12]

Quand les lots comprenant les rondins du cadre de la maison, les portes, les fenêtres et les éléments du toit arrivent enfin à destination, le bois doit être laissé à sécher. Mais, aux risques de vol, s'ajoutent alors les risques de pourrissement, car les lots sont abandonnés sur des sites humides et insalubres. Par ailleurs, le remontage est souvent effectué par les prisonniers du goulag épuisés, lentement et sans attention particulière, sur un territoire éminemment marécageux, qui n'a pas été viabilisé et sans voies d'accès pour les véhicules à moteur. Là encore, c'est le chaos qui règne, comme l'indique le télégramme au ton incendiaire très tôt adressé par la municipalité de Rybinsk au responsable en chef du *Volgostroj*.

---

12. RF GAYaO, fond R 604, opis 1, delo 318, p. 45.

Ville de Rybinsk
À Rapoport
15/X-1936 **Télégramme**

Le département du déplacement se comporte d'une façon révoltante envers le déplacement des maisons de Mologa, les lots de maisons éparpillés sur le bord traînent pendant des semaines, des séries de maisons emportées par le courant flottent dans l'eau, il n'y a pas de surveillance des lots, le règlement des propriétaires s'éternise.

Il est demandé de donner des instructions pour liquider les désordres indiqués.

Le président du conseil municipal [signature illisible][13]

Il est compréhensible que, dans ces conditions, le déplacement des familles et de leurs biens fonciers, qui s'étale au mieux sur plusieurs mois et parfois plusieurs années, vient durablement perturber les fonctions matérielles et symboliques assurées par la figure du *rodnoj dom*. Non seulement, le *pereselenie* fait voler en éclats la réalité du rôle protecteur de la maison, mais il vient mettre au jour de façon crue et définitive toute la fragilité de ce territoire identitaire qui, durablement disloqué, peine à réaffirmer sa pérennité. Le déplacement des maisons génère ainsi à tous les niveaux destruction, pourrissement, mort, désolation et dénuement. Tous les témoignages des Mologžany restituent un sentiment de vulnérabilité extrêmement anxiogène, dans un contexte politique qu'aucun interlocuteur ne mentionne mais qui, il faut le souligner, était également marqué par l'avènement à l'échelle nationale – au sein de la longue histoire des purges staliniennes – de la période particulièrement sanglante de la grande terreur, ce moment historique où la violence d'État était à son paroxysme et où le risque de voir un membre de la famille happé par la machine policière et judiciaire était le plus élevé. De façon assez paradoxale pourtant, mes interlocuteurs évoquent dans leurs souvenirs cette époque de chaos sans jamais faire de mention précise de leur environnement immédiat au moment même où les camps de travaux forcés fonctionnent à plein régime sur la totalité du territoire préparé pour l'inondation. Ils ne font pas

13. RF GAYaO, fond R 604, opis 1, delo 252, p. 146.

non plus de références particulières au vécu quotidien d'une période où l'arbitraire de l'arrestation et de la déportation touche l'ensemble de la société [Werth, 2002]. Ce sont aussi les traces d'une mémoire de la peur qui sont ici repérables.

À Mologa, ce sentiment de vulnérabilité et de dénuement est encore conforté par l'échec de la tentative politique de créer des lieux identitaires alternatifs. Le projet de créer une Mologa socialiste ne verra en effet jamais le jour, stoppé par l'entrée de l'URSS en guerre le 22 juin 1941. Et si les maisons qui ont supporté le déplacement ne seront jamais reconstruites à l'identique, la ville de Mologa non plus ne redeviendra jamais la même. Appelé à être rebâti sur un terrain qui n'est même pas drainé ni aménagé, l'espace urbain à l'image de l'espace social ne sera jamais reconstitué. C'est ce que montrent les photographies d'époque qui figurent les déplacés embourbés jusqu'aux genoux en train de tirer à l'aide de cordes les rondins de bois hors de l'eau, et ce que racontent aussi les archives des plaintes.

> Le conseil municipal de Mologa
> 22/VI 1939 n°5/ž
> Au secrétaire de la commission régionale du déplacement
> Vasiliev
>
> Sur la base de la décision du présidium de la commission exécutive régionale en date du 25 mars 1939 n° 418 p. 3, le département construction du *Volgostroj* du NKVD doit déplacer et remettre en place chaque maison et ses dépendances dans un délai d'un mois, je signale que cette décision n'est pas exécutée par le département construction. 43 maisons ont été démembrées au cours du mois d'avril et jusqu'à présent aucune d'entre elles n'a été remontée. Le point 7 obligeait le conseil municipal de Rybinsk à terminer avant le 1er juin de cette année les travaux de planification d'assèchement et d'essouchement des lopins constructibles pour les propriétaires déplacés de la ville de Mologa, jusqu'à présent de la part du conseil municipal de Rybinsk les travaux d'assèchement et d'essouchement n'ont été réalisés que sur 4 quartiers. Sur 6 autres ces travaux ne sont pour l'instant pas réalisés, ce qui ne donne pas la possibilité de rassembler les maisons destinées à ces quartiers, alors qu'une partie d'entre elles a déjà été récupérée par les citoyens, c'est pour cela que nous demandons que vous preniez les mesures nécessaires à l'exécution des décisions du présidium de la commission exécutive régionale du côté du département construction du *Volgostroj* et du conseil municipal de Rybinsk.
>
> Le président du conseil municipal de Mologa Nazarov[14]

14. RF GAYaO, fond R 604, opis 1, delo 423, p. 65.

L'expérience chaotique du démembrement des maisons de Mologa et du *pereselenie* met finalement en lumière un curieux paradoxe : celui d'une culture de l'enracinement qui est aussi une culture du périssable, celle d'un espace domestique entièrement fait de bois et dont la fragilité est révélée par le déplacement. À l'impossibilité de transplanter la maison fait écho la destruction de la terre, de l'environnement qui fonde la petite patrie. Et il semble que le déplacement des supports de représentations équivaille effectivement à leur destruction dans le cas de l'espace domestique.

La mémoire des Mologžany montre que l'ancrage identitaire des lieux domestiques déplacés ne peut se refaire sans peine. Le *pereselenie* produit d'autres identités immédiatement reconnues comme allochtones : les Mologžany deviennent à partir de ce moment-là des *pereselency*. Mologa détruite et la Mologa socialiste en faillite habitent désormais *Slip*, nom donné au quartier juridiquement rattaché à la commune de Rybinsk où ils sont venus s'échouer. En cela la figure du *rodnoj dom* fait la preuve d'une pérennité plus fragile que celle de la *malaâ rodina*, même si ces deux territoires persistent à véhiculer des principes et des mécanismes d'identification semblables, fondés sur la représentation d'une origine territoriale et spatialisée des hommes.

La *malaâ rodina* et le *rodnoj dom* demeurent ainsi en Russie les figures éminentes de la localité, avec celles du village ou du quartier. Il est vrai que l'ancrage local des identités territoriales a précédé partout historiquement les formes macrostructurelles de l'autochtonie qu'ont pu être les constructions nationales – celle de la Russie possède à elle seule une longue histoire – ou même supranationales du sentiment d'appartenance, telles que celles de l'Union soviétique.

Toutefois, ces deux figures me semblent devoir encore et toujours faire l'objet d'une attention particulière. En effet, l'exemple des gens de Mologa montre que l'efficacité identitaire conservée de la *malaâ rodina* et du *rodnoj dom* – malgré l'épreuve du déplacement – vient de ce que ces lieux sont toujours en mesure de fonder une relation médiate et pérenne à l'espace à partir d'un lien privilégié tissé avec le territoire local, abstraction faite de tout ancrage temporel particulier et de toute chronologie. La localité fait ainsi déjà irruption dans le champ identitaire à partir d'une substitution remarquable de la géographie à l'histoire.

Le cas russe nous semble alors révéler les mêmes logiques symboliques, mais en quelque sorte inversées au profit du *topos*, que celles qui ont pu être analysées par les anthropologues lorsqu'il s'est agi de s'interroger sur le sens de la fièvre historique, de l'engouement pour l'histoire manifesté en France à l'échelle collective et locale dans la dernière décennie du XXe siècle [Bensa et Fabre, 2001]. Dans le cas de Mologa, c'est aussi à la production d'une histoire mythique que l'on assiste, mais celle-ci s'effectue à partir de la production et de la manipulation d'une identité première d'ordre topographique et non plus temporelle, d'une géographie, et non d'une histoire, à soi. La prééminence d'une géographie mémorielle et l'implication identitaire qu'elle véhicule ont été progressivement mises au jour, sans que la portée et la signification ultime de cette élision de l'histoire n'aient pour l'instant été aussi clairement élucidées. C'est aussi à cette désaffection du sentiment historique que sont consacrées les pages suivantes.

4

Des contrées de légende et d'oubli

Bojsâ Vyšnego, ne govori lišnego.
(Crains le Très-Haut, ne dis pas un mot de trop.)

Vue de Mologa depuis la rue Yaroslavskaya avec à gauche le bâtiment du lycée de jeunes filles et au fond la place du marché, aux alentours de 1890 (Mihailov Possad, 1993).

Pour progresser dans le déchiffrement des pratiques et des représentations mémorielles des gens de Mologa, j'ai choisi de prendre en compte différents espaces restitués par la mémoire communautaire en m'appuyant sur des distinctions catégorielles d'ordre géographique. Ainsi, au sein de territoires, compris comme des étendues géographiques matériellement ou symboliquement appropriées, j'avais commencé par distinguer des lieux, ces lieux de l'origine familiale et communautaire auxquels était consacré le chapitre précédent.

Pour poursuivre mon propos, il est possible d'effectuer, au sein de ce qui pourrait aussi être une typologie des territoires de mémoire, une seconde distinction, qui m'amène à prendre en considération non plus des lieux, mais des contrées. Ces espaces géographiques, où se construit et se déploie la mémoire de la communauté, sont définis en ce que chacun d'eux est un « ensemble cohérent de lieux » [Brunet, 2001b, p. 19] :

> Un ensemble cohérent de lieux est une contrée. Un peu « littéraire » ou désuet, le mot n'est guère prisé des géographes contemporains. C'est dommage, car il a du charme et du sens. Et il nous est bien utile pour déminer le champ des débats : tous les autres mots équivalents sont piégés. Son étymologie est intéressante : il désigne précisément un espace *différent*. Il vient de *contra*, qui est à la fois opposé et immédiat, posé en face et sans

> médiation : contre mais tout contre. Il est l'espace autre et l'espace des autres, perçu dans une globalité localisée [*ibid.*].

Or, tous les espaces géographiques à partir desquels s'organise la mémoire de Mologa se posent comme le fruit d'une production et ne sauraient être réduits à un « espace abstrait, homogène, isotrope, continu et infini des théories économique », ni à l'« espace physique dit naturel » rappelle ailleurs le géographe [Brunet, 2001b, p. 17]. Loin de n'être qu'un donné matériel en soi, préexistant à l'expérience des hommes, les contrées restituées par la mémoire communautaire existent donc également en tant qu'elles sont le produit immatériel mais pérenne d'un travail symbolique, celui que je souhaite précisément explorer.

> Peu importe que la contrée soit grande ou petite, et ce qui en fait l'unité, pourvu qu'elle exprime une différence globale, la représentation d'un autre espace. De l'extérieur on lui reconnaît un paysage particulier, des façons d'être, des habitudes, dont on perçoit aisément des bribes, mais plus mal la logique. [...] Aussi semble-t-il nécessaire de mettre en avant la contrée comme terme générique d'espace géographique, tant qu'il s'agit d'évoquer un ensemble de lieux perçu comme ensemble sans autre détermination. Le géon dans cet esprit serait la contrée dont on a pu identifier la structure et le système. Le territoire est la contrée conscientisée, perçue de l'intérieur comme indispensable unité [Brunet, 2001b, p. 119].

La première caractéristique de ces contrées géographiques instituées et restituées par la mémoire des Mologžany est de correspondre à des villes et donc de placer des frontières. Ainsi coexistent dans une altérité presque gémellaire deux villes que tout oppose, celle disparue mais omniprésente de Mologa, où les déplacés voient leur point d'origine mais où ils ne peuvent plus vivre, et qui existe donc comme une première altérité, et la ville de Rybinsk, bien réelle mais étonnamment absente des souvenirs alors même qu'y réside depuis plus de soixante ans la plus grande partie de la communauté des déplacés. Rybinsk, cette seconde altérité à laquelle personne ne semble vouloir appartenir est pourtant l'espace à partir duquel et où s'organise la mémoire de Mologa et du territoire englouti.

Mologa et Rybinsk sont ainsi deux espaces urbains en miroir, qui existent moins par leur densité propre ou leurs spécificités architecturales que par la lisibilité des frontières symboliques qu'ils participent à instaurer. Mologa et Rybinsk marquent un dedans et un dehors et génèrent des logiques d'appartenance propres. Les deux villes sont chacune, selon les mots même des géographes, un « ensemble cohérent de lieux » et produisent aussi des territoires identitaires spécifiques.

La seconde caractéristique de ces contrées urbaines est de fonder le temps. C'est en effet à travers la mémoire construite, gardée et restituée des territoires particuliers que sont ces deux villes – celle dont on n'est plus et celle dont on n'est pas – que quelque chose se dit de l'ancrage temporel de la société. C'est ainsi la ville qui semble donner la mesure du temps et non pas l'espace rural immuable. Celui-là est plus volontiers mobilisé, nous l'avons vu dans le chapitre précédent, pour fonder l'identité de la communauté, et garantit une sorte d'ancrage qualitatif de l'être au monde. L'examen du récit des déplacés montre en effet que l'espace urbain est le seul qui participe – mais, nous le verrons, d'une façon très particulière – à produire une mémoire historique. C'est cette instrumentation d'une mémoire de l'espace urbain qui permet de continuer à s'interroger sur le rapport que la communauté des déplacés entretient avec la temporalité.

Or, l'analyse de l'instauration de ces espaces urbains en contrées montre que la mémoire communautaire s'élabore dans un entre-deux au sein d'une restitution du passé qui relève d'une façon très manifeste à la fois de la falsification et de l'amnésie. Au fur et à mesure que progressait mon enquête, la mémoire de ces villes – telle que les Mologžany me la restituaient dans leurs propos – se révélait en effet participer à fixer des images d'Épinal et en effacer simultanément les contours et les détails gênants. Il est entendu que les manipulations des représentations de l'espace qui relèvent d'une falsification ont toujours été plus aisées à repérer et à comprendre que celles qui relèvent de l'oubli. Ces transformations et ces maquillages viennent en effet immanquablement en rencontrer d'autres auxquels ils se heurtent en partie ou s'opposent totalement, lorsqu'ils ne sont pas contredits par l'indéfectible matérialité de la topographie. Ce sont ces territoires complexes de la mémoire, produits de légendes et de recompositions, que nous allons ici parcourir et explorer.

Lorsque j'ai entamé mon enquête de terrain au milieu des années 1990, il m'a paru rapidement manifeste qu'il existait déjà autour de Mologa une *doxa* mémorielle. Depuis l'engloutissement de 1941, la ville semble en effet être progressivement devenue une contrée de légende au sens où la description qui en est faite relève d'une représentation largement répandue, codifiée, magnifiée et déformée par l'imaginaire collectif. Le caractère légendaire de la ville est ainsi aisément repérable au sein du discours de mes interlocuteurs à travers le grand consensus des références – détaillées plus loin –, la similitude du contenu des récits et l'omniprésence de certaines figures (lieux et bâtiments, et dans une moindre mesure personnages ou événements) que chacun cite en illustration de son propos.

Bien plus, l'histoire de Mologa semble relever du mythe. La relation qui en est proposée en manifeste toutes les caractéristiques. Le récit que les Mologžany effectuent sur le mode narratif conserve ainsi un fort caractère fondateur. La chronologie ou, plus précisément, l'organisation de la temporalité qui y est esquissée évoque les origines immémoriales de la ville et offre, simultanément, un antique ancrage historique à la communauté des déplacés. Cette chronologie instaure une histoire générale du groupe qui évacue les anecdotes et les points de vue personnels pour ne conserver que des références lissées ou polies par l'usage. Lorsqu'il en comprend, ce récit consensuel n'incorpore ainsi que très peu de dates. Tout juste évoque-t-on parfois 1149, date à laquelle le nom de Mologa (celui de la rivière et non de la cité) est mentionné pour la première fois dans une chronique ; et 1777 lorsque le statut de ville fut accordé à Mologa par un célèbre édit de Catherine II venant affranchir un certain nombre de villes marchandes de leur tutelle nobiliaire.

Il est toujours difficile de reconstituer *a posteriori* la chronologie de la formation d'un mythe – fût-il extrêmement contemporain –, mais il m'a semblé possible, dans ce cas précis, d'en identifier les motifs et les idées clés et d'en repérer certains producteurs. Ainsi le rôle tardif mais central de la muséographie me semble devoir être immédiatement souligné. Les Mologžany font désormais référence de façon explicite au petit musée Mologa, inauguré en 1995, comme à un conservatoire de la bonne histoire. La personne qui pose des questions détaillées sur le passé de la communauté et qui souhaite fouiller plus avant le récit stéréotypé sur la ville engloutie est toujours dans un premier temps renvoyée au musée.

Je reviendrai plus en détail au cours du dernier chapitre de cet ouvrage sur l'organisation de ce lieu particulier qu'est le musée et sur les pratiques commémoratives et identitaires qu'il contribue à mettre en place, mais il est d'ores et déjà important de souligner que l'espace muséographique participe à créer une mémoire unique et unifiée, en proposant des matériaux bruts (des images, des objets) mais aussi des supports intelligibles (des interprétations, du prêt-à-penser) pour la fixation des souvenirs individuels. La démarche muséographique, dont il va de soi qu'elle est réfléchie, est même revendiquée de façon explicite. Ainsi le petit cahier servant de guide de visite élaboré sur un mode ludique à destination des enfants et des jeunes visiteurs invite à procéder à l'explicitation de l'intention des muséographes.

> 2 – Nous avons entrouvert une des pages de l'histoire de cette très ancienne ville de la Volga. Toutefois, à côté du panorama de la ville, tu peux voir un grand espace blanc.
>
> *Qu'en penses-tu, pourquoi le conservateur et l'artiste ont-ils laissé cet espace intact ?*[1]
>
> --
> --
> --

À travers le mythe que le musée participe à consolider, la ville de Mologa devient ainsi un espace du consensus, qui ne pose aucune question et n'introduit dans la mémoire communautaire aucun point de vue ou motif contradictoire, qu'il soit d'ordre politique, social ou religieux. Le musée donne à voir une histoire unifiée, pour un passé commun et lisse.

Mais, dans la production du mythe de Mologa, on repère aussi l'intervention d'une mémoire historique vernaculaire telle qu'elle a pu être fabriquée et restituée par les érudits locaux. Leur production littéraire et journalistique est en effet régulièrement publiée par la presse locale et régionale ou encore diffusée par le biais de modestes publications bon marché, parfois éditées à compte d'auteur. Ces publications sont connues des Mologžany, qui y font moins souvent référence qu'à l'espace muséographique, mais qu'ils participent néanmoins à propager en les recommandant ou en les offrant. Il est par ailleurs possible que ces textes aient contribué bien avant leur publication, par le biais de lectures publiques lors des réunions communautaires notamment, à la fixation d'une mémoire collective unifiée et dépouillée de ses éléments perturbateurs et antagonistes.

Ces textes, dont la brochure publiée à Yaroslavl en 1991 et intitulée *Mologa – pamât' i bol'* (Mologa, mémoire et douleur)

1. Fac-similé traduit par nos soins de la deuxième page du cahier d'animation intitulé *Russkaâ Atlantida ili svidanie s Mologoj* (L'Atlantide russe ou le rendez-vous avec Mologa) publié par le musée en 2001 à destination du public enfantin.

offre une illustration exemplaire, ont ainsi participé à fixer dans les mémoires individuelles les grandes étapes de l'histoire de la ville. Dans les soixante-douze pages de ce petit livret[2], imprimé à l'époque à 3 000 exemplaires, aucune citation ni référence bibliographique ou archivistique précise. Rédigé par Youri Nesterov, poète et érudit local d'une cinquantaine d'années résidant dans un petit village de la rive ouest du lac de Rybinsk, le texte du fascicule représente une sorte de somme résumée de la *doxa* que chacun de mes interlocuteurs m'a restituée en partie. Il évoque, pour débuter, le statut de principauté (*Mologskoe knâžestvo*) conféré au territoire de Mologa à partir du XIIe siècle, puis aborde l'époque de l'important essor économique du XVIIIe siècle lié à sa foire aux produits laitiers, mentionne le statut de ville acquis en 1777, et s'étend pour finir sur l'identité symbolique et glorieuse de la ville, à la fois cité marchande et nourricière du pays au XIXe siècle. Mologa devient ainsi au fil du récit un personnage tout autant qu'un territoire de légende. C'est le récit merveilleux qui confère sa légitimité à l'ancrage temporel de la ville. L'expertise de l'historien comme celle de l'archéologue ne sont mobilisées que de façon anecdotique et parfaitement contingente. Elles ne font en somme qu'illustrer autrement l'inscription de la cité dans le long terme.

Car ce sont les références mythologiques qui sont convoquées en premier lieu. La première d'entre elles est la référence à la ville légendaire de Kitège. Youri Nesterov cite à ce propos, dans le texte de son petit livret, les travaux d'un écrivain russe de la seconde moitié du XIXe siècle, connu pour puiser son inspiration dans le folklore russe :

> Kitège est « une ville entière, mais invisible. La sage Kitège est cachée des yeux des pécheurs. Elle a été cachée grâce à une merveilleuse injonction de Dieu, lorsque le tsar impie Baty partit en guerre contre la Kitège russe. Le tsar tatar s'approcha de la grande ville de Kitège, il voulait en brûler les maisons, tuer ou chasser les hommes et faire prisonnier les femmes et les jeunes filles. Mais le

2. Le format de cet opuscule correspond à un in-16, vendu à l'époque de sa publication pour la somme insignifiante de 20 kopeks.

> Seigneur ne laissa pas la colère bassourmane s'abattre sur la sainteté chrétienne. Dix jours et dix nuits durant Baty chercha la ville de Kitège et ne put la trouver, aveuglé… La ville se tient désormais invisible et ne se découvrira qu'au jour du jugement dernier. » ainsi écrivait P. I. Melnikov-Pečerskij à propos de cette vieille légende russe [Nesterov, 1991, p. 5][3].

« *Yaroslavskij grad Kitež* » (La Kitège de la région de Yaroslavl) est, selon notre érudit local, la métaphore utilisée, au début des années 1990, par les Mologžany pour évoquer le destin de leur cité. Mologa conserve en effet en commun avec cette ville légendaire de rester cachée, mais elle présente également l'avantage d'être reconnue à travers l'usage de cette comparaison comme une citée vertueuse contre laquelle s'est acharné le mal. L'effet de légitimation ne peut qu'en être redoublé.

Mais la métaphore de Kitège s'efface au fur et à mesure du temps et des publications au profit d'une autre. Car Mologa est désormais fréquemment et facilement désignée comme la *Russkaâ Atlantida* (l'Atlantide russe). L'allusion au mythique territoire englouti est convoquée pour la première fois, de façon ponctuelle, au début des années 1990 dans divers poèmes figurant au sein des publications du *Mologskoe Zemlâčestvo,* éditées à l'occasion du cinquantième anniversaire de l'inondation de la ville, qui filent la métaphore de façon simple sans jamais expliciter plus avant la parenté symbolique des figures. Rien n'est dit de la légende telle qu'elle est restituée par Platon, et de la figure négative qu'y assume l'Atlantide. Pas plus qu'il n'est fait de mention des textes grecs originaux, *Timée* – 20c-26d – et *Critias.* Dans ces deux dialogues platoniciens, l'île de l'Atlantide – puissance maritime orientée vers le commerce – est en effet châtiée par Zeus pour s'être lancée dans une guerre de conquête contre les autres cités grecques. L'Atlantide grecque est ainsi une cité aux confins du monde, dont la démesure cause la perte. Les compositions poétiques russes se bornent

3. L'auteur ne donne aucune référence qui permette d'identifier précisément la source de sa citation. Nous proposons ici notre traduction.

pour leur part à poser une équivalence symbolique entre les destinées ultimes de Mologa et de l'Atlantide, tels ces vers de A. Surkov et N. Âkušev.

Krepačet veter. Meždu černyh svaj	Le vent forcit. Entre les troncs noirs
Vskipaet peny belosnežnoj vata…	bouillonne l'écume blanche et cotonneuse
*Spi, **Atlantida**, spi i ne vstavaj*	Dors, Atlantide, dors et ne te lève pas
Tomu, čto zatonulo, net vozvrata.	Ce qui a coulé jamais ne reviendra.
	A. SURKOV
Ona yže počti poluzabyta,	Elle est déjà presque à moitié oubliée
Dolžno byt'	Un jour viendra
Ej tosklivo bez druzej	Sans amis, elle est mélancolique
I rublenaâ v lapu – Atlantida,	et débitée en morceaux, Atlantide,
Podvodnyj istoričeskij muzej	Ce musée historique immergé.
	N. ÂKUŠ EV (Mologa)

En servant d'intitulé au fascicule touristico-historique consacré au territoire englouti [Erohin, 2000], la figure de l'Atlantide russe est devenue l'une des métaphores les plus convenues utilisées pour parler de Mologa. Elle peut être, à l'occasion, épaulée par d'autres références porteuses de légende. Mes interlocuteurs évoquent ainsi la correspondance de la date à laquelle Mologa fut inondée avec l'anniversaire du naufrage du *Titanic*, et soulignent ce faisant le caractère extraordinaire de la destinée tragique de la ville. Mais cette correspondance est effectuée au prix d'une légère inexactitude chronologique. Le *Titanic* coula en effet dans la nuit du 14 au 15 avril 1912 alors que le barrage de Rybinsk fut mis en eau dans la nuit du 13 au 14 avril 1941. C'est la date du 14 avril qui est commodément utilisée pour faire signe.

Cet espace de la mémoire communautaire marqué par la légende représente aussi, par d'autres aspects, un espace du mensonge par omission, l'une des modalités du secret. L'histoire de la ville est, en effet, restée un thème qu'il était impossible d'évoquer. Pendant la période soviétique et jusqu'à la période de la *perestroïka*, il était ainsi inconcevable d'exprimer nostalgie, tristesse ou regret pour ce lieu et à travers lui pour un passé disparu. Les gens de Mologa se sont tus pendant plusieurs dizaines d'années. Rien n'était évoqué d'autre que ce que glorifiait la propagande d'État qui ne mentionnait jamais explicitement le sort de Mologa et ne faisait que s'arrêter sur les bénéfices économiques et les progrès industriels qu'avaient permis de réaliser les grands travaux staliniens dont le barrage de Rybinsk faisait partie. Pendant près de cinquante ans, la mémoire de la ville est restée de fait une *zapretnaâ zona* (zone interdite) selon l'expression même des Mologžany, et elle s'est élaborée à travers un immense mensonge par omission. Le silence de l'histoire officielle s'est imposé comme un voile jeté sur les souvenirs et les histoires particulières.

Mais, alors qu'il est désormais possible de parler du drame vécu par les déplacés, la *doxa* qui préside à la mise en mémoire de l'histoire de Mologa a, pourtant, toujours à faire avec le secret et le mensonge par omission. La mémoire de la contestation, parfois violente, que fit naître, à un niveau local tout du moins, la mise en œuvre du projet *Bol'šaâ Volga*, tout autant que celle de la bonne volonté et même du zèle que mirent certains représentants des autorités locales à exécuter les directives régionales et nationales sont à peine évoquées par les Mologžany, alors même que les archives municipales et quelques-uns des récits des habitants les plus âgés en conservent des traces précises. Pour la première fois en 2001, à l'occasion du soixantième anniversaire de la disparition de la ville, la courte pièce de théâtre qui fut représentée en introduction à la journée commémorative [Dragunskaâ, 2002] donnait à voir et à entendre la violence de l'opposition que manifestèrent certains habitants lorsqu'il apparut inéluctable que Mologa allait être inondée. Les plus virulents des agitateurs furent rapidement traités en ennemis du peuple, arrêtés et fusillés par les responsables du Volgolag pour activité antisoviétique. Il s'agissait en 2001 d'une des premières expressions publiques de cette part politique de la mémoire, longtemps la plus dangereuse, et dont la légitimité est encore bien fragile.

Tout ce qui pose question, et notamment la dimension politique des faits de résistance ou de collaboration au régime soviétique dont la ville a pu être le théâtre, a en effet été laissé de côté au profit de la seule légende héroïque. Le sort de la ville est ainsi restitué comme l'histoire d'une cité martyre sacrifiée sur l'autel de l'industrialisation et du développement de l'Union soviétique. Les images conservées et exposées sont celle d'une ville idéale, et immuable. Mologa demeure aux yeux des déplacés un territoire de l'entente, de la prospérité et de l'entraide, auquel vient succéder le néant, un espace de désolation à l'image de cette photographie du vaste champ stérile de briques éparpillées que la ville est devenue, qui figure agrandie sur l'un des murs du musée.

L'effet de dilution du réel provoqué par la mise en place d'un récit légendaire est encore accru par la destinée géographique du territoire. Mologa disparaît en effet des cartes et des atlas soviétiques en 1941. Il n'en subsiste aucune cartographie contemporaine. Le seul plan disponible a été établi à la fin du XIXe siècle et fait figurer les anciennes dénominations des rues qui furent modifiées en 1917. Ville fantôme et fantasme, plus aucun toponyme ne vient rappeler son existence passée puisque la rivière Mologa elle-même a vu son cours submergé par le tracé du lac artificiel. La *Socialističeskaâ Mologa*, la Mologa socialiste, quant à elle, n'a existé qu'à l'état de projet. Cette virtualité élaborée par les urbanistes soviétiques, restée sans traduction administrative officielle, n'a jamais généré d'inscription topographique pérenne.

Une nécessité vitale et double semble alors avoir présidé à la création de cette légende communautaire. Il est compréhensible que la fabrication d'un mythe local puisse relever tout d'abord d'un désir de dépasser les lieux communs de la grande histoire nationale et générale, commune à tous les Russes. Il s'agit là pour les Mologžany de s'approprier, quitte à le fabriquer, un passé spécifique qui puisse être distingué de l'histoire collective au sens le plus large. Ce passé à soi, mais élaboré aussi pour les autres, distingue la communauté aux yeux d'une collectivité plus vaste. Cette appropriation offre, ce faisant, un espace de référence identitaire largement ancré dans le XIXe siècle, qui dédouane au passage les anciens habitants de Mologa de leur passé le plus contemporain et notamment de la question de l'héritage soviétique. Le mythe est ici au service de l'oubli, et vient finalement révéler, chez une communauté qui peine à instaurer une relation critique avec son propre passé, ce « défaut de communication avec soi-même » décrit par C. Lévi-Strauss [1975, p. 297].

L'histoire de la ville est ainsi instituée en mythe fondateur pour une communauté en mutation. Les membres qui ont effectivement vécu sur le territoire avant son engloutissement et qui disposent en plus du récit mythique de souvenirs propres sont en effet de moins en moins nombreux. Alors que la part de ceux qui sont nés après l'engloutissement et qui se revendiquent néanmoins comme des Mologžany est de plus en plus importante. Les plus jeunes sont aussi appelés à s'approprier ce mythe pour le restituer dans leur propre récit.

La légende de Mologa semble surtout répondre à l'impérieuse nécessité de s'entendre, au sein même de la communauté, sur une trame commune qui constituerait un arrière-fond ou un paysage convenu pour les destinées particulières. La mise en place d'une légende correspond à l'instauration d'un récit admis par tous et consensuel, capable de servir de soutien et de légitimation à chaque récit biographique individuel. La recherche de concorde et le besoin d'unité auxquels répond la fabrication du mythe d'une Atlantide russe viennent dans une certaine mesure briser l'isolement créé par l'éparpillement des familles et refonder la communauté après l'épreuve traumatique du déplacement. C'est cette même nostalgie d'un communautarisme disparu que traduisit l'instauration de réunions d'anciens habitants de Mologa au début des années 1970. À la question initiale de R. Brunet sur le devenir d'une communauté aliénée de son territoire, les Mologžany montrent qu'une population peut aussi se recréer symboliquement le territoire dont elle a besoin pour assurer sa propre perpétuation.

La création de cette légende urbaine pose néanmoins d'importantes questions sur la nature des liens qu'entretiennent territoire et mémoire. Dans quelle mesure, en effet, l'espace de la ville est pourvoyeur de mémoire pour les gens de Mologa ? Et de quel type de mémoire s'agit-il ? Car l'espace n'est pourvoyeur de mémoire que si les faits, les événements dont il a été la scène font encore sens pour ceux qui l'habitent. Or nous venons précisément de montrer que le traitement dont la ville fait l'objet dans le récit mémoriel des déplacés et de leurs descendants révèle une mémoire mythique à forte portée identitaire qui se substitue à une mémoire historique. Le sens des faits et des événements dont la ville a été le théâtre est dans ce cadre manipulé et mobilisé pour illustrer la seule pérennité du territoire, de son inscription dans le temps long, et par voie de conséquence pour accroître la légitimité de la communauté qui dit en être originaire.

Tout ce qui peut introduire de la confusion, comme la variation de la dénomination même des rues, et plus généralement l'examen des décennies soviétiques, est évacué au profit d'un passé sans histoires. C'est ainsi que la mémoire collective des Mologžany instrumente le rapport identitaire des individus à l'espace pour s'inscrire dans une temporalité moins férue de chronologie critique que de longue durée. Les gens de Mologa semblent paradoxalement avoir à la fois la mémoire longue, très longue même, et la mémoire courte. C'est précisément la manipulation du territoire spécifique qu'est la ville et ce qu'il représente qui rend possible le jeu temporel entre une mémoire du très long terme et une amnésie de la proximité. La substitution de l'histoire, remplacée par le mythe, incite à accorder une attention toute particulière aux pratiques commémoratives des Mologžany, et plus spécifiquement aux visites effectuées sur le site même de la ville immergée comme aux autres formes de mémoires que ces parcours pourraient participer à instituer.

Mais si la Mologa que la communauté des déplacés a quittée n'est plus qu'une contrée de chimère, Rybinsk, territoire d'accueil et d'arrivée, espace bien réel, à l'intérieur et à partir duquel s'est constituée la mémoire communautaire, est une autre sorte de non-lieu. De façon étonnante, l'espace urbain qui joua pourtant un rôle crucial dans la survie des déplacés fait l'objet d'un traitement mémoriel par omission. La ville de Rybinsk est en effet remarquablement absente des mémoires particulières alors que la majorité des Mologžany y réside depuis plus de soixante ans. Mes interlocuteurs se replongent dans les décennies qui ont suivi leur propre déplacement sans mentionner de référentiel topographique plus précis que celui de la ville de Rybinsk dans son ensemble, dans une sorte d'utopie au sens premier du terme. Leurs récits portent sur la vie de leur famille sans que le contexte dans lequel les principaux événements mentionnés prirent placent ne fasse l'objet d'explicitation ou de discours spécifiques.

La ville de Rybinsk n'est pas non plus évoquée par la communauté de façon générale, lors des cérémonies de commémorations et des réunions associatives. Pourtant Rybinsk représente l'espace où les Mologžany ont trouvé refuge, l'espace dont la prospérité a rendu possible la résurgence d'une nostalgie communautaire. Dans les discours inauguraux comme dans les débats informels, c'est Mologa qui fait l'objet de toutes les attentions. Or cette absence de Rybinsk dans les récits privés et les discours publics ne peut pas être lue comme la conséquence d'un éventuel rejet de la communauté des déplacés par la population de Rybinsk. Bien au contraire, ce sont bien les autorités administratives de la ville hôte qui rendent possibles les commémorations organisées par le *zemlâčestvo* en les subventionnant, de même qu'elles ont soutenu en leur temps la création d'un musée exclusivement consacré au territoire englouti. Je me suis alors interrogée sur ce qui avait pu contribuer à fabriquer cette figure du territoire silencieux, comme sur les fonctions assumées par ce mutisme dans la construction de la mémoire communautaire des déplacés.

Plusieurs pistes doivent être explorées pour expliquer l'instauration de ce silence sur le territoire d'accueil. L'une des plus immédiatement repérables est celle des perturbations de la toponymie. Car le lieu qui a accueilli la communauté à l'issue de son déplacement forcé, la ville de Rybinsk, est réputé en Russie pour ses innombrables changements de nom. De façon très symbolique,la première mention historique du site de la ville ne lui donne pas de désignation propre. Rybinsk naît innommé. En effet, ce lieu commence par être situé sans être nommé, puisque la chronique locale mentionne qu'en 1071, dans l'estuaire de la rivière Šeksna, c'est-à-dire à l'intérieur des limites actuelles de l'agglomération, deux sorciers furent pendus à un chêne pour avoir incité la population à se révolter lors d'une période de famine. La nuit suivante, leurs corps furent dévorés par un ours. Bien que ce détail semble *a priori* illustrer le caractère plutôt sauvage et désolé du lieu, les recherches archéologiques entreprises au cours des années 1970 ont au contraire mis au jour les traces de l'implantation d'un important site possédant toutes les caractéristiques d'une ville. Mais cette cité semble avec le temps avoir totalement disparu sans que son nom ait jamais été connu.

Cette contrée si difficile à nommer subit par la suite au cours des siècles de multiples transformations de ses désignations. D'abord appelée Rybansk en 1137, la ville est ensuite désignée comme la Rybnaâ Sloboda à partir de 1504 en référence à l'activité de pêche qui occupe alors la majeure partie de la population. La cité, qui devient un important nœud du trafic fluvial russe, prospère sur des activités de négoce de grain, de produits laitiers et de bois, et acquiert en 1777 son nom actuel de Rybinsk en même temps que son statut de ville franche. Elle sera, jusqu'à la révolution de 1917, directement administrée par un collège réunissant les représentants des différentes guildes de négociants. Pendant la période soviétique, la ville est débaptisée en Chtcherbakov en 1946 en l'honneur du général major Vladimir Ivanovič Chtcherbakov, héros de la grande guerre patriotique, avant de retrouver en 1957 sa désignation initiale. Puis elle est à nouveau et brièvement rebaptisée Andropov de 1990 à 1991 en mémoire du secrétaire général du PCUS, directeur du KGB et éphémère successeur de Brejnev, avant de récupérer finalement, avec la dissolution de l'URSS, son nom de Rybinsk. La ville a subi ainsi pas moins de sept changements d'appellation depuis sa fondation, dont quatre au cours de la seconde moitié du XXe siècle.

Les perturbations onomastiques représentent autant de facteurs de fragmentation mémorielle, chaque habitant de la ville et chaque déplacé retenant pour se repérer la désignation qui lui semble la plus appropriée à l'épisode qu'il rapporte. Aucun nom ne fait référence à l'ensemble des situations ou des époques traversées par la ville, mais chacun d'eux renvoie plutôt à un contexte ou un moment spécifique de l'histoire générale et des histoires particulières.

Le dernier avatar en date de ces perturbations onomastiques réside dans le retour aux désignations prérévolutionnaires des noms des rues de la ville. Au cours de la dernière décennie, l'administration municipale de Rybinsk a en effet procédé au nouveau baptême des voies de la ville, à l'intérieur du périmètre qui était déjà urbanisé au début du XXe siècle. Or l'examen de ces pratiques de renomination montre bien qu'en matière de toponymie rien n'est jamais définitif, tous les retours en arrière, toutes les transformations et les négociations sont toujours possibles.

À preuve ce jugement de Salomon qui concerne la principale artère de la ville. Appelé encore récemment le *Prospekt Lenina* (avenue Lénine), le grand boulevard qui traverse Rybinsk d'est en ouest portait le nom de *Ulica Hristova* (rue du Christ) jusqu'au début des années 1920. Le conseil municipal de Rybinsk décida après de longs débats de restituer sa désignation originelle à la route mais uniquement sur la portion qui existait à l'époque présoviétique, et sans modifier la numérotation des bâtiments. Il existe donc désormais à Rybinsk un « 144, rue du Christ » auquel fait immédiatement suite un « 146, avenue Lénine », le révolutionnaire venant très symboliquement et très logiquement prendre la suite du Messie. La ville de Rybinsk représente de cette façon un espace où il n'existe pas de repères toponymiques absolus. Ne semblent même y exister que des repères relatifs à des trajectoires individuelles, et des appropriations singulières.

La deuxième piste qui peut être explorée, pour mieux comprendre les silences dont sont porteurs les lieux où s'élabore la mémoire collective du *zemlâčestvo*, est celle d'une autre manipulation des supports de la mémoire urbaine, et plus précisément celle des falsifications de la cartographie. Les cartes topographiques rassemblées au cours de mes recherches sur le terrain comportent, intentionnellement ou non, selon leur origine, l'époque à laquelle elles ont été établies et le public auquel elles étaient destinées, de fausses indications tout autant que des espaces non renseignés d'où certaines indications topographiques ou toponymiques fondamentales étaient absentes.

Lorsque j'ai entamé mes recherches à Rybinsk en 1994, il n'y avait aucun plan de la ville disponible. Seule était en vente une carte de la région de Yaroslavl établie au 1/200 000 sur laquelle le tracé de l'agglomération de Rybinsk sommairement schématisé figurait sur quelques centimètres carrés. Les premiers plans dont j'ai pu disposer ont été trouvés à Moscou au milieu des années 1990. Il s'agissait d'anciennes cartes d'état-major établies au 1/25 000 et encore estampillées *sekretno* (secret), même si le tampon avait ostensiblement fait l'objet de ratures. Ces cartes étaient vendues selon des circuits commerciaux fortuits, au sein desquels l'opportunité de l'adéquation entre l'offre et la demande se mêlait encore étroitement à une certaine forme d'illégalité. Sur ces plans, un tracé consciencieusement renseigné (altitude, nature du terrain, pentes et obstacles naturels éventuels, gués, tracés des oléoducs et gazoducs) rendait possible une localisation précise des bâtiments, mais le nom des rues n'était pas systématiquement indiqué, et l'échelle utilisée ne permettait pas d'en faire un plan de ville commode.

Les premiers plans de ville commerciaux apparurent à fin des années 1990 ; ils étaient établis par les cartographes du bureau du cadastre de la ville de Rybinsk et publiés par des maisons d'édition locales. Réalisée à de plus petites échelles, sans que celles-ci soient toutefois toujours indiquées, leur très relative précision ne permet qu'une orientation approximative. N'y figuraient en effet que les routes asphaltées et les pâtés de maisons qui les séparaient. La localisation des bâtiments habités n'était pas indiquée, et l'index du nom des rues, incomplet par ailleurs, n'établissait pas de correspondance entre les anciennes et les nouvelles désignations. Ces cartes ne permettaient donc pas de naviguer entre les noms soviétiques et pré/postsoviétiques.

Les différentes versions des plans en vente dans le commerce se précisent et se complètent à la fin des années 1990, au fur et à mesure que le besoin de garder secrète une partie de la topographie urbaine s'estompe. Mais même les cartes les plus récentes n'échappent pas à la règle de l'omission ou de l'erreur. Ainsi l'une des dernières en date, en circulation en 2002 sans que son éditeur et sa date de publication n'y soient mentionnés, se présente comme une carte touristique. Elle inclut dans sa légende, où la mention de l'échelle utilisée est absente, un pictogramme spécifiquement destiné à indiquer les *pamâtniki* (mémoriaux), ces sites de la mémoire urbaine qui peuvent en Russie faire aussi bien référence à un monument (statue, arche, mausolée) qu'à un bâtiment classé pour son intérêt historique. Mais aucun pictogramme ne figure sur la carte elle-même, comme si la ville restait vierge de tout mémorial, et de toute mémoire architecturale. Un oubli, sans doute.

Les cartes n'offrent donc pas de support fiable à la conservation ou à la transmission de la mémoire urbaine. Longtemps inaccessibles [Bué, 1987], elles restent imprécises, incomplètes, inexactes et finalement pourvoyeuses d'une grande confusion. Peu de mes interlocuteurs savent par ailleurs les lire et s'orienter à partir d'un plan de ville. Ceux-ci ne sont donc pas, en tout état de cause, un outil de la construction de la mémoire de Rybinsk.

Une troisième piste de réflexion sur les silences de la mémoire est enfin ouverte par l'absence de marquage de la topographie urbaine. Le territoire de Rybinsk longtemps inaccessible et interdit aux étrangers est resté, dix ans après la dissolution de l'URSS et son retour à la libre circulation, un espace muet et vierge de tout signe d'orientation, qui rappelle la discrétion et l'anonymat auxquels étaient autrefois tenues les villes fermées. Il n'existe ainsi qu'une dizaine de panneaux indicateurs pour une agglomération qui s'étale sur près de 90 km^2. Les deux seuls plans généraux d'orientation figurent aux deux entrées de la ville sur les routes qui viennent de Yaroslavl à l'est et d'Ouglitch à l'ouest, alors que la vaste commune s'étire sur plus de vingt kilomètres le long de la Volga. Ces deux panneaux en marquent aussi la frontière.

Cette absence de marquage et d'informations pose de cruciaux problèmes de localisation et d'orientation dans un paysage urbain profondément marqué par l'uniformité et le gigantisme des villes soviétiques. Comme ailleurs en ex-URSS, les numéros des bâtiments qui ne figurent que sur les édifices eux-mêmes, souvent distant de plusieurs dizaines voire centaines de mètres les uns des autres, ne permettent pas de se repérer immédiatement ou facilement sur une route. Celui qui cherche son chemin court de grands risques d'errer sans trouver ou encore de se perdre. Toute orientation précise nécessite l'aide des autochtones, au sens très localisé du terme. Chaque habitant ne dispose en effet que d'une connaissance parcellaire et très circonscrite de la topographie urbaine.

Cette absence d'informations topographiques me semble renvoyer en premier lieu au caractère militaro-industriel de l'activité économique de Rybinsk, qui a longtemps généré une culture du secret et de la dissimulation aiguisée par l'impératif de protéger l'industrie militaire soviétique de l'espionnage. Cette culture urbaine du secret a aussi contribué à développer une méfiance dans les rapports sociaux de voisinage ou de rencontre et même une certaine peur de l'autre, alimentées par le risque de délation lié aux pratiques de surveillance généralisée. Car les principales sources potentielles de renseignement topographique, à l'échelle du quartier résidentiel que sont ces éternelles grands-mères assises par groupe de deux ou trois sur leurs bancs au pied de leur bâtiment ne manquent pas de s'enquérir des raisons d'une présence étrangère et des motivations de questions d'orientation, et d'en référer éventuellement à qui de droit.

Les espaces urbains soviétiques demeurent ainsi des espaces sans traces et sans mémoire apparente. Ils sont toutefois traversés de part en part d'innombrables chemins piétinés et étroits désignés par le terme *tropinka* ou *tropinočka*, qui semblent ne mener nulle part à l'image des *Holzwege*, ces sentiers forestiers germaniques évoqués par Heidegger [1962]. Si, lorsque R. Brunet aborde les pratiques de l'appropriation de l'espace par l'homme, il souligne que « le pas le plus léger, s'il est répété, fait un indélébile sentier » [Brunet, 2001b, p. 20], à Rybinsk, comme dans les autres villes russes, les points de départ et d'arrivée de ces sentiers ne peuvent être connus que de ceux qui les ont déjà empruntés. Les chemins urbains et pédestres sont de véritables parcours d'initiés : ils se dédoublent, se rejoignent pour se démultiplier à nouveau et finir parfois dans une voie sans issue. Car ces traces urbaines sont fondamentalement silencieuses et anonymes. Et la ville reste bien peu loquace sur sa topographie. La connaissance de l'espace relève d'un savoir particulier et privé.

Ces trois pistes, qui chacune permettent d'explorer les représentations et les usages de la topographie, conduisent déjà à comprendre que la mémoire de cet espace urbain spécifique qu'est Rybinsk ait pu se constituer à travers le silence. Mais, au-delà de la connaissance topographique de la ville, c'est aussi la connaissance de l'histoire récente de Rybinsk qui fait symboliquement l'objet d'une mise en abîme. Les déplacés n'évoquent jamais volontiers, tout d'abord, son passé et, *a fortiori*, son présent de ville productrice d'armement. « *Rybinsk rabotal dlâ oboronki* » (Rybinsk travaillait pour l'industrie de guerre) reste la formulation convenue sur laquelle les discours s'interrompent. Ceci étant dit, tout est dit.

La nature effective des différents centres de production industrielle de la ville (dans lesquels les Mologžany trouvèrent à s'employer) n'est jamais signalée. Leur évocation s'arrête à la mention de leur dénomination officielle. Le *Poligrafzavod* s'abrite ainsi derrière la fabrication de machines typographiques qui ne représentent toutefois qu'un tiers de sa production, le reste étant consacré à l'équipement de chars d'assaut. L'usine *Priborostroiteli* fabrique certes des postes de radio, mais usine surtout le matériel militaire des fantassins. *Prizma*, l'usine d'optique, produit bien des verres de lunettes mais avant tout des viseurs de char. La confiserie industrielle est finalement, comme le soulignait l'un de mes interlocuteurs dans une boutade, la seule usine à n'avoir aucun lien avec le complexe militaro-industriel.

L'unique entreprise qui fait l'objet d'un discours plus élaboré est le complexe RBK des Rybinskie Motory au sein duquel sont mis à l'étude et produits les moteurs d'avions (civils et militaires) autrefois soviétiques et désormais russes. Elle jouit, il est vrai, d'une réputation et d'une reconnaissance à l'échelle nationale. Pour toutes les autres entreprises de la ville domine une pratique de l'omission et de l'ellipse faite d'un mélange d'ignorance entretenue et de silence convenu ou entendu. Et, en ce domaine, les ouvrages retraçant l'histoire de la ville et publiés sous la période soviétique – notamment en 1977 à l'occasion du bicentenaire de la fondation de la ville – manifestent de mêmes ellipses et de mêmes silences que les récits des Mologžany.

Rien n'est dit, ni montré, non plus à Rybinsk de son passé de capitale concentrationnaire. Pendant près de vingt ans, c'est-à-dire durant la préparation de l'inondation, la construction du barrage et les années de sa mise en route, soit de 1936 à 1953, Rybinsk hébergea en effet le centre opérationnel et administratif du Volgolag avant de recueillir les populations déplacées par la création d'un lac artificiel qui finira par engloutir aussi bien Mologa que les sites du goulag eux-mêmes.

Cependant, si Mologa fait l'objet d'une mise en mémoire légendaire, les lieux du goulag ne sont mentionnés et rappelés nulle part. Le rôle qu'ont pu jouer la ville et ses habitants dans l'organisation et le bon fonctionnement de cet immense complexe concentrationnaire ne fait l'objet d'aucune mention ou interrogation. Reste une topographie silencieuse et un voisinage muet que seules les archives institutionnelles ou privées – notamment celles rassemblées par la fondation Memorial – sont en mesure de faire parler.

En ce qui concerne l'institution carcérale, la localisation précise de l'entité administrative qui assurait la gestion des différents sites d'internement (les camps à proprement parler) est connue aussi bien des scientifiques que de la population locale. Son adresse tout autant que sa situation géographique et son organisation interne (hôpital, locaux administratifs, gare, théâtre) sont notamment détaillées par les documents conservés aux archives gouvernementales [Ohotin et Roginskij, 1998]. Lorsqu'ils sont explicitement sollicités sur ce point, mes interlocuteurs sont capables de localiser l'emplacement de l'administration du Volgolag qui se trouvait dans le hameau de Perebory à la frontière occidentale de la ville de Rybinsk.

Les anciens détenus évoquent quant à eux, dans les récits collectés lors de mon enquête comme dans les documents écrits déposés au siège moscovite de la fondation Memorial, leurs espaces de travail et de vie. Les *zek* localisent et nomment ces territoires, de même qu'ils décrivent avec précision un quotidien marqué par de longues et épuisantes marches pour rejoindre les sites d'un travail harassant. Ils évoquent également les multiples contacts entretenus avec la population locale. Le passé carcéral du territoire ne semble pas faire l'objet d'une amnésie unanime.

Tous les habitants de Rybinsk manifestent ainsi une difficulté à évoquer et, à plus forte raison, à intégrer dans leur mémoire le passé concentrationnaire de la Russie. Ils partagent avec les anciens déplacés – qui ont, eux, des raisons plus complexes pour garder silence – une manière semblable de mettre en abîme le passé militaire et carcéral de Rybinsk. Paradoxalement, la pratique partagée du secret et du silence est peut-être ce qui a permis et facilité le maintien d'une mémoire communautaire spécifique aux gens de Mologa. Rien ne vient, en effet, s'opposer ou se substituer à la légende mémorielle élaborée par les anciens déplacés. Aucune inscription territoriale alternative des identités ne semble être en mesure de concurrencer celle qui est construite autour du fait d'être originaire de Mologa. Le fait de vivre à Rybinsk n'a pas engendré la production d'une mémoire communautaire, ni de fort sentiment d'appartenance. La fonction assumée par ce silence maintenu sur cette autre contrée urbaine nous semble ainsi centrale pour la production de la mémoire de Mologa. Il permet que soit élaborée une mémoire positive, légendaire et mythique de Mologa, ville au passé sans tache et au présent empêché, en contrepoint d'une mémoire impossible de Rybinsk, espace compromis par la production d'armes, le goulag et la mort, ville cheville ouvrière et exemplaire du système industriel soviétique.

À l'issue de ce chapitre, interrogeons-nous sur la temporalité dans laquelle s'inscrivent les contrées à partir desquelles s'organisent, d'une façon à la fois complémentaire et antagoniste, les souvenirs des déplacés. Le temps anhistorique du mythe y tient une place prépondérante. Dans le déchiffrement de la temporalité des souvenirs des gens de Mologa, les travaux de l'anthropologue russe S. B. Adon'eva apportent un éclairage précieux. En prenant appui sur un ensemble de recherches récentes consacrées à divers rituels contemporains et, plus particulièrement, sur une étude de cahiers personnels tenus par des personnes âgées, où se côtoient recettes de médecine traditionnelle, analyses astrologiques et horoscopes, poèmes, quatrains rimés et épitaphes destinées à figurer sur leur propre tombe, l'anthropologue pétersbourgeoise se propose en effet de considérer la catégorie du temps « non présent » (*kategoriâ nenastoâŝčego vremeni*) comme une catégorie clé de l'organisation chronologique.

> Nous avons appelé catégorie du temps non présent cette réalité, plus précisément cette image du monde, que l'homme (ou la société) construit à partir de préparations ou d'échantillons culturels, en fondant ainsi pour soi une deuxième réalité, qui vient masquer celle qui existe et ce faisant l'imprévisible présent.
>
> [...] Le refus de l'expérience du présent, ce refus de se considérer au tournant d'un « ici-maintenant-toi », conduit inévitablement soit à l'archétype de l'« avant », à un archaïsme mythologique qui dilue l'individualité dans le collectif (d'une façon consciente et inconsciente), soit à l'archétype de l'« après », lorsque tout acte d'individualisation est dépassé et contourné, après quoi le « je » qui a intériorisé le réseau statutaire social se transforme en un « je » simple attribut d'un « lui », à la fois objet de la description et personnage [Adon'eva, 2001, p. 112][4].

Distinguer une telle catégorie, celle d'un temps non présent et, dans une très large mesure, irréel, pour tenter de définir la temporalité dans laquelle s'élabore la mémoire des anciens de Mologa, permet déjà de pointer le caractère profondément uchronique du discours mémoriel des Mologžany. Leur récit qui s'attache avant tout à décrire et restituer des espaces, de natures et d'extensions très diverses, ne relève en effet d'aucun registre temporel systématique : ni d'un présent fictif où le narrateur se replace parfois par l'imagination, ni d'un passé qui n'est plus et qu'il regarde de temps à autre à distance, ni même d'un futur antérieur qui lui permet à l'occasion d'envisager un avenir qui aurait pu être.

En jonglant ainsi avec les temps et en s'installant dans un « non-présent », les souvenirs des déplacés s'affranchissent de fait d'une certaine matérialité et d'une forme de réalité pour s'instituer en vérité, si ce n'est révélée du moins martelée, mais en vérité avant tout pérenne. Le caractère uchronique du discours mémoriel des Mologžany peut expliquer également la domination de l'expression exacerbée des sentiments, tout comme la forme poétique ou celle du récit indirect. Car les modalités narratives tendent, elles aussi, à s'affranchir de toute lucidité critique, voire même de prosaïsme. Le discours que la communauté des déplacés produit sur elle-même et sur son histoire cherche en effet avant tout à la faire exister en dehors du temps, et à la faire durer.

Ces contrées mythiques ou silencieuses révèlent aussi la difficulté extrême d'instaurer un rapport de responsabilité des narrateurs face au déroulement du cours des choses. La catégorie du temps non présent dont relève la mémoire des gens de Mologa manifeste ainsi une réticence – si ce n'est un profond refus – d'être impliqué dans le temps. Car la mémoire collective qui s'élabore à partir d'un rapport primordial à la géographie, et non à l'histoire, privilégie un mode de conservation de la réalité qui relève de la fixation d'innombrables détails qui participent à diluer voire à noyer la signification et la portée de ce dont on

4. Nous proposons ici notre traduction.

se souvient. Le recours à l'ancrage topographique externe – mécanisme pointé par les sciences cognitives [Hutchins, 1995] – occupe alors ici une fonction symbolique précise. En effet, on s'aperçoit que les contrées instituées par la mémoire des déplacés correspondent à des réservoirs : elles sont des condensés de traces des possibles [Boursier, 2002]. La mémoire commune des Mologžany se souvient ainsi peut-être moins de ce qui est réellement advenu de tel ou tel espace que de ce qui aurait pu continuer à en advenir dans une sorte de retour nostalgique sur le passé, sans que les ressorts du passage à l'indéfectible matérialité du réel ne soient jamais interrogés. Être dans l'espace, mais en dehors du temps, représente peut-être alors pour les gens de Mologa une façon dynamique, créatrice et pérenne d'échapper au principe de causalité.

5

Une mémoire de pierres

Živ budu, ne zabudu.
(Tant que je serai en vie, il n'y aura pas d'oubli.)

Les tombeaux malmenés par les eaux du lac indiquent l'emplacement du cimetière de Mologa, ici une vue partielle du site en 1996. Depuis, les monuments funéraires ont été eux-mêmes enfouis sous la terre pour lutter contre le pillage du site (photo É. Gessat-Anstett).

Dans la géographie complexe que restitue la mémoire de la communauté des déplacés, il est encore possible de distinguer un troisième type d'espaces de mémoire : les *pamâtniki*. Dérivé du mot *pamât'* (la mémoire), le terme *pamâtnik* désigne explicitement en russe un monument commémoratif, un mémorial. Ces objets abondent en Russie, dans la mesure où la désignation *pamâtnik* y est aussi bien attribuée à un monument (statue, buste, mais aussi tombeau ou cénotaphe) qu'à un bâtiment institutionnellement reconnu et désigné pour son intérêt architectural ou historique. Mais à chaque fois ces monuments commémoratifs, que j'envisagerai pour ma part moins en tant qu'objets qu'en tant que lieux, s'imposent comme la matérialisation et le rappel d'un passé disparu. Là encore, c'est l'instrumentation d'un espace géographique spécifique qui instaure un certain rapport à la temporalité. C'est précisément l'analyse de cette instrumentation qui montrera comment la communauté des gens de Mologa perçoit son inscription dans l'histoire.

Les *pamâtniki* renvoient ainsi à une grande hétérogénéité d'objets et de territoires. Ces monuments ont cependant en commun plusieurs éléments, et tout d'abord leur matériau : principalement la pierre, dans une moindre mesure le métal et très rarement le bois. Car de façon très tranchée, alors que le bâti résidentiel russe reste marqué par son caractère périssable, le bâti mémoriel, lui, doit faire la preuve de sa pérennité. La matière inaltérable dont est fait le *pamâtnik* manifeste ainsi sa capacité à traverser le temps, et à durer.

Les *pamâtniki* partagent par ailleurs leur localisation (les monuments proprement dits sont toujours situés à l'air libre, dans des lieux accessibles à tous) et une indispensable visibilité. L'intérêt que j'accorde au choix de leur emplacement, tout comme à leurs déplacements éventuels, me permettra de montrer l'impact de leur localisation dans l'espace public sur l'usage social qui peut en être fait.

Mais tous les *pamâtniki* ont aussi en commun leur portée symbolique. En premier lieu, ces objets particuliers que sont les monuments érigés par l'homme révèlent, Hegel le soulignait déjà, *a fortiori* lorsqu'ils sont désignés comme historiques ou comme supports de mémoire, une relation téléologique au temps. Car, en devenant des marqueurs de l'histoire, ou d'une histoire, ces objets d'architecture que sont les monuments commémoratifs perdent la gratuité de l'œuvre d'art pour devenir l'emblème d'une explication finalisée du temps, d'une construction théorique de mon expérience vécue, comme la désignait Georg Simmel [1984]. La portée téléologique des *pamâtniki* se traduit notamment par l'introduction d'une hiérarchie des valeurs conférées au bâti, celle que manifeste précisément la nature des matériaux employés. Nous tenterons donc d'expliciter également ici le contenu de cette explication finalisée du temps que les *pamâtniki* auxquels les Mologžany ont accès donnent à voir.

En second lieu, ces mémoriaux établissent une étroite association entre un ancrage localisé de l'identité et un principe de perpétuation, à partir d'une intégration première et fondamentale du thème de la mort. En effet, les logiques mémorielles à l'œuvre montrent que le jeu complexe de la mise en monument de la mémoire privée et communautaire s'effectue en Russie à partir d'une inscription de la mort et des morts dans l'espace. Nous serons donc également amenés à explorer ici la place et les fonctions assignées à la mort dans la mise en monument de la mémoire.

Mais ces innombrables *pamâtniki* n'ont pas que des points communs. Ce qui les distingue ainsi en premier lieu demeure leurs commanditaires et leurs destinataires : des institutions pour le public élargi des habitants d'une ville ou la population restreinte d'un groupe familial pour elle-même. À partir de cette première et simple différence qui s'instaure entre les publics auxquels s'adressent ces divers monuments, il est possible d'établir un certain ordre et de réfléchir, à partir de lui, sur les fonctions matérielles et symboliques qu'assument ces espaces de mémoire dans l'organisation et la perpétuation de l'identité de la communauté des gens de Mologa. Car la clé de tous ces lieux réside peut-être moins dans leur nature et leur extension dans l'espace que dans la portée de l'usage aussi bien commémoratif qu'identitaire qui en est fait.

BÂTIMENTS ET STATUES

Ma typologie des *pamâtniki* débutera donc par les mémoriaux destinés au grand public et, au-delà de la communauté des gens de Mologa, à tous ceux qui partagent avec les Mologžany leurs espaces publics à Rybinsk. Car, en ce domaine, la situation de Mologa demeure paradoxale. Alors même que la ville fait l'objet d'une intense focalisation de la mémoire collective des déplacés, puisqu'elle est doublement considérée du point de vue du lieu de l'origine de la communauté et de la contrée à partir de laquelle s'élabore la légende communautaire, elle demeure un espace qui n'est marqué d'aucun mémorial ou monument commémoratif.

Il est vrai que Mologa a été totalement détruite avant de disparaître sous les eaux, tous les bâtiments en pierre ayant été dynamités quand ils ne pouvaient pas être démontés et déplacés. Du seul point de vue architectural, il n'y a donc plus aucun bâti, *a fortiori* de monument historique, qui subsiste pour attester de l'existence ou du passé de la ville. La chapelle du couvent Afanassievski, dont le musée Mologa occupe les locaux dans le vieux centre-ville de Rybinsk, et qui est souvent présentée comme l'ultime vestige de Mologa, n'a pas été transportée du territoire englouti mais a été dès l'origine érigée là pour offrir un gîte et une étape aux moniales dans leurs déplacements en dehors du couvent.

Il n'y a donc plus de *pamâtniki* à Mologa. Le bâti public ayant été sciemment et systématiquement détruit, il n'y a pas de mémoire architecturale de la ville. Rien de ce qui a été érigé ne subsiste. Ce qui demeure n'existe que dans le registre de la trace. Il s'agit de quelques pierres sauvées des eaux, de photographies anciennes des bâtiments avant leur destruction, ou de plans d'architectes. Or ces vestiges ne semblent pas faire l'affaire dans un processus commémoratif. Les traces et les vestiges n'ont pas été érigés pour être commémorés. Ils ne sont pas considérés comme des *pamâtniki*.

Mais il n'y a pas non plus de *pamâtnik de* Mologa. Il n'existe pas à ce jour de monument ou de bâtiment dressé pour rappeler l'existence passée de la ville, ni à Rybinsk pourtant toute proche, ni ailleurs. Cette absence, alors même qu'un musée a vu le jour, manifeste peut-être un refus implicite des Mologžany d'inscrire la ville dans le registre du passé. Mologa, en tant qu'espace disparu, n'est commémorée que par de l'éphémère et du périssable : des fleurs jetées dans l'eau lorsque les anciens passent à proximité du site englouti, un pieu de bois planté dans le sable pour marquer l'ancien emplacement d'une maison ou encore quelques briques assemblées à la hâte lorsque Mologa sort de l'eau et qui seront submergées à nouveau lorsque le niveau de l'eau remontera. Il s'agit à chaque fois de pratiques qui s'appuient sur des logiques symboliques, différentes de celles que participent à fonder ces espaces commémoratifs spécifiques que sont les *pamâtniki*.

L'absence de monument commémoratif à Mologa nous a alors amenée à explorer son double et son miroir, à enquêter au sein de l'autre contrée, celle où réside la communauté des gens de Mologa. La ville de Rybinsk, où se concentrent les déplacés, est en effet un espace où l'on repère de nombreux monuments commémoratifs, à la fois bâtiments et mémoriaux. De quels monuments s'agit-il, et quels rapports les Mologžany entretiennent-ils avec ces *pamâtniki*, avec ces lieux de mémoire qu'ils côtoient au quotidien ?

Ces monuments participent au premier chef à restituer une chronologie, celle d'une histoire urbaine locale et parfois nationale lorsque celle-ci est liée à la destinée particulière de l'espace proche. Or il s'avère, lorsqu'on explore la ville de Rybinsk, qu'une première division s'opère. Car tous les bâtiments qui ont été institués en monuments de la mémoire historique ou architecturale relèvent de la période présoviétique : une période pour laquelle autochtones et déplacés possèdent des références communes.

Pour le temps présoviétique, on observe un mélange des références religieuses et profanes. Les monuments historiques sont, en premier lieu, des églises dont l'édification s'étale de 1667 pour la plus ancienne à 1910 pour la plus récente. Des six qui subsistent, cinq sont orthodoxes, et la dernière et la plus récente est catholique romaine. Il s'agit de l'ancienne paroisse polonaise. Les temples protestants et les synagogues qui occupaient des édifices en bois n'ont pas traversé le XXe siècle. Les édifices religieux ont en effet été chronologiquement, depuis la fin du XVIIIe siècle, les premiers signes architecturaux de la prospérité de la cité. Leur nombre comme leur taille traduisait la réussite des communautés professionnelles ou confessionnelles qui présidaient à leur érection. Avant sa destruction, Mologa jouissait d'une richesse architecturale tout à fait similaire.

Par ailleurs, divers bâtiments civils portant l'empreinte de l'activité économique de la ville et de l'essor qu'elle connut au cours du XIXe siècle sont désignés comme des *pamâtniki*. Il s'agit de bâtiments publics toujours en fonction tels que la gare, l'ancienne bourse au grain reconvertie en hôpital pendant la Seconde Guerre mondiale et désormais en musée, le collège technique. Mais il s'agit aussi de bâtiments privés. Ces demeures, qui appartiennent dans leur immense majorité à la municipalité depuis la nationalisation des biens immobiliers privés consécutive à la révolution de 1917, sont d'anciennes maisons et propriétés d'hommes ou de familles célèbres : telles que la maison natale des frères Zolotarev, la propriété des prospères négociants Popov et Žuravlev ou encore le domaine de famille des Mihalkov. Ces édifices sont le plus souvent dans un mauvais état de conservation d'ensemble quand ils ne tombent pas en ruine.

Malgré l'état général de délabrement de nombreux monuments, cette mémoire architecturale est abondamment signalée par les guides touristiques de la ville qui lui consacrent leurs pages principales. Elle est aussi pointée sur des plans de ville et signalée par des plaques de laiton ou de fonte fixées sur les murs extérieurs des bâtiments eux-mêmes, qui indiquent au passant le statut de *pamâtnik istorii i arhitektury* (mémorial d'histoire et d'architecture) assigné à tel ou tel bâtiment, en ne mentionnant que de façon aléatoire la date de construction ou la date de mise en service de l'édifice.

Ces mémoriaux ne sont que très peu appropriés par les habitants, alors même qu'ils se distinguent par le caractère commémoratif qui leur est explicitement assigné. Ils ne servent que très occasionnellement (en dehors des bâtiments publics que sont les églises, la gare, le musée, le collège technique ou encore la propriété des Mihalkov qui est devenue un internat de garçons) de point de repère géographique, de point de ralliement ou de lieu de rendez-vous. Sans les ignorer, la population n'en a qu'un usage fortuit. Les Mologžany n'utilisent aucun d'eux pour leurs cérémonies commémoratives, et leur préfèrent pour se réunir ces lieux neutres et éminemment ahistoriques que sont les salles des fêtes, les cantines d'entreprise et les restaurants. Et si la communauté des déplacés célèbre ses propres monuments disparus, elle ignore et délaisse leurs équivalents érigés à Rybinsk.

Les autres *pamâtniki* que sont les monuments commémoratifs datent tous, quant à eux, de l'époque soviétique. De la période présoviétique ne subsiste en effet qu'un unique socle en granit, celui de la statue de Lénine qui était auparavant celui d'une statue d'Alexandre III déboulonnée pour être fondue au moment de la guerre civile, et dont les inscriptions initiales gravées dans la pierre ont été grattées.

Ces statues, bustes et autres monuments sont les seuls supports publics et visibles de la mémoire collective qui permettent de reconstituer un semblant de chronologie de la période soviétique, les seuls en tout cas à en conserver des traces. Ils sont en effet les seuls à faire figurer des dates – celles de la naissance et du décès des héros, et celles du début et de la fin des guerres – qui permettent un repérage temporel au sein de cette période.

Toutefois, pour l'ensemble des monuments, la conjugaison d'un contexte idéologique spécifique, marqué par un athéisme et un anticléricalisme militants, et d'une conjoncture commune à l'ensemble de l'espace occidental contemporain de déprise de l'influence de l'Église aboutit à une laïcisation générale des *pamâtniki* de la période soviétique. Cette laïcisation se traduit directement dans le choix des sujets de commémoration.

Ceux-ci représentent en premier lieu des guerriers célèbres – tels que l'amiral Ušakov[1], le lieutenant-général Haritonov, le général Batov et le « maréchal rouge » Blûher – qui disposent soit d'un buste, soit d'une statue en pied, érigés en fonte et fixés sur des socles en granit rouge. Mais ces monuments commémorent également des moments marquants de l'histoire du pays. Là encore, une place de choix est accordée aux épisodes de l'histoire militaire qui semblent devoir marquer les mémoires bien plus profondément que les épisodes de l'histoire politique, puisque ceux-ci ne font l'objet d'aucune autre commémoration monumentale que celle de la figure de Lénine.

Un monument de marbre flanqué d'une flamme éternelle commémore ainsi les exploits guerriers et ouvriers des habitants de Rybinsk au cours de la grande guerre patriotique (1941-

1. Dernier en date à avoir été statufié, en 1993, à l'occasion du 250e anniversaire de son décès. Même si le financement de son buste a été décidé avant la chute du régime soviétique, l'amiral Ušakov est ainsi pour l'instant le seul héros de la période post-soviétique à Rybinsk. L'amiral reste en effet une figure extrêmement consensuelle de l'histoire militaire russe et soviétique. Héros des guerres russo-turques et napoléoniennes, décédé en 1817 à l'âge de soixante-quatorze ans, son nom fut attribué à une série de bâtiments navals nucléaires soviétiques, avant que le militaire ne soit finalement béatifié en 2002 et devienne un des saints patrons de la flotte russe.

1945). Un triple monolithe de granit noir est largement consacré à tous les *Rybincy* (les habitants de Rybinsk) qui furent décorés de l'ordre des héros de l'Union soviétique, une récompense le plus souvent attribuée pour fait d'armes. Un autre enfin, plus modeste, composé d'un enchevêtrement de blocs de granit gris et rouge dans lequel est gravé une silhouette humaine aux traits squelettiques tenant un fusil d'assaut dans la main gauche et courbée en arrière comme frappée mortellement au cœur, commémore de façon très consensuelle « ceux qui sont tombés en remplissant leur devoir de soldat par-delà les frontières ». Ce petit monument de moins de deux mètres de haut évoque en effet ces conflits armés qui n'osent pas toujours dire leur nom que furent les guerres de Corée du Nord (1950-1953), d'Algérie (1962-1964), d'Égypte (1962-1963), du Yémen (1962-1963), du Vietnam (1965-1974) et surtout d'Afghanistan (1979-1989), auxquels prirent part les troupes soviétiques. Cette omniprésence de la thématique guerrière est le seul lien qui puisse être établi (sans qu'il soit explicité) avec l'activité économique d'une ville qui fut plusieurs dizaines d'années durant un fleuron du VPK, le complexe militaro-industriel soviétique. Mais ces lieux de mémoire, bien que disposés au milieu de parcs arborés ouverts à tous et situés en centre-ville, sont peu fréquentés. Leurs alentours immédiats demeurent le plus souvent déserts. En dehors des cérémonies du 9 Mai qui célèbrent chaque année la fin de la Seconde Guerre mondiale, ils font l'objet de peu d'entretien et d'attentions particulières. Seuls les jeunes mariés fleurissent le jour de leurs noces la flamme de la mémoire éternelle, dans un geste d'allégeance aux morts pour la patrie.

Pendant la période soviétique, l'identité de la ville fut également mise en monument à partir de la double thématique de son passé ouvrier – nécessairement ouvrier – et de son présent aérospatial, tourné vers la conquête du ciel et de l'espace. Ce dernier thème donna lieu à l'érection de deux figurations allégoriques de métal qui furent respectivement disposées d'une part au centre de l'une des esplanades destinées aux cérémonies publiques à tonalité commémorative, et d'autre part à l'entrée de la principale usine de la ville d'où elle devrait être bientôt enlevée (les travaux avaient débuté à l'été 2002) pour permettre la construction d'un parking. Sa future destination n'était alors pas connue.

Le passé ouvrier de Rybinsk fut, quant à lui, matérialisé en 1977 à l'occasion du bicentenaire de la ville par la figure emblématique d'un *burlak* (batelier) statufié assis, le torse ceint de cordages. La massive figure de fonte représentant le travailleur de force en avatar de l'esclave moderne repose sur une pierre brute extraite des berges de la Volga. Ce monument initialement situé à un carrefour arboré et fleuri du centre-ville fut toutefois déplacé à deux occasions. En 1993, il dut laisser une première fois son emplacement au buste de l'amiral Ušakov. Puis il fut déplacé une seconde fois en prévision de l'érection d'un monument à la mémoire de Pouchkine à l'occasion du bicentenaire de la naissance du poète en 1999. Ce monument qui devait prendre la place de celui de l'amiral – ce dernier prenant la place du batelier – ne vit toutefois jamais le jour faute de financement. Le batelier emblématique est désormais posé là où il fut déplacé la seconde fois, à l'une des extrémités de la promenade aménagée le long des berges de la Volga.

Il semble alors particulièrement révélateur que rien dans l'espace public de Rybinsk ne vienne rappeler directement, ni même se rattacher de façon corollaire, à l'expérience vécue et au passé de la communauté des déplacés, malgré l'importance démographique de celle-ci. En dehors d'une immense statue érigée dans les années 1950 à la pointe de la presqu'île formée à l'extrémité occidentale de la ville par le lac artificiel, qui figure une allégorie du fleuve Volga sous les traits d'une plantureuse jeune femme, l'épisode de l'inondation du territoire n'est évoqué par aucun monument. Son traitement est renvoyé à l'intérieur de l'espace muséographique : un espace certes ouvert au public, mais caché du regard quotidien des passants et dont l'accès est payant. Il en va de même pour ce monumental ouvrage d'art qu'est le barrage de Rybinsk, dont la glorieuse destination ultime (l'alimentation de Moscou en électricité à la veille de l'entrée en guerre) lui valut paradoxalement pendant toute la période soviétique non pas une célébration et une mise en valeur, mais bien un traitement par le secret. Dans une logique de contournement mémoriel des objets potentiellement polémiques, l'espace concentrationnaire des Volgolag dont Rybinsk fut pendant plusieurs dizaines d'années la capitale, et dont nous avons déjà pu voir qu'il donnait lieu à une mémoire collective bien inconfortable, fait quant à lui l'objet d'un durable rejet. Ces camps, dont Rybinsk hébergea la capitale administrative, ne sont rappelés que par une grosse pierre noire sur laquelle est fixée une plaque en cuivre, érigée au début des années 2000 à l'initiative d'un collectif d'anciens déportés. Haute d'un mètre cinquante environ, déposée en plein champ à un croisement de routes à l'extérieur de la ville, elle est recouverte par la neige en hiver et peut rester invisible pour celui qui ne la cherche pas.

S'interroger alors sur les fonctions symboliques et sociales assumées par ces monuments historiques si particuliers appelle un questionnement sur le sens de cette histoire dont les monuments deviennent explicitement les porte-parole. Or il est possible d'observer au sein du paysage urbain une laïcisation des commémorations, corollaire du lent processus qui contribua à laïciser les monuments eux-mêmes et le bâti mémoriel de façon générale. La laïcisation ne renvoie pas à une élimination des rites mais plutôt à l'effacement, orchestré dans le cas de la Russie soviétique, de leurs référentiels religieux, dans un passage au profane des pratiques commémoratives ritualisées.

L'observation des usages sociaux contemporains de ces monuments révèle ainsi, à l'échelle de l'espace post-soviétique tout entier [Wanner, 1998], une laïcisation des représentations de l'histoire, laïcisation que restituent aussi bien l'esthétique de ces monuments que les discours prononcés au moment des cérémonies auxquelles ils offrent des supports et des prétextes. Il est à noter que la laïcisation et la sécularisation des pratiques cultuelles – celles qu'évoque Jean Starobinski [1994, p. VIII, IX] dans sa préface à l'ouvrage du philosophe Horst Günther et sur la portée de laquelle il s'interroge – furent repérables dans l'ensemble du monde occidental dès la fin du XVIIIe siècle.

Sur mon terrain d'enquête comme ailleurs en Russie, les représentations de l'histoire s'affranchirent durant la période soviétique de toute tutelle théologique pour élaborer de façon alternative une instrumentation fondamentalement profane des lieux de cérémonies commémoratives. Il est compréhensible qu'à Rybinsk, comme ailleurs dans le contexte de formation de l'État soviétique, cette laïcisation du bâti mémoriel et des pratiques commémoratives soit allée de pair avec l'émergence d'une interprétation politique et idéologique de l'inscription dans l'histoire fortement teintée d'une téléologie révolutionnaire à consonances marxistes-léninistes. Il faut toutefois souligner que ce type de discours interprétatif de l'ordre du monde, par nature éminemment globalisant, a souvent négligé – et s'en est volontiers abstrait – les préoccupations identitaires et les enjeux mémoriaux certes proprement locaux mais néanmoins fondamentaux pour les communautés bien réelles qui devaient avoir ces monuments en usage. En privilégiant l'instrumentation de référents globaux au détriment de référentiels locaux, le bâti commémoratif soviétique s'est ainsi probablement privé de leviers efficaces pour sa pérennisation.

La laïcisation et le passage d'un registre religieux à un registre politique de l'explication de l'ordre du monde ont ainsi participé de façon collatérale et non intentionnelle à accélérer la désaffection des monuments eux-mêmes. Car les *pamâtniki* de Rybinsk, ces lieux institués en espaces de la mémoire collective, sont désormais largement inusités. Ces monuments sont devenus inutiles. Dans le contexte post-soviétique l'instrumentation, certes laïque, mais avant tout politique et idéologique, dont ils ont fait l'objet tombe en effet en désuétude et devient tout simplement hors de propos. La mobilité de certains monuments, déplacés pour céder leur place à d'autres ou à des aménagements urbains, et ainsi relégués à des espaces secondaires, de même que le peu d'usage public qui en est fait au-delà du seul moment de leur inauguration, montre que ce sont des espaces désinvestis par la pratique sociale. Bâtiments ou monuments, les *pamâtniki* publics sont ainsi désormais globalement hors d'usage, les Mologžany moins que les autres habitants de Rybinsk n'ont de motivations particulières pour y avoir recours.

DE LA TOMBE AU CÉNOTAPHE

La typologie des *pamâtniki* se poursuit alors par les monuments de mémoire instaurés par, et destinés à un public plus restreint, celui des communautés familiales. Les *pamâtniki* privés sont en effet mis en place par des groupes sociaux peu nombreux : de quelques personnes à quelques dizaines de personnes au plus. Ces constructions sont dans leur immense majorité des monuments funéraires, pierres tombales, mausolées ou cénotaphes. Leur nature révèle ainsi d'emblée que la portée du bâti commémoratif reste étroitement liée à la question de la mort, et à l'intégration de celle-ci dans les représentations collectives de la perpétuation des personnes et des groupes sociaux.

La fabrication aussi bien que l'usage de ces lieux de commémoration des défunts relèvent de la production de territoires essentiels pour la mémoire familiale. Mais leur conservation, plus de soixante ans après l'engloutissement de Mologa, revêt également un intérêt communautaire. Car les sites d'inhumation sont des territoires par excellence pourvoyeurs d'identité. La fonction assumée par les monuments qui marquent l'emplacement de la mort est si importante qu'il m'a semblé utile de revenir pour commencer sur les enjeux symboliques dont l'espace d'inhumation est porteur en Russie.

Le moment des obsèques vient en effet symboliquement clore la boucle qui unit un groupe social à son lieu d'origine. Car la *rodina*, ce *topos* déjà surdéterminé en ce qu'il est réputé produire les hommes, devient de façon inéluctable et ultime, au moment de l'enterrement, la terre dont chaque personne naît et à laquelle chacun retourne. Ce retour à l'origine est avant tout destiné à assurer la succession des générations et des lignées, puisque le cadavre vient matériellement et métaphoriquement nourrir la terre, et indirectement ceux qui vont en naître, chaque défunt venant ainsi alimenter le cycle de la régénération du groupe. Alain Besançon cite à ce propos une légende ayant trait au double caractère nourricier et cannibale de la terre :

> Lorsqu'on a commencé à travailler la terre avec la charrue, elle était vivante et criait fortement de douleur, tandis que les sillons tracés se remplissaient de sang. Alors Dieu apparut et lui dit : « Ne pleure pas et ne laisse pas couler ton sang, tu nourriras les hommes, mais tu les mangeras tous aussi. » Alors la terre se consola [Besançon, 1967, p. 43].

Besançon en propose une lecture psychanalytique. Mais, l'image forte qui paraît s'imposer est celle d'une terre qui mange les hommes pour les nourrir, prenant appui sur une configuration symbolique que l'on repère depuis longtemps ailleurs en Europe de l'Est [Lewicki, 1963], celle d'une terre constituée des morts et alimentée de corps et d'ossements.

En suivant cette logique métaphorique, les hommes sont marqués par leur insertion dans un cercle de régénération fermé, dont la terre est le médium. L'image d'une terre anthropophage constituerait ainsi la figure ultime d'un principe de perpétuation de la communauté familiale ou sociale par l'intermédiaire du sol nourricier. Dans un tel espace de représentations, la tombe devient à la fois le signal et la preuve d'une perpétuation en acte. On conçoit alors, dans une telle configuration, que les monuments funéraires puissent représenter des espaces de toute première importance, auxquels les familles accordent un intérêt et un soin tout particuliers sur le long terme. Les pierres tombales marquent et fixent en effet les emplacements effectifs de cette alliance logique et ontologique entre un groupe social et l'espace qui est son producteur.

Un lieu d'inhumation est à ce titre inaliénable. Le déplacement ou la mobilité des sépultures relève d'un outrage symbolique et provoque inévitablement le scandale. En effet, les morts ne se déplacent pas, car ils sont réputés appartenir à la terre au moins autant qu'au groupe social. La portée identitaire du bâti funéraire – tout autant que celle de l'espace d'inhumation proprement dit – est ainsi tout à fait essentielle. Le *pamâtnik* scelle les représentations de la *rodina*, tout en venant servir de caution à l'autochtonie du groupe qui l'érige. Ce lieu ne s'échange pas[2]. À cet égard, et contrairement à d'autres situations similaires dans le monde – comme ce fut le cas pour le barrage de Tignes dans la France des années 1950 ou plus récemment pour le barrage des Trois Gorges en Chine –, les tombes de Mologa n'ont pas été déplacées. L'ensemble du bâti funéraire fut englouti sous l'eau à partir de 1941, et il n'est toujours pas question de le transporter pour le mettre à l'abri.

Car depuis une dizaine d'années, à la faveur d'une baisse constante du niveau du lac artificiel accentuée à la fin de la saison sèche du mois d'août au mois d'octobre, Mologa et ses monuments funéraires émergent à nouveau. Il m'a même été possible lors de deux visites effectuées sur le site en compagnie des membres du *zemlâčestvo* d'en dresser un inventaire photographique. Des deux cimetières autrefois situés aux abords des principaux lieux de culte, un seul est encore très nettement repérable. L'autre, presque totalement ensablé, ne laisse entrevoir que des fragments de monuments brisés sur lesquels les inscriptions sont illisibles. Mais dans celui qui affleure, de nombreuses pierres tombales sont très nettement identifiables. La plupart ont été couchées par les eaux, mais certaines demeurent debout et d'autres ont été relevées.

Les inscriptions, tout autant que la facture classique de ces monuments, attestent leur ancienneté tout autant qu'elles permettent d'établir un lien direct avec certaines familles qui composent aujourd'hui le *zemlâčestvo*. Les dalles de marbre noir, rose ou rouge, les colonnes et les pyramides tronquées, faites du même matériau, qui les surplombent parfois, de même que quelques croix massives en granit, conservent leurs inscriptions intactes.

---

2. À Tchernobyl, les familles qui en font la demande reçoivent, depuis l'accident de la centrale nucléaire qui obligea à évacuer la zone contaminée, l'autorisation de l'administration en charge du territoire de revenir pour procéder à l'inhumation des personnes décédées au loin (dans une logique de « regroupement familial ») tout autant que pour célébrer les cérémonies commémoratives annuelles, les *pominki*.

- Olga Flegontovna Troickaâ, décédée le 1er juin 1906
- Conseiller municipal Aleksandr Ignat'evič Zaharov
décédé le 8 octobre 1910 à 49 ans
- … décédé le 19 juin 1808 à l'âge de 42 ans
(partie inférieure d'une stèle couchée dont la partie supérieure est brisée)

À la faveur de la lecture des textes gravés sur les stèles, c'est l'ensemble de la communauté telle qu'elle pouvait être au moment de l'engloutissement de Mologa qui émerge. Ces *pamâtniki* gardent ainsi et transmettent la mémoire privée des familles, et aussi une part de la mémoire collective de la communauté : ils restituent notamment des liens d'alliance entre certaines familles, de même qu'ils permettent d'établir les liens de germanité entre des branches collatérales qui, en ce début de XXIe siècle, ne sont plus en mesure de repérer que leur homonymie. Le caractère souvent massif et coûteux de ces monuments, tout autant que le soin apporté à leur mise en forme et leur décoration esquissent un tableau sociologique qui laisse entrevoir la prospérité de la communauté avant son engloutissement. Car le faste des monuments funéraires témoigne aussi de l'appartenance des familles désignées à des groupes sociaux florissants. Le caractère manifeste de la prospérité engloutie participe à valoriser et légitimer un peu plus la démarche mémorielle des Mologžany. Le cimetière demeure ainsi l'une des traces de l'histoire sociale de la communauté tout autant qu'il atteste son inscription durable dans le territoire. Ce trait explique que le devenir de ce lieu fasse l'objet d'une attention et d'une inquiétude générales au sein de la communauté des déplacés. Son engloutissement pose en effet, au moins autant que sa réapparition progressive, une série de problèmes.

Les premiers problèmes sont d'ordre écologique et sanitaire. Les marécages créés par le processus d'assèchement progressif, tout autant que la retenue d'eau où les concentrations de boues en suspension sont de plus en plus élevées, représentent un bassin de décantation si ce n'est de fermentation idéal, qui fait de toute la zone un foyer microbactérien de premier ordre. S'y mêlent, en effet, pourriture naturelle des matières vivantes, sédiments minéraux et déchets industriels. La résurgence dans un tel bouillon de culture d'anciennes souches virales et bactériologiques n'est pas exclue par les spécialistes[3]. La présence de cadavres (ceux des habitants de Mologa comme ceux des victimes du goulag) enterrés à une faible profondeur, alors même que le lessivage des sols est important, ne fait que rendre le risque d'un retour possible d'anciennes épidémies plus réel encore. Mais pour l'instant l'accès au territoire n'est pas interdit, et le cimetière de Mologa est même l'un des endroits les plus fréquenté du site lorsqu'il est émergé. La conscience des risques sanitaires encourus s'efface devant les bénéfices symboliques de la visite.

D'autres problèmes posés par l'immersion et la résurgence sporadique des sites d'inhumation et du bâti funéraire sont d'ordre patrimonial et juridique. Il s'agit notamment de questions portant sur la propriété et le devoir de responsabilité envers ces biens et ces espaces particuliers que sont les tombes et les cimetières. Selon la législation en vigueur, la partie émergée constituée des berges du lac demeure sous la juridiction des communes limitrophes qui assument le coût de leur entretien comme les bénéfices éventuels de leur exploitation lorsqu'il s'agit de tourbières, de prairies ou de pâturages par exemple. En revanche, la partie immergée constituée du lac artificiel et des deltas formés par les embouchures des affluents de la Volga (les rivières Šeksna et Mologa) – au même titre que toutes les autres voies navigables du pays – demeure quant à elle sous l'autorité directe de l'État. En l'absence de relevés topographiques récents et précis prenant en compte les modifications intervenues dans le tracé même de la retenue d'eau artificielle, le statut des territoires qui affleurent de façon saisonnière ou durable reste éminemment incertain. Ils ne font pas encore par-

3. Un institut de recherche, l'Institut biologii vnutrennih vod (l'Institut de biologie des eaux douces), situé sur les bords du lac à Borok, dans le disctrict de Nekouz, et dépendant de l'Académie des sciences de Russie, étudie les retombées sanitaires, bactériologiques et biologiques de la création du lac sur l'écosystème régional.

tie des cadastres municipaux et figurent sur les cartes nationales comme des zones si ce n'est navigables, du moins immergées.

Les responsabilités respectives des communes limitrophes, de la région ou de l'État, comme celle que cherche à revendiquer la communauté des déplacés, envers les biens présents sur le site et envers le territoire relève donc d'un flou juridique. La décision d'autorité prise par le *zemlâčestvo* en 1997, après avoir effectué le constat de pillage et observé la disparition de certaines pierres tombales, de réenfouir les tombes dans le sable pour les protéger a eu pour conséquence de repousser à plus tard le règlement définitif du problème sans toutefois reposer sur, ni générer, une quelconque légitimité juridique.

En ce qui concerne les pratiques funéraires et commémoratives, l'engloutissement a tout d'abord posé le problème de la poursuite des pratiques d'inhumation. Dans la configuration symbolique exposée ici, il est nécessaire que les monuments se succèdent pour que les cimetières puissent continuer de témoigner de la pérennité des groupes familiaux et sociaux. Or la communauté des Mologžany enterre désormais ses morts ailleurs, dans les cimetières de Rybinsk et même plus loin encore, sans disposer d'espace ou de carré spécifique. Les *pamâtniki* de la Mologa du début du XXe siècle sont donc restés sans suite, de même que la mémoire du bâti funéraire sans postérité.

Interrogés, les Mologžany, notamment les plus anciens, souhaiteraient pouvoir remédier à cette situation. Car, lorsque l'enterrement ne peut avoir lieu sur la *rodina*, c'est un fort sentiment de tristesse et de frustration, lié à une idée de manque, qui s'exprime. L'éloignement de la terre natale comme du cimetière introduit en effet une rupture dans le cycle de la perpétuation des générations, et l'engloutissement des sites funéraires a eu pour corollaire l'interruption définitive du cycle de la reproduction sociale. Les cimetières de Mologa sous les eaux mettent à mal les fondements symboliques et le principe même de la pérennité du groupe. Cette ultime et insurmontable séparation du lieu qui a vu naître le défunt et qui doit l'accueillir en retour est pour tous les anciens, et à chaque décès de Mologžanin, un inépuisable sujet de plainte et de déploration. Les plus âgés formulent désormais explicitement le souhait d'obtenir le droit de se faire inhumer sur le site, faisant renaître aussi le rêve de voir se réactiver le cycle de la régénération de la communauté. Mais les tombes sont aussi un espace destiné à la commémoration.

Lors des fêtes de Pâques, les familles russes se rendaient en effet traditionnellement sur les tombes des défunts pour y apporter des offrandes : un œuf rouge, des mets pascaux qui étaient bénits au cours de cérémonies spécifiques se déroulant au cours de la semaine sainte, et de l'alcool. C'est la *Radunica.* Selon l'étymologie populaire : la fête de la joie. L'instauration de l'État soviétique n'a pas mis à mal ces coutumes, la commémoration des morts y étant autant, si ce n'est plus, qu'ailleurs extrêmement légitime. Jusqu'au début du XXe siècle, ces visites avaient lieu dans la nuit même où était célébrée la liturgie de la résurrection (du samedi au dimanche), mais de nombreuses familles les effectuent désormais pendant le dimanche pascal ou au cours de la semaine qui suit la fête de Pâques tout autant que le jour même de la *Radunica.* Le contexte soviétique n'a en rien changé les habitudes, tout juste a-t-il contribué à laïciser plus vite les pratiques commémoratives en les détachant du support rituel religieux qui était le leur dans la Russie tsariste. L'ampleur de ces déplacements commémoratifs est telle qu'à Rybinsk la quasi-totalité des transports en commun est détournée pour être affectée durant le dimanche de Pâques et le dimanche suivant à la desserte des cimetières, vers lesquels se dirigent par colonnes entières des milliers de personnes.

Les tombes des cimetières en activité sont généralement flanquées de petits bancs et éventuellement d'une table, entourés de barrières en bois ou de clôtures basses en fer forgé qui délimitent l'espace familial. Les *pamâtniki* accueillent alors les parents qui viennent allumer une bougie ou une petite lampe rouge et partager avec leurs défunts alcool et nourriture. Le cimetière devient ainsi à la fois le lieu de retrouvailles familiales mais aussi territoire de cohésion communautaire par excellence. Au fil des ans, les emplacements des sépultures deviennent des espaces de production et de perpétuation de la mémoire familiale et sociale. Pour une petite ville comme l'était Mologa avant son engloutissement, le voisinage résidentiel se doublait en effet durablement et non fortuitement d'un voisinage funéraire. Les espaces sociaux de l'interconnaissance conservaient ainsi la possibilité de traverser les époques et les siècles. Les tombes qui peuvent faire figurer, en plus des noms et des dates de naissances et de décès des parents, des indications sur leur activité professionnelle ou encore le rôle joué au sein de la communauté villageoise ou urbaine, et plus récemment une photographie souvenir, y servent alors à tous de support mnémotechnique majeur.

Il faut souligner par ailleurs que les cérémonies religieuses orthodoxes qui accompagnaient traditionnellement les commémorations sont rythmées par un chant spécifique dédié aux défunts, par lequel les vivants leur promettent explicitement *večnaâ pamât'*, une mémoire éternelle. Ce chant aux paroles très simples, empreint de lenteur et de gravité solennelle et dont la mélodie est aisément mémorisable, fait toujours partie intégrante du patrimoine musical collectif. Il souligne et illustre le fait que la mort d'un parent ou d'un proche est toujours envisagée dans l'ordre de l'éternité, et que cet événement est incorporé de façon durable et non éphémère dans la temporalité de la parentèle. Car c'est l'activité du souvenir et de la mémoire collective, c'est-à-dire la pratique commémorative elle-même, qui demeure de façon ultime garante et pourvoyeuse d'éternité. Les morts du groupe rendent cette mémoire éternelle possible en lui donnant un contenu. Les monuments funéraires leur offrent, quant à eux, un espace pérenne de construction et de reproduction. Ce faisant, les défunts fondent symboliquement et ordonnent chronologiquement une part importante des référents identitaires de la communauté, de même que les cimetières permettent que s'organise la mémoire longue qui en constitue le socle symbolique.

Toute rupture introduite dans l'espace commémoratif représente donc une fracture majeure dans l'ordre de la construction mémorielle. L'inondation du territoire et l'engloutissement des cimetières de Mologa se sont ainsi traduits par une première et longue étape de plusieurs dizaines d'années marquées par une grande frustration atténuée par quelques tentatives de procéder à des commémorations palliatives. Ainsi, une dizaine de Mologžany purent accompagner à la fin des années 1980, à un moment où le contexte politique intérieur le rendait aussi possible, une expédition maritime affrétée par le musée de Rybinsk et destinée à filmer les fonds du lac mis à portée des caméras par un abaissement artificiel du niveau de la retenue d'eau. À cette occasion, les représentants des déplacés purent lancer des fleurs dans l'eau à l'endroit identifié comme se trouvant au-dessus des tombes englouties de leurs parents.

L'expédition fit à l'époque l'objet d'un film documentaire (intitulé *Raskinulos' more široko*[4]) qui contribua à fixer l'image de ce geste commémoratif initiateur d'une période où quelque chose de l'ordre du souvenir collectif redevenait possible. Car, de ce moyen-métrage d'une trentaine de minutes, montré régulièrement au cinéma de la ville de Rybinsk, on retient moins les mauvaises images sous-marines (de la vase, des particules en suspension issues de la décomposition de la flore engloutie, et quelques vestiges dont on peine à identifier les contours et la nature) que les scènes pathétiques où cette poignée d'hommes et de femmes vieillissants cramponnés au bastingage du bateau, de frêles œillets rouges à la main, ballottés par la houle et en larmes, scrutent silencieusement les fonds boueux.

Depuis qu'un retour sous forme de visites ponctuelles sur le site de Mologa est à nouveau possible, les Mologžany procèdent à d'autres célébrations commémoratives. À chaque voyage, les tombes sont fleuries. Certains envisagent d'ériger des cénotaphes qui viendraient rappeler ceux qui sont morts au loin et qui n'ont pu être enterrés là. Et lorsqu'il est possible d'obtenir qu'un prêtre accompagne le groupe, comme ce fut le cas par exemple à la fin de l'été 2000, la communauté fait célé-

4. Réalisateur N. Makarov, Leningrad, 1987.

brer le rituel commémoratif des défunts, la *panihida*, en mémoire de tous les morts de Mologa.

Si cette récente visibilité est interprétée par de nombreux Mologžany comme un signe que la ville de Mologa ne veut pas disparaître, elle débouche aussi sur une réelle vulnérabilité du territoire. Ces grandes étendues de sable ponctuées, çà et là, de vestiges à demi enfouis provoquent chez le spectateur un profond sentiment d'abandon. Le site qui émerge est ainsi identifié par la population locale à un territoire mort et délaissé. L'impression d'abandon, qui rend possibles toutes les nuisances et les dégradations, a notamment contribué à accélérer les pillages contre lesquels les tombes de la communauté ont récemment dû être protégées. Cet enfouissement décidé par le conseil du *Mologskoe Zemlâčestvo* et réalisé à la hâte par une brigade de jeunes conscrits empruntés contre rémunération à un casernement voisin aboutit à une situation paradoxale. À peine émergées, les tombes ont été recouvertes volontairement de sable. Car elles sont finalement plus utiles enfouies, invisibles mais présentes aux pratiques commémoratives, si ce n'est aux regards.

L'enterrement des tombes encourage alors le passage à une réappropriation d'un nouvel ordre. On observe la mise en place d'un registre commémoratif renouvelé à travers les projets de cénotaphes et l'installation de différents signes destinés à estampiller à nouveau l'espace commun de l'empreinte de la communauté. Lors de leurs visites sur le site les Mologžany procèdent à un nouveau marquage du territoire de la ville, marquage qui sert à organiser les visites suivantes en faisant office de repère et de véritable scansion spatiale aux pratiques commémoratives.

La création de ces nouveaux repères, qui a lieu sans discontinuer depuis que Mologa émerge à nouveau, fait la preuve de la mise en œuvre d'une logique de réappropriation de territoire par la communauté des déplacés. Il ne s'agit plus seulement pour elle de retrouver et d'utiliser d'anciens *pamâtniki,* mais il s'agit bel et bien d'en créer de nouveaux. Ces créations commémoratives montrent la dimension éminemment dynamique des logiques mémorielles. Celles-ci ne s'envisagent en effet qu'à travers un principe de reproduction qui incorpore une forte part de renouvellement et même d'innovation. Ainsi l'usage des vieux *pamâtniki* s'accompagne nécessairement de la création de nouveaux monuments qui viennent à la fois les conforter et en légitimer l'existence.

Pour les Mologžany, l'un des impacts les plus importants du déplacement se traduit par le bouleversement du mode traditionnel d'appropriation des différents territoires qui servent spécifiquement de support et d'ancrage à l'identité de la communauté. Ce bouleversement oblige les gens de Mologa à adapter les modalités d'appropriation de l'espace à de nouvelles réalités marquées par leur propre éloignement, d'une part, et la destruction de Mologa d'autre part. Or l'observation de la façon dont les territoires producteurs et pourvoyeurs d'identité sont désormais représentés, rêvés et symboliquement utilisés montre que, loin de renoncer à ce qui a été englouti, la communauté des déplacés procède à la mise en place d'une logique de réappropriation des espaces importants et utiles à sa propre pérennisation. Cette logique compose avec la manipulation de l'histoire et du passé, et se révèle être de l'ordre d'une reconstruction rétrospective de ce qui est advenu. L'analyse des lieux à partir desquels s'organise l'identité de la communauté montre ainsi la part de distorsion des souvenirs à laquelle l'instrumentation de ces espaces permet de procéder.

S'approprier des espaces impose en effet une mise en ordre et en scène d'un certain nombre de représentations nécessaires à la lecture tout autant qu'à l'interprétation de la signification conférée à ces espaces. Ce sont ainsi les représentations de l'inscription dans le temps de la communauté qui sont modifiées pour s'adapter aux transformations géographiques. Ces représentations, qui s'appuient sur l'inscription des individus et des groupes sociaux dans la longue durée, évacuent toute chronologie précise pour finir par privilégier, dans le récit, la forme du mythe, notamment celui de l'Atlantide, sur celle de l'histoire.

Dans les pratiques de reconstruction du lien d'identification au territoire, on observe que l'élément dynamique semble être, de façon paradoxale, non pas une quête d'érudition susceptible de fournir des référentiels stables (essentiels recours de savoirs et de sens) mais bien au contraire l'amnésie (ou tout du moins l'oubli) et le secret. C'est le cas de l'usage élargi qui est fait de l'autocensure. La mention de certains éléments topiques ou événementiels et de certaines données chronologiques, s'ils ne sont pas totalement évacués, est en effet volontiers remisée hors de l'espace onirique utile, en dehors de la part de mémoire vive de la communauté.

La dernière étape de ce parcours propose donc de s'intéresser précisément aux usages non plus seulement symboliques, mais véritablement pratiques de ces espaces identitaires et de ces représentations de la pérennité du groupe. Elle fournira également l'occasion d'examiner comment fonctionne la dynamique mémorielle de conservation et de restitution des souvenirs des gens de Mologa. Il s'agira tout particulièrement de pointer la place accordée au secret, à l'omission et au déni dans les pratiques commémoratives elles-mêmes.

III

Les pratiques commémoratives

Dans les sociétés occidentales, ces deux mémoires, l'une de « papier », l'autre de « parole », ne s'excluent pas l'une l'autre. Bien au contraire, elles sont solidaires, s'épaulent, se complètent. Au reste, elles s'appuient sur les mêmes supports : des objets reçus, partagés, transmis dont on sait l'origine, l'histoire ou le devenir ou un lot de photographies, commentées, distribuées entre parents et qui ont pour fonction de « thésauriser » l'héritage familial, tout un ensemble donc d'outils mnémotechniques chargés de cerner la place et la signification de telle liasse de papiers de famille, d'ancrer ou de raviver des anecdotes illustrant la vie de tel personnage figurant sur une photographie. Si bien qu'entre ces deux mémoires il n'existe pas de coupure mais un constant va-et-vient entre les différents ordres du témoignage, entendu, vu ou vécu, lu ou appris. Chacune de ces mémoires exige son propre décryptage, car elles s'interpénètrent, se brouillent l'une l'autre. De sorte que l'ethnologue, dont le travail consiste à susciter des paroles de mémoire, doit sans cesse s'interroger pour savoir s'il enregistre de l'écrit parlé ou de l'immémorial appris.

Ici, non moins qu'ailleurs, on ne saurait faire l'économie sur le temps [Zonabend, 2000].

Pour clore cette étude des façons de faire la mémoire en Russie, je souhaiterais distinguer d'une part les pratiques proprement communautaires, qui fournissent l'occasion et les moyens aux déplacés de parler d'une même voix et d'agir simultanément d'une même façon, et d'autre part les pratiques privées qui renvoient à des façons plus intimes et plus discrètes de composer la mémoire de Mologa. Cette distinction me permettra en effet de m'arrêter plus longuement sur des pratiques commémoratives accomplies en groupe et fortement ritualisées, c'est-à-dire organisées et répétées afin de générer l'adhésion et la croyance à certaines idées clés et à certaines représentations. Il est par ailleurs possible de repérer d'autres pratiques, plus intimes et plus « sauvages », qui offrent la possibilité de mettre précisément en lumière le rapport de la mémoire aux objets et aux supports matériels de la mémorisation que sont les lettres, les documents personnels mais aussi les meubles, les vêtements et les objets du quotidien. Distinguer le collectif de l'intime offre également la possibilité de mettre en lumière la coexistence de logiques de dévoilement, qui trouvent leur source dans la libération de la parole mémorielle entamée dès la fin des années 1980, et de logiques de déni ou de silence.

La question du secret représente ainsi le fil conducteur de cette dernière partie. En effet, l'enjeu principal des pratiques que je propose d'analyser ici demeure la maîtrise du jeu de la construction mémorielle et, à travers lui, celle de la perpétuation symbolique de la communauté. Il s'agit bien pour les gens de Mologa, à la faveur de transformations qui sont tout autant celles d'un régime politique que celles de modes de vie, d'organiser leurs souvenirs et, ce faisant, de déterminer les éléments identifiants de leur communauté, dans le contexte spécifique d'une ville de province longtemps fermée aux autres, étrangers mais aussi non-résidents. Ce contexte porte encore les marques de la période soviétique, lorsqu'un secret omniprésent et multiforme – qui pouvait prendre pour objet des informations infimes aussi bien que stratégiques – innervait l'ensemble du champ des pratiques sociales, au point d'en représenter le maître mot.

Il s'agira donc d'esquisser ici une anthropologie du secret en s'attardant sur le jeu qui peut s'établir entre ce qui est montré et ce qui est caché, en questionnant les oppositions instaurées entre ce qui peut et doit être dit et ce qui ne peut pas ou ne doit pas l'être, et de façon ultime en réfléchissant sur cette part de mise en abîme et de silence avec laquelle la remémoration des Mologžany se révèle composer. Car dans cette Russie post-soviétique des provinces, si la libération tardive et progressive de la parole publique et privée a favorisé chez mes interlocuteurs le dévoilement de leurs préoccupations et de leurs souvenirs, elle ne s'est pas pour autant accompagnée de l'effacement total des mécanismes symboliques et rhétoriques de protection et de défense acquis à l'époque soviétique. Ce sont ces mécanismes qu'il s'agira ici de repérer et de comprendre.

Dans le contexte particulier de cette enquête consacrée à une communauté à nouveau autorisée à faire publiquement un retour sur son passé, nous proposons alors de mettre au jour non pas tant le contenu des secrets que leurs modalités d'existence et les fonctions symboliques et sociales qui leur sont assignées. L'usage du secret révèle et désigne en effet en creux ce qui fait l'objet d'un enjeu de pouvoir. Nous suivrons en cela l'approche proposée par l'anthropologue Jean Jamin lorsqu'il s'interroge sur les lois du silence et la fonction sociale du secret :

> Il faut d'abord se démarquer des perspectives et analyses linguistiques et sémiologiques, car c'est moins l'étude de la langue, des discours proprement dits, des codes, des signes ou du symbolique qui nous intéresse ici que celle de leur fonctionnement, de leurs usages, mésusages ou non-usages par des acteurs sociaux *en situation* et *en relation*. Toute parole, tout discours, qu'il soit tenu ou retenu, met en place et en scène des groupes ou des catégories sociales qui sont dans un rapport aux pouvoir-dire et aux savoir-dire, qui définissent selon une logique à découvrir des pouvoir-faire et des savoir-faire [Jamin, 1977, p. 10].

Nous nous demanderons, en prolongeant le cours de ces réflexions, si véritablement, dans ce monde particulier et dans ce contexte précis (soviétique et post-soviétique) qui fut et qui est désormais celui dans lequel s'élabore la mémoire collective de la communauté des déplacés, la loi sociale est la loi du silence : « La loi sociale serait-elle ici, comme le suggère par ailleurs Marc Augé, une loi du silence où la stratégie du pouvoir consisterait précisément à taire et à se taire ? » [Augé, 1975, p. 226]. De ce point de vue, le régime des secrets qui entoure certaines pratiques ritualisées clés, telle l'initiation, pourrait être l'expression privilégiée de cette loi, et l'on peut s'interroger sur leurs fonctions sociales [Jamin, 1977, p. 11].

Dans la mesure où la construction d'une mémoire communautaire relève aussi bien d'une stratégie identitaire que de pratiques de communication à travers la production de référents fédérateurs, son étude s'apparente en premier lieu à une anthropologie symbolique des discours. L'objectif assigné ici vise pourtant à dégager – dans une perspective qui pourrait aussi être celle d'une anthropologie du pouvoir – des principes d'articulation et d'assemblage entre des façons de codifier ou d'organiser des représentations, des façons de les énoncer et de les transmettre, en mettant ainsi au jour les relations d'ordre ou de pouvoir que ces manières de faire participent à mettre en place et à légitimer.

6

Ensemble

Čvžaâ bol', ne bolit.
(La douleur des autres est indolore.)

En visite sur le site de Mologa à l'été 2003, un groupe d'anciens habitants fait célébrer une messe à l'attention des défunts (photo R. Vaskov).

Commémorer à l'échelle du groupe tout entier nécessite d'être ensemble. Or il apparaît que les modalités de rassemblement des anciens déplacés ont évolué entre le moment de l'inondation et la période contemporaine pour déboucher sur une institutionnalisation progressive du groupe des Mologžany. Après la dispersion et l'éclatement géographique de cette communauté à la fin des années 1930, on observe en effet une lente progression vers les retrouvailles. Une première période, qui se poursuit tout au long du mandat de N. Khrouchtchev jusqu'au début des années 1970, est marquée par la solitude et le silence des familles de Mologa. Ce silence, qui procède autant d'un fort vécu victimaire que du poids de la mémoire officielle qui n'accordait pendant les années rigides du régime soviétique aucune légitimité à l'expression d'un sentiment nostalgique ou de regrets du passé, joue en faveur de la mise à l'écart des déplacés. Marqués au même titre que le reste de la population soviétique par la mise en place, à tous les niveaux de la réalité sociale, de l'expérience collectiviste et socialiste, les Mologžany sont incités à se taire sur tout ce qui produit ou rappelle de la différence et à maintenir le secret sur leur histoire. Les déplacés sont, de plus, pendant la durée de la guerre et la période de l'immédiat après-guerre moins occupés par des questions de perpétuation symbolique que par l'organisation de leur survie matérielle. Celle-ci passe par l'apprentissage de pratiques et de logiques qui participent – à grand renfort d'idéologie égalitaire et de rhétorique volontariste – à l'effacement des revendications particulières, si ce n'est des distinctions identitaires non conformes.

Une communauté informelle se reconstitue pourtant par étape pendant deux décennies. Elle gagne en réputation et en taille à partir du milieu des années 1980, à la faveur de l'instauration de la période de *glasnost'* et de *perestroïka* gorbatchévienne et de l'arrivée à l'âge mur de ceux qui étaient des enfants au moment de l'inondation, pour évoluer vers l'institutionnalisation du groupe. Les réunions annuelles, qui rassemblent depuis l'été 1972, lors du deuxième samedi du mois d'août, les déplacés pour un repas du souvenir, perdent ainsi progressivement de leur caractère informel.

Ceux qui s'appellent entre eux des *zemlâki* (compatriotes) – dénomination qui établit un lien commun à la terre (*zemlâ*) – se retrouvent d'abord à une quinzaine dans le jardin de l'un d'eux. De proche en proche, le groupe s'agrandit et ces rencontres connaissent un succès élargi et même une reconnaissance des pouvoirs publics qui se manifeste par le financement partiel des rencontres commémoratives rapidement délocalisées vers des lieux suffisamment grands pour accueillir les dizaines et finalement les quelque 300 personnes impatientes de se retrouver. La conscience communautaire ravivée par l'implication, dans la logistique de l'organisation de la communauté, de générations plus jeunes débouche à la fin des années 1990 – alors que la critique du passé soviétique est possible et sans danger politique – sur la naissance d'un groupe officiel rassemblant une centaine de familles cotisantes, doté d'un statut d'organisation non gouvernementale (ONG) et de représentants légaux. La communauté des déplacées choisit en effet en 1998 d'apparaître pour la première fois de façon formelle et de revêtir la forme juridique et non plus seulement sociale du *zemlâčestvo*, c'est-à-dire celle d'une association à but non lucratif de type mutualiste.

Il faut toutefois souligner que la naissance officielle du *Mologskoe Zemlâčestvo* fut, si ce n'est directement provoquée, du moins accélérée par des faits de dissidence. Lors de l'été

1995, une poignée d'anciens habitants de Mologa, réunis dans une organisation non commerciale à visée culturelle intitulée *Mologskaâ Slobodka* (le village de Mologa), organisèrent en effet sans en référer au reste de la communauté, ni même à ses principaux animateurs, une croisière musicale sur la Volga animée par l'ensemble *Nasledie* (patrimoine), en utilisant pour la promouvoir le nom de la ville engloutie, des photographies et des textes appartenant à certains Mologžany et mettant en avant une représentation publique de l'identité collective perçue par de nombreux participants à la réunion annuelle habituelle comme l'appropriation indue d'un bien commun. L'institutionnalisation de la communauté des déplacés, envisagée et évoquée depuis plusieurs années, se concrétise alors afin d'affirmer la légitimité du groupe face à ce qui est perçu comme une exploitation détournée, indue et spoliatrice de son identité. La constitution d'un groupe formel offrant une lisibilité sociale forte, comme l'est le *zemlâčestvo,* doit ainsi représenter un premier support pour une reconnaissance sociale élargie.

La forme associative choisie par la communauté est très ancienne puisqu'elle renvoie à des regroupements de type mutualiste qui existaient déjà dans la Russie tsariste du XIXe siècle. Les *zemlâčestva* y fédéraient alors des individus revendiquant une même provenance géographique (locale ou régionale) ou une même souche ethnique. La solidarité naît en cela d'emblée d'un sentiment d'origine commune, renvoyant à l'idée de *nation* telle qu'elle fut utilisée à l'époque moderne. On dispose de peu d'informations pour situer historiquement et géographiquement l'apparition de ces organisations associatives. Des *zemlâčestva* sont repérés dans les grandes villes de la Russie prérévolutionnaire au sein de grandes institutions (université, armée) comme au sein de la société civile, où ces réseaux de solidarité agissent comme de puissants vecteurs d'intégration sociale et professionnelle. Toujours fondé sur un sentiment d'appartenance territoriale partagée, le phénomène du *zemlâčestvo,* dans sa version populaire, fut alimenté par la culture de *l'othodničestvo*, qui amena les paysans russes à rejoindre les villes pendant l'hiver pour y trouver un emploi saisonnier. Il est en effet certain que les pratiques de circulations entre les espaces ruraux et urbains sont ainsi venues nourrir les premières formes de mutualisme social [Burds, 1998 ; Alpern Engel, 1994].

L'institutionnalisation de la communauté des déplacés sous la forme d'un *zemlâčestvo* permet donc aux anciens habitants de Mologa et à leurs descendants d'offrir une image d'eux-mêmes fédérée, mais aussi extrêmement légitime et consensuelle dans l'espace culturel russe. L'un des premiers intérêts de l'institution que devient le groupe rassemblé est de ménager un passage du discours identitaire des Mologžany de la sphère privée à la sphère publique par la médiation de l'associatif et du collectif.

L'institutionnalisation voit par ailleurs le jour en 1998, près de sept ans après la dissolution de l'URSS, dans un contexte où l'engagement social est désormais débarrassé d'enjeux si ce n'est politiques tout du moins idéologiques, et des risques afférents propres à la période soviétique. L'existence associative représente pour les familles déplacées un double intérêt : à l'extérieur et pour les autres, elle leur permet d'apparaître comme une communauté unie et unique ; à l'intérieur et pour soi-même, elle permet d'harmoniser et de consolider les voies de la perpétuation du collectif. Ce faisant, le groupe procède à un travail sur la mémoire de son propre passé qui sert en premier lieu de ciment pour l'identité commune. J'ai choisi d'examiner ce travail à partir de trois moments clés de la vie communautaire, qui réfèrent aussi à trois modalités de l'être ensemble, en observant successivement les repas, les usages de l'espace muséographique et les retours effectués à Mologa.

LES RÉUNIONS DU *ZEMLÂČESTVO*

Les rassemblements des membres de la communauté prennent différentes formes. Dans leur acception la plus restreinte, ces rassemblements s'identifient tout d'abord aux simples réunions du *pravlenie* (le conseil d'administration de l'association) qui procèdent à l'examen de questions principalement logistiques et plus rarement administratives ou juridiques. Le président, le secrétaire, le trésorier et quelques administrateurs, une dizaine de membres au total, débattent ainsi, à la faveur de réunions qui se déroulent le plus souvent dans les locaux du musée, du présent et du futur de l'association, tout autant que de la préparation des rassemblements et des manifestations qui ponctuent le calendrier commémoratif de la communauté.

Cette poignée de Mologžany constitue ainsi, de fait si ce n'est de droit, le groupe des porte-parole de la communauté auprès de ses principaux interlocuteurs : en premier lieu les élus locaux et les chefs d'entreprise qui apportent une aide financière et matérielle à la préparation des diverses manifestations commémoratives, et de plus en plus des journalistes. En effet, la visibilité acquise par la communauté a généré un intérêt croissant des médias. Ces trois dernières années ont ainsi vu se succéder plusieurs reportages réalisés par diverses chaînes de télévision russes et étrangères et plus récemment encore une série d'articles de la presse nationale et internationale relatant l'histoire du territoire englouti[1]. Et ce sont à chaque fois les membres du conseil d'administration de l'amicale qui se sont prêtés au jeu des interviews, des témoignages et des entretiens filmés. Au-delà d'une simple représentation officielle des déplacés, le *pravlenie* procède *de facto* à l'élaboration de la politique de communication de l'association à partir d'une maîtrise conjointe de la diffusion des sources d'information et d'un discours si ce n'est officiel du moins convenu sur la destinée de la communauté. Les prises de position et les discours qui sont ensuite perçus de l'extérieur comme étant ceux de la communauté tout entière s'élaborent exclusivement au sein de ce petit groupe.

Mais les moments clés des rassemblements communautaires demeurent les grandes réunions annuelles qui ont lieu à

---

1. *Cf.* les articles parus en Russie dans les *Izvestia* des 25 et 26 juin 2003 et l'article paru le 1er juillet 2003 dans le *Guardian*.

Rybinsk en avril et en août. Ces rassemblements se concluent par de longs repas que précèdent diverses manifestations culturelles (représentations théâtrales et musicales) ou scientifiques (conférences et colloques). Ce sont ces événements qui regroupent le plus grand nombre de personnes déplacées. Leur organisation repose en effet sur l'envoi d'une invitation formelle à tous les membres cotisants du *zemlâčestvo,* que viennent relayer un intense bouche-à-oreille au sein de la communauté élargie et parfois la publicité supplémentaire d'une série d'annonces par voie de presse.

Les rassemblements ont lieu le deuxième samedi du mois d'août, en continuité avec les premières réunions informelles des déplacés, et autour du 14 avril pour les anniversaires de l'inondation du territoire. Les réunions d'avril rassemblent à Rybinsk entre 100 et 200 personnes en grande majorité originaires de la ville et de la région quant à celles du mois d'août ; elles permettent aussi à ceux qui résident au loin (à Saint-Pétersbourg, à Moscou et parfois dans d'autres républiques de l'ex-URSS devenues depuis une dizaine d'années des États indépendants), et qui rendent visite durant l'été à leurs familiers et leurs proches restés à proximité de Mologa, de participer aux manifestations commémoratives estivales. Ces dernières peuvent ainsi regrouper jusqu'à plusieurs centaines de personnes.

Lors de ces rassemblements, les représentants des générations les plus âgées restent les plus nombreux. La présence massive de retraités rend ainsi très visible le déséquilibre des classes d'âge au sein d'une communauté vieillissante, mais elle contribue aussi à produire un fort effet de cohérence de l'assemblée. Les générations plus jeunes, moins nombreuses, restent discrètes malgré leur implication active dans la survie de la communauté et l'organisation des événements festifs. Quelques jeunes enfants d'une dizaine d'années accompagnent parfois leurs grands-parents. Chacun est soigneusement habillé : les femmes en chaussures à talons sont maquillées et coiffées avec application, les hommes en costume et cravate arborent leurs décorations militaires éventuelles, les enfants endimanchés se tiennent sages.

Les manifestations culturelles, qui précèdent les grands repas commémoratifs, peuvent avoir lieu dans l'un des nombreux palais de la culture de la ville (financés et administrés par les grandes entreprises locales) ou encore dans le Centre culturel appartenant à la municipalité. Ces manifestations revêtent différentes formes, mais toutes conservent une forte et intentionnelle portée évocatrice du passé et de l'identité de la communauté. Il peut ainsi s'agir de la lecture de poèmes ou de textes en prose. Ceux-ci sont le plus souvent composés par les Mologžany eux-mêmes et consacrés au territoire englouti, mais ce sont parfois aussi des textes plus anciens d'auteurs classiques célébrant l'amour de la patrie et l'attachement à la terre natale. Ces compositions peuvent même faire l'objet d'une mise en musique, et alors être chantées par des solistes ou des chorales, *a cappella* ou accompagnés au piano, à l'accordéon, à la guitare ou à la balalaïka. Les refrains les plus célèbres sont alors repris en chœur par la foule. Ainsi se constitue, au fil des célébrations et des ans, une sorte de fonds poétique et musical partagé, fait de mélodies connues et reconnues – dont certaines telle la chanson *A mne by v Mologu* (Et moi je retournerais bien à Mologa) dont le texte fut composé il y a une trentaine d'années par le parolier Valeri Susanin, sont devenues emblématiques –, mais aussi de vers récités ou d'expression répétées dont la fortune servira d'autant d'éléments d'identification et de supports de connivence à l'intérieur de la communauté.

Les manifestations culturelles peuvent enfin et également consister en de courtes représentations théâtrales. Les organisateurs n'hésitent pas à faire appel à de jeunes troupes de comédiens pour interpréter des dialogues ou des textes, comme le *Potop* (L'inondation) de la jeune dramaturge Xénia Dragounskaia [2004], composés pour la circonstance, qui viennent mettre en scène l'histoire de la ville engloutie, l'épisode tragique de l'évacuation et de l'inondation, et la destinée de la communauté des déplacés. L'objectif de ces petits spectacles est double. À un premier niveau, ils se parent en effet de vertus pédagogiques puisqu'ils permettent de rappeler le déroulement des événements et d'entériner ainsi une version convenue de la tragédie collective.

Mais, à travers l'émotion partagée que suscite le spectacle, il s'agit également d'œuvrer à légitimer le statut de victime que revendiquent les déplacés et leurs descendants. La fonction commémorative et identitaire d'une mise en scène théâtrale du passé tragique de la communauté vise en effet aussi à consolider le bien-fondé de l'image que les anciens de Mologa donnent d'eux-mêmes. Rien de polémique, d'ambigu ou de scandaleux n'affleure dans ces représentations qui n'évoquent que très allusivement la mise en place des camps de travaux forcés, et qui n'abordent jamais le contexte ou la dimension politique du projet *Bol'šaâ Volga*, des soutiens, des collaborations spontanées ou contraintes ou, au contraire, des oppositions qu'il a pu générer.

Programme

Du déroulement les 22-23 avril 2001 à Rybinsk des « journées mémoire de Mologa »

Liées au 60e anniversaire de l'inondation du territoire situé entre les rivières Mologa et Šeksna et la formation du Réservoir de Rybinsk

22 avril, dimanche

5.00-7.00 – Arrivée des participants et des invités des « journées mémoire de Mologa ». Installation dans les hôtels de la ville.

8.00-9.30 – Liturgie dans l'église de L'icône de la Vierge, ville de Rybinsk.

10.00-11.00 – Enregistrement des participants des « journées mémoire de Mologa » (OKC ul. Čkalova, 89).

11.00-11.45 – Ouverture officielle des « journées mémoire de Mologa ».

11.45-13.30 – Composition musicale et littéraire « Se souvenant de Mologa ».

13.30-14-30 – Pause déjeuner.

14.30-15.30 – Présentation de films sur Mologa et sa région.

15.30-17.00 – Soirée musicale et littéraire « Mologa. Poèmes et chansons ».

Les manifestations à caractère scientifique qui précèdent les repas commémoratifs se déroulent, pour leur part, soit dans les salles du Musée d'art et d'histoire de la ville, soit dans le grand amphithéâtre du Centre culturel pour tous. Il peut alors s'agir de présentations et de discussions d'ouvrages récemment publiés, d'expositions ou de colloques [*Mologa,* 2003]. Là encore, Mologa demeure le sujet principal et le plus souvent direct de ces événements qui rassemblent aussi bien des scientifiques professionnels que des amateurs, des érudits ou de simples curieux. Il s'agit alors d'apporter un éclairage sur un aspect ou un point particulier de l'histoire de Mologa, tout autant que d'offrir une caution scientifique au point de vue des Mologžany. L'érudition et les débats d'ordre général ou même technique sur l'avenir des territoires sont ainsi les bienvenus. Mais l'abord et le traitement de questions plus sensibles et délicates – comme celle de la responsabilité des administrations et des populations locales dans la tragédie ou encore celle de la place à accorder à la prise en compte des goulags – suscitent quant à elles la réserve, si ce n'est une gêne presque palpable.

Pour la première fois en 2001, les organisateurs choisirent par ailleurs de faire célébrer une messe à l'attention des défunts dans l'une des églises de Rybinsk. Mais cette liturgie matinale (célébrée de 8 heures à 9 heures 30 du matin), placée en introduction du programme des manifestations commémoratives, ne comportait qu'un caractère optionnel. De plus, sa célébration dans l'une des églises du quartier où réside certes une partie de la communauté des Mologžany, mais située de l'autre côté de la Volga et loin du centre-ville où se déroulait le reste des manifestations, ajoutait à sa marginalisation. Les manifestations commémoratives conservent en effet dans leur ensemble un fort caractère laïque. Même si les célébrations religieuses sont tolérées et bien acceptées, dans la mesure où la part commémorative d'entre elles jouit d'une forte légitimité dans un contexte général de renouveau de l'orthodoxie en Russie, la présence de prêtres continue toutefois de générer une tension entre les membres de la communauté, dont certains ont gardé de leur ancienne formation idéologique un anticléricalisme marqué.

Les manifestations commémoratives se traduisent donc principalement par d'importantes réunions qui représentent, avant toute autre chose, un substitut des anciennes fêtes et assemblées villageoises, et permettent de mettre en place un palliatif de sociabilité rurale. Ces grands rassemblements offrent ainsi à un premier niveau l'occasion d'effectuer un repérage des présents et des absents, et de procéder à une évaluation empirique de l'importance numérique de la communauté. Les retrouvailles qui s'étalent sur une journée entière prennent immanquablement la forme d'un inventaire de ceux qui ont pu faire acte de présence et des manquants. Chaque arrivant passe en revue les visages, salue les figures connues avant d'entamer la conversation avec ceux qui lui sont le plus proches.

Les grands repas qui clôturent immanquablement ces manifestations recèlent un important caractère fédérateur. Ils demeurent le point d'orgue des rassemblements. Lors de ces réunions, manger et boire se conjuguent en effet à une prise de parole ritualisée, et le déroulement du repas est ponctué par des discours et des énoncés de toasts : plusieurs dizaines au total. La durée de ces repas, qui s'étalent le plus souvent sur plusieurs heures, tout autant que l'intérêt qu'ils suscitent permettent alors de s'interroger sur l'usage non seulement social [Smith et David, 1984], mais bien identitaire et commémoratif des pratiques alimentaires en Russie.

Le déroulement de ces repas suggère une forte parenté avec les *pominki* familiaux, dont ils semblent représenter une sorte de substitut collectif. Les commémorations rituelles des décès consistent traditionnellement en Russie en cérémonies religieuses (*panihida*) et en repas (*pominki*). Les cérémonies religieuses et les repas qui leur succèdent ont lieu le troisième jour (celui de l'enterrement), neuvième et quarantième jour après la mort du défunt, puis chaque année à la date anniversaire de la mort. Mais les *pominki* occupent autant si ce n'est plus de place au sein de la vie sociale que les cérémonies religieuses à proprement parler. En effet, alors que l'on peut se contenter de faire célébrer par un prêtre une *panihida* (requiem) à la mémoire de défunts en l'absence éventuelle des membres du groupe familial ou social concerné, personne ne saurait en revanche manquer le repas commémoratif. L'origine de ces repas est ancienne puisque l'archéologie atteste qu'il existait déjà chez les tribus slaves de l'antiquité des banquets funéraires destinés à célébrer le culte des morts et des ancêtres [Lewicki, 1963].

Les repas commémoratifs ont lieu soit au domicile du mort soit au domicile de l'un de ses proches, mais, autant que possible au plus près de sa *rodina*. Ces pratiques rituelles reprennent en cela les mêmes éléments et la même symbolique que celle de la commémoration des morts familiaux lors de la *Radunica* : réunion du groupe familial ou social sur le lieu du décès, nourriture et alcool partagés en souvenir du défunt auquel est nécessairement dédié le premier toast. Les verres ne sont pas entrechoqués (« *za pokojnika ni čoknut'câ !* », on ne trinque pas aux morts) mais bus d'un trait en silence.

La portée symbolique de ces repas commémoratifs est à chaque fois la même, celle du partage entre membres d'un même groupe d'une dette immatérielle (celle de la vie) envers la terre et les ancêtres. Le partage entre vivants de la nourriture qui en est issue achève le cycle de la perpétuation : les morts nourrissent la terre qui nourrit les vivants qui n'oublient pas leur dette, et célèbrent donc ceux qui, indirectement, les nourrissent. Les repas participent ainsi à mettre en place des logiques symboliques puissantes, au sein desquelles la commémoration vaut et garantit même la renaissance. Les représentations mobilisées par ces pratiques commémoratives soulignent alors le rôle fondamental que joue l'intégration de la mort dans la construction et la perpétuation des identités collectives [Merridale, 2000].

La reproduction chaque année de ces repas collectifs demeure en tout point essentielle pour la perpétuation de la communauté des gens de Mologa. En effet, le partage de nourriture permet d'alimenter les souvenirs tout autant qu'il contribue à rendre la mémoire comestible et digeste. Ces repas permettent de mettre en place une double logique, à la fois symbolique et sociale, d'assimilation par le partage de nourriture. Pour les membres les plus jeunes, les repas offrent également la possibilité de mettre des visages sur des noms maintes fois évoqués dans le cadre privé ou domestique, et de s'intégrer au groupe en explicitant leur propre lien avec les autres présents. Autour de la table, au fur et à mesure des évocations, se codifie alors progressivement un discours qui permet que soit élaboré et cautionné un ensemble de référents partagés par tous, qui participent de façon ultime à la consolidation de la légende communautaire.

Chacun glisse sur les omissions, renchérit sur les exagérations (on ne saurait parler en mal, si ce n'est à demi-mot ou très humoristiquement et après plusieurs verres d'alcool seulement, des morts de la communauté), et en vient finalement à participer à la fabrication d'un univers de référents légitimés et d'ancêtres valables. Le mythe achève de se consolider et de se structurer lorsque sont évoquées à chaque table les figures publiques et privées les plus anciennes qui constituent en quelque sorte le fonds unitaire de l'imaginaire social, et auxquelles sont comparés et reliés les personnages les plus récents.

Les repas sont aussi ponctués de prises publiques de parole. Ces monologues improvisés, où l'emphase le dispute au pathétique et à l'émotion et d'où émerge parfois une touche d'humour ou de dérision pour la note finale, relèvent de performances scéniques et se closent immanquablement sur des applaudissements et la consommation d'un verre d'alcool qui vaut caution des paroles prononcées.

TOASTS PRONONCÉS LORS DU REPAS RÉUNISSANT LE *ZEMLÂČESTVO* LE 22 AVRIL 2001*

« Voici un toast plein de générosité, parce que les gens de cœur qui sont ici font naître en moi ces pensées. Je voulais commencer par rappeler que nous avons tous été formés par des adultes et notamment nos ancêtres. Nous avons eu de la chance dans la vie car nous ne sommes pas des adultes abandonnés, nous avons eu de merveilleux parents. Nous ne sommes pas nés de nous-mêmes, nous avons été entourés de gens remarquables qui nous ont modelés. Et maintenant c'est à nous de former les jeunes, afin de les faire comme nous voulions qu'ils soient et mettre en eux toute la culture du peuple russe afin de poursuivre le travail de ceux qui ont investi en nous. »

Valeri NIKOLAJEVIČ, 57 ans.

« Conserver la mémoire de Mologa, bien entendu c'est remarquable. Mologa est devenue un symbole de ce qui a été détruit au cours des années passées, et probablement faut-il que Mologa se transforme, d'un symbole de la nuisance en un symbole de la renaissance de la terre de Mologa, renaissance de la terre russe, renaissance de la spiritualité et de l'esprit et leur consolidation. Aujourd'hui nous voyons que les plus anciens comme les enfants ici présents se rapprochent de cela. Mais tout ceci n'est que le début, et notre mouvement collectif va dépasser les frontières de la seule Russie, pour rassembler de plus en plus de gens afin qu'ensemble nous réalisions de bonnes actions, que nous ne lisions pas seulement des poèmes et fassions des discours mais que nous atteignions aussi quelque chose de plus pratique et de plus réel. »

Sergei DMITRIEVIČ, 61 ans.

* Nous proposons ici notre traduction.

Le discours commémoratif met en place une dynamique très efficace, au sein de laquelle les secrets, les oublis et les non-dits assument une fonction fédératrice prépondérante. Chacun des membres présents a ainsi intérêt à participer à un processus dynamique de réécriture de l'histoire commune dans la mesure où il ne pourra que mieux tirer des bénéfices personnels (en termes de prestige ou de gloire, et finalement de caution et de légitimité identitaires) de la mise en légende du passé collectif.

En ce qui concerne la perpétuation du capital mémoriel, les processus mis en jeu ne sont en effet jamais ceux de la duplication à l'identique, mais plutôt ceux de la reconstruction et de la manipulation permanente. Chacun se soumet de très bonne grâce à l'exigence de transmission, mais conserve toujours la capacité de modifier son discours de façon à faire disparaître ou au contraire à mettre en avant des éléments ou des personnages singuliers, selon les nécessités particulières du contexte familial ou collectif. Ces pratiques commémoratives, qui prennent appui sur une nostalgie partagée pour une vie communautaire et villageoise disparue, participent dans le contexte particulier du déplacement forcé à la recréation d'une communauté à partir de la fabrication de repères qui conservent à travers le temps et les lieux leurs capacités exemplaires et fédératrices. Car il s'agit bien là de participer à la construction d'une mémoire collective [Kilani, 1992]. L'oubli permet ici d'effacer ce qui pourrait diviser le groupe afin de privilégier le maintien d'une cohésion interne. Devant des pratiques aussi dynamiques et efficaces, au sein desquelles la dimension orale assume un rôle prépondérant, on peut alors s'interroger sur la place et les fonctions que le groupe des Mologžany assigne dans ce contexte à la culture matérielle, et aux objets.

AU MUSÉE

Au-delà des réunions qui permettent de se retrouver et de construire ensemble une part de la mémoire collective à travers les échanges informels de souvenirs individuels et l'énonciation ritualisée de discours et de toasts, les pratiques commémoratives de la communauté des Mologžany sont également liées à la création et aux usages d'un espace muséographique propre.

Les anciens habitants de Mologa ont en effet participé à la mise au jour des objets et des supports matériels de leurs mémoires personnelles, longtemps restés cachés dans l'intimité des familles. À l'occasion des fêtes qui commémoraient en 1991 le cinquantième anniversaire de l'engloutissement du territoire, naquit l'idée de la création d'un espace muséographique exclusivement consacré au territoire englouti et à sa mémoire. L'idée mettra quatre ans à se concrétiser et débouchera sur l'ouverture d'un petit musée inauguré en août 1995.

Le *Muzej Mologskogo Kraâ* (musée de la région de Mologa), filiale du Musée d'art et d'histoire de la ville de Rybinsk, est ainsi hébergé dans une petite chapelle qui appartenait jusqu'au début du siècle au monastère féminin Saint Athanase, voisin de Mologa, avant de devenir la propriété de la ville de Rybinsk. Cet espace modeste, d'une centaine de mètres carrés au total, fut alors rétrocédé par la municipalité au Musée de Rybinsk dont il devint une annexe. Il fut donc aménagé dans une visée muséographique et commémorative, malgré une planification intérieure manifestement inappropriée à la présence et à la circulation du public. Une demi-douzaine de petites salles réparties sur deux niveaux offrent au visiteur la possibilité d'entrevoir ce que pouvaient être la ville de Mologa et ses environs, avant que le territoire ne soit englouti.

L'objectif de cet espace muséographique est double : il s'agit en premier lieu de montrer, de donner à voir au sens premier du terme, ce qu'était Mologa et ce qu'elle est devenue. Le musée s'appuie sur l'exposition d'objets préservés de l'engloutissement, que cette préservation ait été le fait des déplacés eux-mêmes – il s'agit alors de meubles, de vaisselle, de documents ou d'archives familiales – ou qu'elle ait été le fait d'institutions culturelles telles que le *Kraevedčeskij Muzej Mologi*, l'écomusée de Mologa, dont les collections qui conservaient des exemples de productions artisanales, de la culture et de l'histoire locales furent transférées dès 1936 à Rybinsk en même temps que les archives municipales. Mais l'exposition intègre également des objets en métal ou en pierre sortis de l'eau et ramassés sur le territoire, lorsqu'il émerge de façon saisonnière, par les muséographes ou les particuliers : petit outillage (pioches, masses, clous, faucille, ferrures), mais aussi éléments plus imposants tels que des morceaux de portails et de rambardes en fer forgé ou même de balustrades en granit.

Ces objets sont mis en situation et en scène à l'aide d'un important crédit photographique qui donne à voir d'une part la Mologa d'avant l'engloutissement – il s'agit de prises de vues d'ensemble datant du début du XXe siècle dont une partie a été reproduite sur une série de cartes postales – et d'autre part ce que le territoire de la ville est devenu. Les clichés récents réalisés ces dix dernières années par les Mologžany ou les historiens du musée lors de leurs visites sur le site figurent en effet en bonne place. C'est donc une conjonction d'objets et d'images qui servent simultanément d'expression et de support à la construction privée des mémoires familiales et à celle très publique et très officielle de la mémoire communautaire.

Le fonds muséographique a été considérablement enrichi grâce aux dons des Mologžany qui ont massivement fourni objets usuels ou rares, issus de productions manufacturées ou artisanales, mais aussi documents, photographies et archives qui tous permettaient de reconstituer et de restituer le passé de la ville et du territoire engloutis. La participation active, et jamais démentie, des déplacés à la collecte des futurs éléments d'exposition montre que l'un des enjeux de la constitution de l'espace muséographique résidait aussi dans la remise en service et en usage d'objets privés et d'éléments familiers. S'interrogeant sur la « vie des objets » lorsqu'ils sont donnés au musée, Thierry Bonnot rappelle en effet que ce don revient à conférer à ces objets un statut social plus valorisé que celui de vestige, de trace, ou même parfois de déchet qu'ils en viennent à acquérir dans le strict contexte familial :

> C'est pour le détenteur d'une chose la reconstruire socialement, lui rendre une singularité perdue ou la doter d'un statut individué qu'elle n'a jamais connu auparavant. Rendre la vie à des objets matériels, telle serait la tâche du musée, intronisé créateur ou recréateur. Animisme déplacé ? [Bonnot, 2002, p. 223.]

Car le second objectif de l'espace muséographique vise à dire, c'est-à-dire à proposer une certaine interprétation et un discours spécifique sur ces objets, leur portée et leur signification pour la communauté bien plus que sur leur histoire propre. Les dons des Mologžany au musée ont à cet égard été d'autant plus nombreux que leurs auteurs pouvaient se réjouir de voir le discours mémoriel officiel s'élaborer à partir des mêmes objets que les mythes familiaux : fierté et joie sont ainsi clairement exprimées par les donateurs dans le livre d'or mis à disposition du public dans l'une des salles du musée, où les remerciements emphatiques succèdent aux formules jubilatoires.

Il est toutefois intéressant de remarquer que cet espace ouvert à tous, lieu d'une mémoire collective et publique, manifeste les mêmes accentuations et les mêmes logiques de contournement que celles déjà repérées dans les productions littéraires et les propos des Mologžany. Montrer et dire relèvent en effet d'un processus de construction, et s'appuient sur des logiques de dissimulation qui intègrent une importante part de manipulation. Deux niveaux de secret me semblent ici pouvoir être pointés, qui résident dans le choix des objets, permettant de distinguer ce qui sera montré et ce qui restera caché, comme dans la production des énoncés interprétatifs afférents, permettant clairement de différencier ce qui sera (pourra et devra être) dit et tu. L'analyse de la mise en scène des objets dans cet espace semble ainsi être capable de révéler cette volonté intentionnelle de mettre une certaine mémoire en relief, à travers un « *vozvraščenie iz nebytiâ* » (un retour du néant) selon les termes même du dépliant diffusé par le musée, retour du néant qu'il est temps d'interroger.

L'entrée de la petite chapelle aménagée en musée est un décor de théâtre. La visite débute en effet par l'image la plus artificielle qui soit : une longue fresque figurative peinte dans des tons de beige et de marron qui schématise une vue panoramique de la ville à partir de la place centrale. Dans une niche carrée coloriée de noir, une pioche et une masse figurent les outils à l'aide desquels la ville fut détruite, cependant que des fac-similés de télégrammes officiels annonçant la mise en route du chantier de démolition et les ordres d'évacuation tapissent le fond de la cavité.

La première des deux salles du rez-de-chaussée est consacrée à une présentation générale mais principalement géographique du territoire englouti, à l'aide de plans, de cartes et de maquettes. Sont ainsi juxtaposés une carte régionale de la *Yaroslavskaâ Guberniâ* (le gouvernorat de Yaroslavl, selon l'ancienne dénomination administrative de la région) sur laquelle se superposent les espaces autrefois habités et désormais immergés, et un immense plan de la ville de Mologa qui reproduit le tracé des rues (avec leur double désignation soviétique et présoviétique) sur lequel ont été accrochés divers petits objets métalliques recueillis lors des pèlerinages dans les ruines de la ville (clous, ferrures, serpes, fer à cheval, éperons) et les photographies des bâtiments publics ou remarquables (église, orphelinat, école, mairie, tour de guet des pompiers). Le territoire englouti est ainsi rapporté en priorité à la ville et à ses monuments dans une sorte de myopie urbaine qui n'accorde finalement que peu d'attention à l'immensité des espaces ruraux et aux centaines de petits villages qui subirent le même sort que Mologa. À elle seule, la localisation du drame relève donc déjà d'un déplacement.

Le visiteur débouche ensuite sur une petite pièce mettant en scène la vie religieuse de la région inondée. La photographie en noir et blanc d'un immense et célèbre monastère dynamité en 1940, qu'une grande fresque peinte dans des tons de beige et de marron reproduit sur le mur en vis-à-vis, des vues panoramiques en couleur du site dans son état actuel, quelques objets datant du XIXe siècle (broderie, tapisserie), exemplaires de la production artisanale des moniales. Mais ce lieu se veut également une *komnata pamâti* (salle de mémoire). Un grand chandelier en cuivre, destiné à recueillir les cierges que les visiteurs peuvent allumer à la mémoire des disparus, et l'icône devant laquelle il est placé font de cette pièce dépouillée un espace consacré à la commémoration et au souvenir.

La démarche muséographique générale propose une intériorisation progressive des territoires de la mémoire commune et progresse donc par étapes vers l'espace domestique et intime. L'accès au premier étage s'effectue ainsi par un couloir qui fait figurer de grands portraits photographiques des Mologžany lors de leurs visites sur le site, portraits qui sont entourés d'innombrables tessons de poterie, de faïence et de verre ramassés sur le territoire. Un escalier étroit qui reconstitue une échoppe de marchand avec sa balance, ses poids et mesures, ses étiquettes et affichettes de réclame, ses tonnelets en bois, ses sacs de jute, ses boîtes et récipients, tous objets issus des fonds de l'écomusée de Mologa, monte ensuite vers le premier étage.

La visite de l'étage débute par une petite pièce reconstituant l'intérieur d'un habitant de Mologa au début du XXe siècle. Un ensemble de mobilier en bois vernis de facture soignée, placé devant le coin des icônes, faisant écho à de fragiles pièces de vaisselle en porcelaine et une série de vieilles photographies reconstituant un album de famille. Cet ensemble de photographies, effectivement empruntées aux fonds familiaux, est régulièrement changé afin de permettre à chacune des familles du *zemlâčestvo* de figurer en bonne place au cœur même du musée. Une vitrine murale tapissée d'une grande carte du

Mologskij Uezd, sur laquelle sont reportées les productions artisanales et industrielles, donne par ailleurs à voir dans cette première pièce une série de petits objets qui illustrent le fonctionnement de l'administration civile et économique du territoire avant la révolution bolchevique : le sceau municipal y côtoie des jetons qui étaient distribués aux plus pauvres pour qu'ils bénéficient de repas gratuits, et quelques médailles destinées à distinguer les membres les plus méritants du conseil municipal.

La dernière salle souligne l'importance conférée à l'image dans ce petit espace muséographique. Y sont exposés les portraits des figures tutélaires et emblématiques, célèbres ou anonymes, de la ville disparue. Quatre grands tableaux anciens et plusieurs dizaines de photographies mettent ainsi le visiteur en face de ceux qui, tout au long du XIXe et au début du XXe siècle, œuvrèrent pour la prospérité et la réputation de Mologa. Les portraits de ces hommes remarquables sont mis en regard de photographies des lieux de leurs actions : écoles, orphelinats ou églises édifiées grâce à la générosité de certains, auprès desquels sont rassemblées des classes d'enfants en uniformes, tour de guet des pompiers devant laquelle posent fièrement les brigades de volontaires et de bénévoles, hospices et dispensaires qui évoquent une solidarité commune organisée et administrée à l'attention des plus pauvres. La mémoire des hommes est toujours associée à celle de lieux, elle est aussi destinée à faire la preuve d'une solidarité et d'une cohésion sociale inaltérables. Ces portraits dessinent l'image d'un espace social sans conflits, sans clivages et sans oppositions.

Le choix des objets exposés illustre un aller-retour constant entre le passé et le présent, et s'appuie sur des vis-à-vis, des superpositions et des juxtapositions muséographiques souvent explicités par les commentaires des guides. Ces choix révèlent, ce faisant, la prégnance d'un ordre muséographique qui demeure celui de la période soviétique, au sein duquel le recours à l'image conserve une dimension stratégique. Dans son énoncé des principes d'exposition des musées ethnographiques, L. Potapov rappelle en effet :

> L'application des principes que nous venons de mentionner réclame également une sélection spéciale des pièces exposées, qui outre les principales, c'est-à-dire authentiques, comptent également les pièces auxiliaires. Ces dernières sont indispensables, par exemple, pour la section d'introduction qui à l'aide de divers documents donne une idée du milieu géographique où vit un peuple donné et fournit de brefs renseignements sur son histoire, etc. Cette partie de l'exposition prépare le visiteur à la compréhension des autres pièces, principalement des objets matériels disposés thématiquement en période d'avant la révolution et période socialiste contemporaine. Mais une telle « introduction » à l'exposition ne peut être faite qu'au moyen de cartes et de tableaux, de photos et de dessins soigneusement exécutés, de textes scientifiques succincts, parfois de documents écrits authentiques ou de leurs copies et de certains objets, surtout d'ordre archéologique [Potapov, 1960].

Au sein des partis pris muséographiques du musée Mologa, c'est finalement la dimension historique qui fait totalement défaut. L'absence de date ou de précision chronologique quant à la délimitation des périodes russe et soviétiques, comme aux années de construction du barrage et de mise en eau du territoire est remarquable. La mémoire muséographique, cette part institutionnelle de la mémoire collective, ne se conçoit donc pas comme une mémoire historique critique, mais se pense plutôt en terme de réservoir de supports d'identification. Le souvenir est donc plus volontiers affirmatif et consensuel qu'interrogatif. Et le recours au passé ne semble pas vouloir ouvrir sur un questionnement quant à la portée et aux implications proprement politiques du drame vécu par les Mologžany. La mémoire reste figée sur une mise en scène uchronique de l'espace englouti et ne renvoie à aucun contexte ni événement historique particulier. Le musée ne fait pas non plus figurer de chronologie générale de l'histoire de Mologa ou de la Russie.

Les deux moments dont le traitement a été particulièrement évité concernent d'une part l'avènement du régime soviétique et plus particulièrement la période de guerre civile et les bouleversements politiques et sociaux qui en découlèrent. Il n'est ainsi fait aucune mention du sort des élites de l'ancien régime encensées dans la dernière salle du musée, de même que l'identité et l'origine sociale des nouvelles élites soviétiques restent maintenues dans l'ombre. Mais d'autre part, de façon plus spectaculaire encore, l'existence du goulag au voisinage de Mologa est totalement passée sous silence, alors même qu'un espace concentrationnaire tentaculaire – dont Rybinsk hébergea, faut-il le rappeler, le siège administratif – occupa le territoire pendant plusieurs dizaines d'années. Les centaines de milliers de prisonniers et de travailleurs forcés des Volgolag, demeurent ainsi les véritables fantômes de la mémoire commune : aucune photographie, aucun objet, aucune carte, ne vient évoquer l'existence de ces camps. Les seules allusions à leur existence résident dans les commentaires éventuels des guides, qui utilisent toutefois plus volontiers la mention du *Volgostroj* (littéralement chantier de construction de la Volga) que celle du Volgolag (goulag de la Volga), et dans l'euphémisme du dépliant du musée Mologa qui rappelle que « pas mal de » (*ne malo*) prisonniers des Volgolag perdirent leur vie dans la construction du barrage hydroélectrique. L'espace escamoté révèle dès lors une histoire travestie. Et c'est une même démarche muséographique qui met, simultanément, l'accent sur la tragédie des déplacés, et les Volgolag entre parenthèses.

Le passage par l'espace muséographique, qui relève d'un processus d'institutionnalisation de l'identité collective, révèle une restitution aménagée d'éléments mémoriels expurgés de leurs aspects les plus embarrassants. Le groupe et ses représentants procèdent à un tri, focalisé sur une mise en scène de l'espace urbain et un effacement de la temporalité, qui ne fait émerger que les objets susceptibles d'assumer des fonctions symboliques consensuelles et utiles. Le but ultime étant de constituer le territoire de Mologa en espace fondateur d'une épopée tragique et de conférer à la ville et à ses habitants déplacés un statut de migrants héroïques. Ce que le musée, créé par et pour les déplacés, manifeste de façon ultime, c'est l'existence de deux territoires concurrents. Le premier, territoire de référence des Mologžany, est raconté mis en image par l'espace muséographique ; il affiche sans peine sa légitimité.

Le second, celui du goulag, de la concentration et du travail forcé, reste pour l'instant sans postérité et sans trace, confiné dans l'isolement de mémoires illégitimes. Les deux territoires ont été engloutis par les eaux ; un seul l'est encore sous le silence.

Dans un espace muséographique ainsi constitué, la pratique commémorative des Mologžany se traduit par des visites régulières. Seuls, en famille ou en groupe, tout au long de l'année comme lors des journées commémoratives d'avril et d'août, les anciens déplacés fréquentent ce lieu. Les fréquentations qui peuvent être plus ou moins longues, et relever d'une simple démarche de courtoisie envers le personnel du musée comme d'une visite approfondie et attentive, leur permettent de faire la preuve par l'objet. Les Mologžany peuvent alors vérifier l'utilité comme l'utilisation de ce qui a été donné, et comparer ce qui est exposé au musée avec ce qui reste conservé à l'abri de l'espace domestique. Le musée offre en cela une caution par l'exemple aux supports comme à la légitimité de la mémoire.

Ce musée vitrine, pour soi et pour les autres, veut offrir à tous les visiteurs une *živaâ pamât' Mologi* (mémoire vivante de Mologa) mais il en offre une mémoire lisse. Nous venons de voir à quel point l'espace muséographique demeurait celui d'une certaine conformité mémorielle. Ce lieu ne propose jamais deux interprétations possibles d'un même objet, pas plus qu'il ne souligne ni n'évoque les éventuelles ambiguïtés d'un support matériel de la mémoire. Conçu comme tel, ce musée reste aux antipodes de cette « provocation de la mémoire » qu'évoquent F. Raphaël et G. Herberich-Marx [1987] lorsqu'ils font référence au travail de G. H. Rivière, mais il relève bien plutôt à la fois de ces « musées-refuges » et « de "musées-miroirs" entretenant avec une complaisance narcissique des images valorisantes » dont ils pointent en France la demande accrue, en soulignant que :

> La frénésie de création de « *musées du terroir* », exaltant l'enracinement dans une histoire spécifique mais par trop exclusive, peut dissimuler l'angoisse d'une communauté qui craint de se perdre

dans l'universel et cherche refuge dans un passé magnifié [Raphaël et Herberich-Marx, 1987, p. 87].

Cet espace, nourri des souvenirs (matériels et immatériels) de tous, est ainsi un lieu où chacun puise sa mémoire et que chacun veille à continuer d'alimenter. Loin de s'appauvrir ou de s'étioler, la mémoire collective s'étoffe progressivement. J'en veux pour preuve l'exposition[2] consacrée à Mologa et à ses habitants qui a pour la première fois rassemblé et offert au regard du public les photographies de l'exode et de l'installation dans la boue des populations déplacées, ainsi que des images contemporaines du site de la ville désormais détruite et ensablée. Émerge une première occurrence d'un versant plus intime de l'histoire des Mologžany, destinée à conférer une dimension concrète à leur statut de victime du stalinisme.

Mais le rapport aux objets demeure toujours le même. Il relève bien de cette culture de l'esquive que F. Raphaël et G. Herberich-Marx pointent dans leur article :

> Face à l'accélération brutale et incohérente des mutations de notre civilisation, nos contemporains tentent de se réapproprier leur identité historique. Une double tentation les guette : le repli frileux sur un passé magnifié, et la quête d'une identité valorisante, qui favorise l'évocation épique ou misérabiliste. [...] En déployant des objets qui manipulent l'histoire et la rendent idyllique, certains musées gomment les moments de rupture et privilégient le « village immobile ».
>
> Le musée devient parfois le lieu mythique des conflits résolus et des divisions surmontées d'une société à la recherche d'un consensus et d'un nouvel unanimisme. Il s'édifie alors sur les ruines de la communauté. À la limite, sa création peut relever d'une conduite magique, d'une négation par l'imaginaire de difficultés apparemment insurmontables [Raphaël et Herberich-Marx, 1987, p. 91].

La culture de l'esquive, qui se positionne au cœur des pratiques commémoratives de la communauté des Mologžany, leur

---

2. Qui prit place pour quelques semaines à l'automne 1998 au sein d'une annexe du Musée d'art et d'histoire de la ville de Rybinsk.

confère aussi une part de leur dynamisme. Les visites rendues au musée construisent en effet une part de la sociabilité de la communauté. Et les responsables du musée comme ceux du *zemlâčesvto* se sont attelés depuis peu à des projets d'agrandissement destinés à ouvrir l'espace muséographique sur un espace de retrouvailles (qui pourrait être une salle de rencontre ou même un café) qui lui serait adjoint. L'objectif est de faire coïncider totalement les espaces de réunion, de commémoration, de conservation et l'espace muséographique : c'est-à-dire de fondre en un seul les lieux où la mémoire se garde, se fait et se refait.

RETOURNER À MOLOGA

De simples rassemblements d'anciens déplacés à la constitution de – et aux visites rendues à – un espace muséographique spécifique, des pratiques commémoratives collectives extrêmement variées se sont donc progressivement mises en place. Ces pratiques, qui ont servi de ciment à la constitution d'un sentiment communautaire, ont aussi contribué à maintenir en vie le souvenir du territoire immergé. Or un autre moment tout à fait fondamental de la mise en mémoire de Mologa réside – la baisse constante du niveau du lac aidant – dans les expéditions qui sont organisées sur le site même de la ville désormais en grande partie émergé, à l'automne. Ces retours sur les vestiges engloutis nous semblent participer au premier chef à consolider le ferment identitaire de la communauté tout autant qu'à conserver une mémoire vivace de la ville disparue.

Les premières excursions sur le territoire de l'ancienne Mologa ont correspondu à des saisons de grande sécheresse de la seconde moitié des années 1980, et ont tendu à conserver pendant près d'une décennie un caractère exceptionnel, malgré un abaissement régulier du niveau d'eau du lac artificiel. À partir du milieu des années 1990, il a été possible de retourner de plus en plus facilement à Mologa et d'accomplir ce faisant, pour ceux qui en étaient issus et leurs descendants, un

« *vozvraščnie na rodinu* » (retour au pays) selon l'expression la plus souvent employée par les Mologžany. La majorité de ces expéditions sont réalisées à l'automne (période qui conjugue une faiblesse du niveau de l'eau et des conditions navigables) et sont au fil des ans de plus en plus nombreuses. Elles se multiplient désormais chaque année, sans pour l'instant se banaliser. D'une seule visite annuelle, ces excursions sur le site à sec sont en effet passées à une demi-douzaine par saison, sans compter celles qui sont entreprises de leur propre chef par les voisins et les riverains du site qui se déplacent en curieux.

La question de l'*otmetka* (le niveau de l'eau, la cote) – dont l'élévation de 98 à 102 mètres au-dessus du niveau de la mer valut en 1941 à Mologa d'être engloutie [Postnova, 2003] – a donc conservé son caractère stratégique dans la mesure où elle conditionne désormais l'accessibilité du site et la surface totale émergée. La hauteur de l'eau, qui varie pour une même date d'une année sur l'autre selon les conditions météorologiques, détermine en effet à la fois la possibilité et les conditions d'accès aux vestiges de Mologa. Des contacts téléphoniques entretenus avec le personnel technique du barrage permettent de connaître le niveau atteint par l'eau du lac. Lors de leurs rencontres, les Mologžany ne manquent jamais de s'enquérir de l'*otmetka*, et demeurent à l'affût de la moindre information sur sa variation éventuelle à travers leurs discussions avec les amateurs de pêche, les riverains du lac ou encore le personnel navigant dans la marine marchande ou sur des bateaux de tourisme croisant sur la Volga.

Les excursions de groupe à Mologa sont le plus souvent planifiées, organisées et financées par le *Mologskoe Zemlâčestvo* qui peut à l'occasion bénéficier du soutien logistique du musée pour le transport des participants du centre-ville à l'embarcadère, ou pour le prêt de matériel photographique et vidéo. Ces expéditions sur le site de la ville regroupent alors d'une dizaine à une trentaine de personnes en fonction des capacités d'accueil des navires qui assurent le transfert de Rybinsk à Mologa par le lac. C'est le conseil d'administration de l'amicale qui procède au choix des participants, en fonction du nombre de places disponibles dans le bateau et des contraintes et des disponibilités de chacun. Les représentants des jeunes générations sont toujours très désireux de participer à ces expéditions mais les anciens restent les plus nombreux au sein du groupe. Jeunes ou vieux, tous forment un groupe consensuel à l'intérieur duquel ne s'exprime aucune dissension, ni aucun clivage. Les personnalités les plus marginales de la communauté ne sont jamais invitées et, comme nous le verrons plus loin, une bonne tenue et un certain conformisme restent de mise.

Les visiteurs accèdent à Mologa par la mer. Pour éviter le passage des écluses, ils appareillent de l'embarcadère de la capitainerie de Rybinsk, situé près du village de Perebory et à l'endroit précis où se trouvait il y a quelques dizaines d'années le commandement administratif des Volgolag. Les traversées s'effectuent sur un navire qui peut être soit un bateau de pêche soit un bateau de tourisme selon les disponibilités. Après avoir quitté l'embarcadère, celui-ci rejoint en un peu plus d'une heure la presqu'île et s'approche aussi près de Mologa que les faibles fonds le permettent. Les passagers sont pour finir transférés en barque par groupe de quatre ou cinq jusqu'à l'immense presqu'île que forme désormais le site de la ville.

Mais Mologa est aussi de plus en plus facilement accessible par la terre. Le site autrefois immergé est en effet désormais situé à 12 km, à l'ouest, et 18 km, au sud, de ce qui était il y a encore peu la berge, là où reprennent les prairies et où sont disposées les premières habitations. Toutefois, la voie la plus courte reste la plus dangereuse dans la mesure où la proximité durable de l'eau a transformé les anciennes tourbières en bourbiers et en immenses marécages couverts d'ajoncs dissimulant des sables mouvants. La route la plus sûre reste donc l'axe méridional qui relie Mologa au village de Doubrovo. Selon qu'ils se déplacent à pied, à vélo ou à motocyclette, les visiteurs, qui devront traverser en chemin de grandes étendues recouvertes de quelques centimètres à quelques décimètres d'eau, mettront ainsi de deux à quatre heures pour rejoindre le site.

J'ai pu participer à deux de ces expéditions en septembre et novembre 1996 en accédant à chaque fois au site par bateau, mais en expérimentant à pied en novembre 1996 un retour par la voie terrestre. Une fois débarqués, il reste aux visiteurs un temps limité (trois à quatre heures tout au plus) pour explorer le site car il est inenvisageable de dormir sur place : le sol est détrempé, le site dénudé ouvert aux vents humides et glacés, et les températures automnales descendent la nuit largement en dessous de zéro. Au fur et à mesure de leur débarquement, les visiteurs s'éparpillent donc sur le territoire, et chacun respecte dans un premier temps le désir de solitude et le silence des plus anciens. Les plus jeunes parcourent le site à la suite de leurs parents ou par petits groupes de deux ou trois. Les quelques heures disponibles permettent d'effectuer une longue visite de la presqu'île émergée avant de se retrouver pour les dernières photographies de groupe et le retour vers le bateau.

Pour les anciens de Mologa, ces visites sur leur *rodina* sont des moments intenses et poignants. Ces hommes et ces femmes âgés, chaudement emmitouflés, parcourent à leur rythme, et en les racontant, les ruines ensablées. Ces excursions sont en effet l'occasion d'évoquer à voix haute leurs souvenirs d'enfance et de jeunesse. Les anciens citent le nom des rues dont ils retrouvent et parcourent le tracé. Pour l'anthropologue qui les suit et qui les écoute, il est alors possible de voir et d'entendre la complexité et la vivacité de cette mémoire familiale et collective toujours à l'œuvre, mise en sommeil pendant plusieurs dizaines d'années et qui se révèle capable de conserver les détails de savoirs toponymiques et topographiques d'une très grande précision.

On cite le nom des *pereulki*, ces nombreuses petites ruelles transversales qui coupaient à angle droit les cinq longues rues parallèles de la ville, celui des places et des lieux-dits, on désigne les voisins et les riverains en situant et en décrivant leur domicile, et en reconstituant ainsi de fait l'espace géographique et social à partir duquel s'élaborent le sentiment d'appartenance tout autant que le contenu même de l'identité collective. Les noms sont là qui s'égrènent et traversent le temps. La « *Manežnaâ ploščad'* » (place du Manège) à laquelle on accédait par une immense allée bordée de chênes centenaires où les familles venaient se promener et dont il ne reste qu'un alignement de larges souches sciées, noircies et pétrifiées par les eaux et le gel, ou encore les abords autrefois boisés de l'église de l'Ascension où les enfants aimaient à organiser leurs jeux et dont il ne subsiste qu'un champ vaseux de racines enchevêtrées.

Au-delà de ce parcours narré et des commentaires qui ponctuent la visite, les Mologžany interviennent également sur le territoire émergé en procédant à des repérages et à un certain nombre de marquages. Les visites réitérées permettent en effet de contrôler l'état de certains lieux et de leur conserver leur fonction de repère de la mémoire commune. Certains ont retrouvé pour le marquer l'emplacement de leur maison familiale, tel Nikolaï N. qui a planté dans le sable un long pieu de bois destiné à situer précisément l'emplacement de son isba natale ; d'autres reconstituent des murets en empilant les briques éparpillées, relevant ainsi pour un temps les fondations du magasin ou de l'atelier familial.

Certaines actions ont à voir encore plus explicitement avec la conservation de la mémoire du groupe. C'est le cas des pierres tombales relevées et nettoyées, ou des fleurs déposées sur le site de l'ancien cimetière. La préparation d'une visite nécessite d'emporter impérativement des fleurs, mais aussi des brosses et des chiffons, car c'est aussi au cimetière familial que les anciens se rendent.

Chaque expédition offre en effet l'opportunité d'accomplir un certain nombre de rituels commémoratifs. Il en va ainsi de ces *panihidy* (messes du souvenir des morts) célébrées à l'intérieur du périmètre dessiné par les fondations de la collégiale dynamitée, lorsqu'il est possible d'obtenir qu'un prêtre accompagne le groupe, mais aussi de ces partages de nourriture et d'alcool qui viennent immanquablement clore les visites sur le site.

Avant de repartir, le groupe se retrouve pour consommer quelques victuailles apportées avec soi et boire quelques verres de vodka. C'est l'occasion de porter des toasts à la mémoire des disparus et de la ville de Mologa, et de chanter ensemble quelques refrains emblématiques accompagnés à l'accordéon, selon un ordre identique à celui qui organise le déroulement des réunions du *zemlâčestvo*. Avant de reprendre le bateau, on effectue enfin quelques prises de vue et des photographies de groupe afin de conserver une trace de cette visite. Les images iront nourrir le fonds du musée pour, n'en doutons pas, finir par en orner un jour les murs.

Le sens primordial de ces visites demeure la constitution, le maintien et la perpétuation d'une mémoire communautaire à travers la réactivation d'un lien d'identification au territoire. Ces visites permettent aux plus jeunes, qui encadrent et supervisent l'organisation matérielle du voyage, de construire une relation personnelle avec cet espace sinistré que les Mologžany persistent à ériger en patrie, qui ne soit pas seulement le fait d'un savoir théorique ou livresque. Cette construction demeure possible grâce à la médiation des générations plus âgées qui réinvestissent le territoire et qui, ce faisant, en déploient le potentiel symbolique d'identification.

L'accomplissement de ces voyages fournit l'occasion d'un partage de souvenirs entre les plus âgés et les plus jeunes qui reçoivent de leurs aînés des éléments mémoriels et un univers de référence identitaire qu'ils auront désormais en commun. Ces chemins sillonnés sans hâte fournissent l'occasion d'un apprentissage topographique essentiel, support d'une mémoire topographique désormais partagée. La mémoire géographique de Mologa, qui s'est jusque-là transmise en dehors de tout support matériel de représentation (nulle carte ou plan de la ville n'existe dans les archives familiales), trouve donc bien dans ces visites un socle pour sa perpétuation.

Mais ces retours sont aussi l'occasion de questions formulées qui resteront sans réponse, et de regards croisés portés sur un passé entrevu de façon différente par des générations successives. Ces voyages n'occasionnent ni disputes ni tensions particulières, mais certaines remarques ou interrogations maladroitement formulées peuvent générer silence et malaise. En cela, le rassemblement qui précède le retour vers Rybinsk correspond à un moment d'ajustement, dans la mesure où ces décalages sont à leur tour dissipés par force toasts portés à la mémoire de la *rodina* perdue, et sont pour finir littéralement dissous dans l'alcool.

La fonction assumée par ces visites, les échanges d'informations auxquels elles donnent lieu, dans l'élaboration de la mémoire de la communauté reste donc complexe. Elle oscille entre un besoin de dire et une nécessité de taire. La construction de cet entre-deux acrobatique est rendue possible par un abondant usage de l'euphémisme, de la métonymie et de la synecdoque, ou encore de l'allusion. L'expression « *ne odin* » (plus d'un seul) est utilisée dans les plaquettes publicitaires du musée Mologa pour fait allusion aux anciens déportés. Elle revient à signaler l'importance du nombre de *zek* en évitant d'avoir à en estimer le chiffre. En utilisant par effet métonymique la désignation institutionnelle des camps (*Volgostroj* plutôt que Volgolag, qui réfère de façon plus explicite au goulag), tous évitent d'avoir à désigner nommément les personnes en charge de son fonctionnement. Les hommes disparaissent ainsi derrière les administrations qu'ils contrôlent. Les tournures collectives et allusives (« *oni* », ils, eux), ou passives et impersonnelles (« *dom perenesli v 38om godu* », la maison « a été déplacée » en 1938) évitent également d'impliquer des individus particuliers.

Les échanges informels entre les Mologžany sont marqués par une faible mise à distance, peu d'analyses ou de critiques et, de façon générale, par une absence de débat contradictoire malgré l'importance quantitative des échanges. Le sens de l'histoire commune comme celui du cours des événements passés reste énoncé et interprété en terme de *tragičeskaâ sud'ba* (destinée tragique), interprétation qui s'oppose à toute contestation éventuelle.

La transmission de la mémoire communautaire prend appui sur une pédagogie de l'implicite. Il semble même y avoir une façon essentielle de ne pas expliciter, et même de ne pas dire, dans ce que l'on énonce. Chaque ancien perpétue les zones d'ombre de la mémoire commune, qui portent par exemple sur la responsabilité des élus locaux et des populations civiles avoisinantes dans le déroulement de la tragédie, tout en répondant à une vive demande de connaissance et de sens formulée par les jeunes générations. La perpétuation des non-dits, qui concernent notamment la nature et l'étendue des collaborations ou des compromissions qu'a suscitées le projet de création du lac, et des silences, plus particulièrement sur ce voisinage durable avec le goulag et sur les bénéfices ou le parti que certains Mologžany ont pu en tirer, s'insère de façon dynamique dans une stratégie discursive et narratrice pourvoyeuse de sens.

Le linguiste Oswald Ducrot souligne ainsi cette nécessité de l'implicite qui structure l'usage même du discours :

> Or on a bien fréquemment besoin à la fois de dire certaines choses et de pouvoir faire comme si on ne les avait pas dites, de les dire, mais de façon telle qu'on puisse refuser la responsabilité de leur énonciation. Il n'est pas dans notre objet, ici, de faire une psychologie ou une sociologie de l'implicite, et d'analyser en détail la fonction de l'implicite dans les relations sociales. [...] Ce qui importe davantage, vu notre propos, c'est qu'il y a des thèmes entiers frappés d'interdit et protégés par une sorte de loi du silence (il y a des formes d'activité, des sentiments, des événements dont on ne parle pas). Bien plus, il y a pour chaque locuteur, dans chaque situation particulière, différents types d'informations qu'il n'a pas le droit de donner, non qu'elles soient en elles-mêmes objets d'une prohibition, mais parce que l'acte de les donner constituerait une attitude considérée comme répréhensible. Dans la mesure où, malgré tout, il peut y avoir des raisons urgentes de parler de ces choses, il devient nécessaire d'avoir à sa disposition des modes d'expression implicite, qui permettent de laisser entendre sans encourir la responsabilité d'avoir dit [Ducrot, 1991, p. 5-6].

Dans les propos des Mologžany, l'implicite de l'énoncé ou le maniement de présupposés et de sous-entendus représente un moyen d'échapper à la responsabilité de l'énonciation, comme à la contradiction et à la polémique. Pour l'anthropologue qui les collecte, il est donc impossible de s'arrêter ou de s'en tenir à la signification littérale des énoncés. Car le propos des membres de la communauté des déplacés révèle une parfaite maîtrise d'une rhétorique connotative qui puise ses racines dans les discours politiques de la période soviétique. Les Mologžany ont parfaitement intégré ces manœuvres stylistiques qui avec le temps et l'usage se sont institutionnalisées au point de former un discours second qui vient se superposer à la grammaire et aux dictionnaires usuels pour les enrichir mais aussi les dédoubler. Ils disent implicitement, parlent sans dire, évoquent sans détailler ni préciser. Ces méandres de la restitution où parfois le souvenir de la peur affleure (« *strašno pomnit'* », ça fait peur de se souvenir, interjection souvent entendue) donnent à voir l'ampleur des apprentissages rhétoriques que les Mologžany ont effectués en leur temps, comme tous les Soviétiques, pour conserver autant que faire se peut l'usage de la parole. L'ampleur et la variété de ces techniques de dissimulation permettent à l'ethnographe de percevoir que quelque chose se joue là – entre méfiance, embarras, culpabilité et angoisse – de la mémoire de l'expérience du totalitarisme au quotidien, sans que l'ethnographie de cette peur ne soit pour autant aisée à entreprendre [Jeudy-Ballini et Voisenat, 2004].

Car le secret est tapi là, dans ces périphrases et ces mensonges par omissions. Sans jamais dévoiler son objet, le secret le situe en le contournant. La seule façon d'en connaître le contenu est d'aller voir ailleurs s'il y est, de faire appel à d'autres sources ou d'autres témoignages, car les Mologžany se taisent face à des sollicitations explicites. L'usage social de la supposition et de l'implication reste ainsi extrêmement élargi, dans un contexte politique où il n'est pas encore possible de tout dire. Le président de la Fédération de Russie n'est-il pas lui-même issu de l'institution qui a orchestré le drame ? N'a-t-il pas été formé par ces organes de sécurité qu'on ne nomme encore que du bout des lèvres ? Les sous-entendus et les allusions conservent à cet égard la particularité, probablement l'inestimable avantage aux yeux d'un groupe qui a longtemps vécu sa destinée comme une marginalisation durablement dangereuse, de pouvoir toujours être reniés. Et c'est que les Mologžany préfèrent maintenir la perpétuation des supports mêmes de leur mémoire dans un confortable flottement interprétatif. Ce qui est su et, dans une moindre mesure, dit reste donc moins lisible, d'une certaine façon moins important aussi, que ce qui est fait et accompli. Il est compréhensible que l'attention et la préoccupation du groupe demeurent tournées vers le fait même de continuer à se souvenir et à commémorer, et donc de se perpétuer, et non pas vers l'objet du souvenir, de la commémoration et de la perpétuation. C'est que l'une des fonctions centrales qu'assument ces pèlerinages réside aussi dans l'expression et la transmission d'une mémoire expurgée.

La cohésion de la communauté se fonde sur l'organisation et le partage de moments clés qui modèlent les représentations du passé collectif et en régulent l'usage. Le cœur des célébrations, des manifestations collectives et festives (telles que les commémorations des anniversaires de l'engloutissement ou les expéditions effectuées sur la *rodina*) demeure ces procédures extrêmement normées, calquées sur le modèle des *pominki*, marquées par le partage de nourriture, la consommation d'alcool et l'énonciation de toasts, qui amènent à procéder à une perpétuation en acte qui relève d'un acte de foi.

L'une des fonctions essentielles de ces moments ritualisés, par-delà l'avènement d'une convivialité et d'une sociabilité, réside dans l'instauration d'une ligne de partage entre des registres de discours différents dont il s'agit de valider la légitimité. Car les pratiques commémoratives donnent à la communauté un accès privilégié à des secrets qui en fondent aussi la vérité, c'est-à-dire ce que ces procédures ritualisées instaurent de manière forte, ce qu'il est utile de savoir – ce qui relève par exemple de la part légendaire ou mythique de l'origine de la cité –, mais aussi ce qu'il est nécessaire de taire : il s'agit notamment de la part proprement politique de l'histoire contemporaine collective, tout autant que des questions juridiques et morales que soulève l'implication des anciens habitants du territoire inondé dans le fonctionnement du système concentrationnaire soviétique.

Ces pratiques commémoratives qui fondent dans une certaine intimité la cohésion de la communauté s'appuient de façon ultime sur une instrumentation du secret qui destine à la soumission ceux-là mêmes qu'elle promeut au rang de membres. La construction de la mémoire collective relève donc bien de l'instauration et de l'exercice d'un pouvoir. L'analyse des voies qu'elle emprunte pour sa perpétuation révèle une forme à rebours de contrôle social qui génère une très grande uniformité des mémoires individuelles. Transgresser les formes convenues du discours mémoriel, c'est risquer d'être exclu ; la figure iconoclaste et contestée parmi les déplacés de Rem, ancien bagnard et poète, mais grand oublié de tous les événements commémoratifs se rapportant au territoire englouti, en est une preuve vivante.

L'un des problèmes pour l'ethnologue est alors de ménager dans le travail de restitution par l'écriture un subtil équilibre entre ce qu'il est indispensable de donner à voir pour faire comprendre cette part complexe et confuse de dissimulation et de culpabilité refoulée, et ce qu'il est inenvisageable de dire sans mettre en danger certains informateurs. J'ai souhaité ne jamais faire apparaître d'élément susceptible de porter préjudice à mes interlocuteurs. Ces précautions m'ont à chaque fois semblé d'autant plus importantes que Rybinsk reste une petite ville de province où chaque propos rapporté conserve implicitement un potentiel au mieux de critique, au pire d'opprobre et d'exclusion. J'ai donc choisi, pour ce qui concerne plus particulièrement ceux qui ont accepté de me parler, de procéder à une dissimulation de leur identité. L'ensemble de ces précautions d'écriture est destiné à faire en sorte que la marge qui existe entre les faits sociaux et les analyses proposées ici ne puisse nuire aux personnes qui furent à un moment ou à un autre associées à ce travail. Ces contournements matérialisent et pointent aussi à leur façon certains des secrets de la communauté.

7

Les choses et les mots

Boïsia ne noža, a âzyka.
(Ne craint pas le couteau, mais plutôt le mot.)

Les eaux du lac artificiel recouvrent Mologa, mais aussi le site du Volgolag, le goulag de la Volga. Le ponton d'où appareillent les embarcations qui se dirigent vers la ville engloutie se situe exactement à l'emplacement de l'ancien quartier général des camps, là où débarquaient les détenus à leur arrivée au camp (photo É. Gessat-Anstett).

Abordons, pour finir, l'usage social du secret par la communauté de Mologa en examinant son rapport aux supports matériels de la mémoire, celle-ci étant toujours entendue comme une double faculté de sauvegarder et de restituer des souvenirs. Les relations que les Mologžany entretiennent avec les quelques objets et éléments tangibles qui rendent possible l'exercice de cette faculté font en effet la preuve, si ce n'est d'une totale dualité, tout du moins d'une complexité parfois paradoxale des logiques mémorielles. Et je m'intéresserai, pour commencer, aux différentes façons de conserver des souvenirs matériels et de les garder en mémoire. L'analyse de ce rapport subtil au stockage et à la conservation des objets de mémoire m'amènera ce faisant à mettre en évidence un lien central et structurant à la dangerosité des matériaux manipulés. J'aborderai ensuite dans une seconde et ultime étape, en m'attardant sur les fonctions structurantes et dynamiques que semble assumer l'usage du secret dans la Russie post-soviétique, les façons dont la communauté des anciens déplacés use du souvenir et met au jour, en les restituant aux regards des autres, ces objets de mémoire.

JETER POUR MIEUX SAUVEGARDER

Pour mettre en marche la mémoire des groupes et rendre possible la conservation des souvenirs, les pratiques commémoratives des gens de Mologa ne se limitent pas à des logiques symboliques nourries de représentations structurantes, celles du territoire, des origines ou encore celles des ancêtres et des figures tutélaires par exemple. La mémoire familiale et sociale prend également appui sur des pratiques de transmission patrimoniales et sur la circulation à travers le temps et l'espace d'objets et de supports matériels. Ces pratiques de transmission s'apparentent en premier lieu à des processus de conservation.

La communauté des Mologžany a, en effet, réussi à sauvegarder malgré l'épreuve du déplacement, et dans des conditions juridiques, économiques et politiques pourtant peu propices à la capitalisation patrimoniale, quelques-uns des supports matériels de la mémoire familiale et collective les plus communs au monde occidental contemporain : des isbas, des photographies, plus rarement des lettres et des documents administratifs, des bibelots, de rares bijoux, du petit mobilier ou de la vaisselle. Ces biens ont pu être transmis en famille de génération en génération. Les gens de Mologa ont à cet égard conservé des objets qui leur permettaient d'offrir une illustration à cette permanence des lignées familiales qui ancre en Russie une part fondamentale de la légitimité identitaire des individus, en leur offrant des repères chronologiques dans le long terme.

Chaque famille a réussi à préserver de la destruction certains de ces objets qui sont à chaque fois devenus autant d'emblèmes identitaires : les N. conservent un magnifique album photographique relié de cuir vert capable de restituer sur près de sept générations la destinée de cette famille de négociants. Les B. descendants d'une longue lignée d'instituteurs, eux-mêmes devenus ouvriers, ont gardé la vieille horloge en bois d'acajou décorée de motifs marquetés qui trônait dans la salle où leurs parents (et avant eux leurs grands-parents) faisaient la classe. Une montre à gousset en métal argenté, une antique tasse en porcelaine au délicat décor peint à la main ou une bouteille en verre ouvragée, une chaise stylée au cannelage percé ou une taie d'oreiller de lin blanc finement rebrodée, une vieille machine à coudre ou une serpe mille fois aiguisée viennent chez d'autres enraciner la mémoire familiale dans le temps long de l'histoire. C'est cette mémoire longtemps restée occultée, c'est-à-dire plus volontiers voilée ou cachée que détruite ou annihilée, qui émerge aujourd'hui.

Il faut alors remarquer que, parmi ces supports certes tangibles et matériels, mais néanmoins bien fragiles et ténus, de la mémoire familiale et communautaire, l'écrit occupe une place restreinte. Or, à l'examiner de plus près, le rapport à la conservation de documents manuscrits ou imprimés m'est apparu très révélateur des logiques qui organisent la construction de la mémoire privée mais aussi collective des déplacés.

J'ai déjà eu l'occasion de montrer l'importance de l'oralité dans les pratiques de la transmission mémorielle, mais on ne peut en effet qu'être frappé de la place particulièrement réduite que les pratiques commémoratives semblent accorder à l'écrit. En dehors de l'utilisation traditionnelle dans la pratique cultuelle orthodoxe de petits carnets destinés à conserver le nom des parents qui seront commémorés par la prière au début des offices (appelés *vkalnaâ knižka*), les tentatives de fixer le capital mémoriel d'un groupe familial ou d'une lignée sont peu nombreuses, alors même que le genre autobiographique est en Russie traditionnellement très fécond et que les Mémoires personnels ou journaux intimes sont demeurés innombrables aussi bien aux époques soviétiques que pré- et post-soviétiques. C'est donc précisément dans la mesure où le recours à l'écrit reste circonscrit dans les pratiques mémorielles qu'il m'a semblé révéler des logiques et des enjeux spécifiques.

Je me suis, dès lors, attachée à analyser quelques-unes des utilisations d'écrits dans le cadre d'entreprises familiales de transmission mémorielle en cherchant à comprendre les logiques de perpétuation identitaire qui les sous-tendent. Tous semblent en effet relever de la constitution d'un fonds de réserve dans un contexte de rupture.

Un premier exemple de l'utilisation de l'écrit dans le cadre d'une entreprise de conservation mémorielle m'a été offert par la famille des comtes M., propriétaires de grands domaines fonciers jouxtant Mologa, dont la plus grande partie vit désormais en dehors de Russie, éparpillée entre la France, la Belgique, mais aussi l'Afrique et l'Australie. Ce groupe ne dispose que de peu d'archives propres en regard de ce qu'il conservait il y a encore un siècle : son patrimoine mobilier et immobilier, notamment le contenu des bibliothèques familiales, a été en majeure partie confisqué ou détruit par la révolution de 1917 et, avec lui, les traces de l'histoire du groupe. La partie proprement foncière de celui-ci a finalement été engloutie lors de la création de la retenue d'eau de Rybinsk, achevant ainsi le processus de destruction. À la fin des années 1980, stimulé par la demande d'un historien, l'un des membres de cette parentèle entreprend des recherches, principalement bibliographiques, mais aussi muséographiques et archivistiques, visant à rassembler un fonds de documentation destiné à alimenter la publication d'un ouvrage de synthèse sur l'histoire de la famille. Cet ouvrage broché et illustré de photographies de famille paraît en France en 1994, sous la signature de l'historien, il comporte plusieurs centaines de pages et fait figurer, en plus d'une généalogie récapitulative du groupe familial, de nombreux notices biographiques et fac-similés de documents.

Ici, le recours à l'écrit sert de support à la reconstitution d'un capital mémoriel soumis au risque de dispersion. Face à un sentiment de disparition progressive de la mémoire du groupe familial, et donc de dilution identitaire, un de ses membres procède à une concentration de renseignements et participe à la rédaction d'une sorte de protocole mémoriel qui fixe définitivement, afin d'en assurer la conservation, les éléments propres à assurer durablement la vie symbolique de son groupe familial.

Le cas de tous ceux – ils ont été nombreux depuis le début des années 1990 – qui ont eu recours aux services de généalogistes afin de faire établir leur arbre généalogique et l'histoire de leur famille relève de la même stratégie. Ils disposent désormais de photocopies d'archives précédées d'un court texte dactylographié résumant la destinée de leurs aïeux identifiés, les liasses d'épaisseurs diverses pouvant être simplement agrafées et parfois reliées manuellement par des spirales en plastique. Le rôle assumé par ces textes nous semble en tout point semblable à celui du livre des comtes M. Il fournit à une communauté familiale tout entière une preuve du passé autant qu'une source d'informations qui lui permettent de pallier le vide identitaire éprouvé par les jeunes générations qui se retrouvent en situation de rupture mémorielle. Les documents écrits viennent combler un manque de support mémoriel propre et doivent en théorie fournir les éléments nécessaires, voire suffisants, à la reconstitution d'un capital identitaire en voie de disparition. Ils ne viennent pas le mettre en valeur, le conserver ou le préserver, mais bien plutôt le reconstituer et le régénérer.

L'écrit doit ici être considéré comme un symptôme plus qu'un vecteur ou un catalyseur de l'activité mémorielle. Le document (acte de naissance, livret de travail ou acte notarié) subsiste en effet comme l'une des modalités circonstancielles de la reconstruction de la mémoire collective, ici familiale, en tant que manifestation d'une capacité à se souvenir du passé. Il n'est pas nécessaire que cet outil particulier du fonctionnement de la mémoire communautaire qu'est le document soit pérennisé. La légende prime sur la preuve.

Cependant, ces enjeux de survie mémorielle ne me paraissent pas expliquer, à eux seuls, la limitation de l'usage collectif des documents administratifs ou des papiers plus personnels (lettres, journaux) dans les pratiques commémoratives. Il faut, me semble-t-il, mettre cette défiance envers le document manuscrit ou imprimé autant en relation avec le mode de fonctionnement même de la mémoire collective, qu'elle soit familiale ou communautaire, qu'avec le contexte soviétique dans lequel ils purent être produits, marqué par une forte pression idéologique et politique. Les constructions mémorielles dynamiques, comme peuvent l'être celles qui se restreignent à un mode de transmission oral, s'appuient en effet sur des mécanismes de perpétuation qui participent au maintien d'une certaine indétermination des assignations identitaires. Cette indétermination est souvent perçue comme un avantage dans un contexte sociopolitique marqué pendant plusieurs décennies par la transformation violente des mécanismes du pouvoir, au sein desquels s'intègre de façon durable l'usage politique et idéologique des catégories de l'identification sociale, et donc leur dangerosité.

L'exercice de la mémoire équivaut avant tout, dans le contexte particulier de mon étude, à des pratiques commémoratives, celles-ci ne s'entendant que comme une constante récapitulation, reformulation et manipulation des fondamentaux de l'identité familiale et collective. Or l'existence d'un corpus délimité, fixé et définitif rend ces manipulations bien plus difficiles, dans la mesure où le discours réaménagé, refait, en fonction des exigences d'un contexte spécifique risque de se trouver en porte à faux avec un récit rédigé de façon définitive, qui peut en outre être notoire s'il est publié. On comprend alors mieux toutes les réticences manifestées à l'encontre d'une instrumentation par trop directive de documents administratifs ou personnels. Il en va de même pour la rédaction des légendes familiales dont l'utilité sociale et symbolique est diminuée par le fait qu'elles ne peuvent plus être modifiées sans présenter les signes manifestes d'une falsification.

Un récit public, publié et donc figé n'est ainsi envisageable, et finalement produit, que dans le cas d'un péril identitaire fort ou d'une réelle mise en danger de la survie symbolique du groupe. En revanche, l'écriture n'est jamais autant légitime que lorsqu'elle se conçoit comme une introspection personnelle, qu'elle se fait autobiographique, intime, romanesque ou poétique et qu'elle n'obéit pas aux exigences de l'analyse historique. En dehors de ce cadre, chaque texte court le risque d'être mal reçu ou contesté, les familles y percevant moins un tribut versé au prestige de leur lignée qu'une entrave à leur mode de perpétuation identitaire. Et s'il faut pouvoir récapituler et donc réécrire pour être en mesure de procéder à une perpétuation identitaire convenable, il s'agira alors toujours en ce domaine de préserver cette dialectique mémorielle qui prend appui sur l'oubli, le non-dit et l'omission, celle-là même que rend possible l'oralité.

L'analyse des relations qu'entretiennent les Mologžany avec les quelques objets qui servent de support à la perpétuation de la mémoire communautaire montre toutefois que le recours à la conservation n'est pas la seule démarche possible en ce domaine. Le remarquable empressement démontré par les Mologžany à céder spontanément au musée Mologa ou à l'association du *zemlâčestvo* certains de leurs biens mobiliers ou personnels les plus rares, alors même que leur exil forcé et rapide a fragilisé et amoindri leur patrimoine mobilier, nous a ainsi également semblé intéressant à analyser. Cet engouement pour le legs et la cession a permis de constituer rapidement un fonds muséographique aussi riche qu'hétéroclite. Mais l'empressement à donner n'a pas été sans poser aux muséographes et aux conservateurs d'importants problèmes de choix, de conservation et de stockage, soulevant des questions relatives aux enjeux identitaires de la conservation mémorielle. L'importance de ces dons manifeste peut-être alors la dangerosité symbolique que certains objets, qui révèlent un art de vivre disparu ou un train de vie prospère et une condition aisée, persistent à conserver. Le risque de posséder est parfois encore ressenti de façon diffuse mais réelle, dans un environnement où les signes extérieurs de richesse persistent à être mal perçus et mal considérés. La peur de se distinguer, d'être distingué, pour des motifs économiques, semble tenace.

Certes, quelques familles procèdent à une conservation systématique de leurs propres documents et de leurs papiers de famille, tels les N. chez qui six générations sont représentées dans l'album familial et où les actes de naissance ou de décès sont précieusement sauvegardés. Toutefois ces familles sont peu nombreuses. Il apparaît en effet que le fait de conserver des traces matérielles du passé a durablement été associé à une prise de risque. J'ai pu ainsi constater que les documents familiaux, qu'ils soient imprimés ou manuscrits (lettres, pièces administratives, photographies), n'étaient conservés que dans la mesure où ils étaient intégrables sans danger au discours mémoriel, et donc directement utiles à une perpétuation identitaire socialement conforme. Les photographies de parents éloignés, moins bien connus, moins clairement identifiés aussi, sont ainsi plus facilement confiées au musée de la ville ou aux archives régionales, voire jetés.

Car, de façon paradoxale, ce sont des pratiques de destruction qui me semblent demeurer au cœur même de cette dialectique de la production mémorielle mise en place par la communauté des gens de Mologa. Les pratiques de destructions, fréquentes et récurrentes, révèlent que le souvenir des objets est finalement plus utile pour la mise en place d'un mécanisme de perpétuation identitaire que les objets eux-mêmes. Là aussi, le mythe et l'oubli sont plus utiles que l'histoire et ses traces.

La destruction prend ainsi plusieurs formes, la première étant l'anéantissement pur et simple des supports matériels de la mémoire privée. Il est de prime abord concevable que, dans le contexte soviétique pour le moins, la dangerosité idéologique et politique intrinsèque de certains supports de l'identification sociale ait pu conduire les familles de Mologa à privilégier l'altération durable ou la destruction définitive du moindre marqueur d'une identité sociale stigmatisée (c'est notamment le cas des objets – bijoux, vêtements, ouvrages – porteurs de signes religieux) et plus généralement du moindre signe extérieur de richesse.

Nombreux sont ceux, toutefois, qui continuent dans le contexte post-soviétique à détruire ou qui se débarrassent d'objets anciens alors même que les supports matériels de la mémoire familiale restent rares. Les justifications qui sont données à ces destructions sont alors extrêmement révélatrices : « Je ne me souviens plus exactement de qui ils étaient. Personne n'en a besoin – *nikomu ne nužny* –, je les jette », m'expliqua ainsi un jour une aimable septuagénaire en déchirant de vieux portraits photographiques jaunis datant manifestement de la première moitié du XXe siècle.

Il semble ainsi que, lorsque la mémoire de l'objet fait défaut, c'est l'interprétation que chacun est en mesure de lui donner et, par là, son statut qui vacillent et qui sont mis en péril. La fonction mémorielle et identitaire des objets prime sur leur existence même : le souvenir mentionné d'une photographie disparue reste symboliquement plus efficace qu'une photographie à laquelle on ne peut donner de justification. Et personne ne semble, aujourd'hui encore, vouloir prendre le risque de voir le sens des supports de mémoire échapper au groupe familial.

Car tous les objets sont finalement dépositaires d'un équilibre symbolique fragile entre une utilité identitaire et une dangerosité politique, équilibre qui, durant la période soviétique, pouvait à tout moment basculer dans le sens d'une mise en cause de la survie physique des individus et des groupes familiaux. C'est à ce titre que l'icône familiale fut en son temps brûlée, enterrée ou enfouie, ou encore que cette banale photographie d'un aïeul endimanché contribuant à désigner son descendant comme un ennemi du peuple puisque issu d'une classe sociale félonne fut déchirée ou brûlée.

Mais la destruction peut aussi être indirecte, détournée, différée à travers l'enfouissement, la dissimulation ou l'archivage. Il en va de la destinée paradoxale des stèles funéraires du cimetière de Mologa. Inondées et restées submergées pendant cinquante ans, elles surgissent enfin pour être enterrées à nouveau afin de les préserver du pillage. Ainsi, de façon ultime, elles demeurent plus utiles dans leur absence que par leur présence. Là encore, l'objet s'efface derrière l'usage symbolique et social qu'on lui confère. Il paraît extrêmement paradoxal et révélateur à la fois qu'en ce début de XXIe siècle la communauté des déplacés soit finalement obligée d'enfouir et par là d'escamoter les supports de sa mémoire collective pour mieux les préserver, alors même qu'elle cherche à faire émerger son territoire identitaire de l'oubli. Lorsque surgissent ces « procédures boiteuses » [Vernant, 2001], lorsque le mythe prend le pas sur l'histoire et que la destruction prime sur la conservation, la communauté révèle alors effectivement l'inquiétude et le défaut de dialogue avec elle-même sur lesquels prend appui sa mémoire.

ARCHÉOLOGIE DU SOUVENIR ET FONCTION SOCIALE DU SECRET

L'ultime étape de cette réflexion sur le secret dans les pratiques mémorielles porte non plus sur les façons de mettre en mémoire, mais bien sur les façons de se souvenir. Je souhaiterais en effet m'interroger pour finir sur certaines façons de restituer la mémoire et sur ce qui peut les modeler. Car, en matière de souvenir, les façons de faire des Mologžany ont manifesté un certain nombre de spécificités, à travers notamment une relation privilégiée et structurante à la dissimulation. Au-delà des petits et grands silences qu'ont fait durer certains de mes interlocuteurs manifestant, à travers leurs esquives et nombre de confusions, parfois sciemment entretenues, un mélange d'angoisse, de peur, de culpabilité et de mauvaise foi aussi, au-delà des délits et des crimes dont certains ont été les témoins et qu'ils ont longtemps tus, se révèle un immense silence sur leur passé soviétique et la période stalinienne qui reste le plus souvent innommée. Innommable ? Il y a des sigles (KGB, NKVD, goulag) qui ne trouvent pas leur place dans le récit des déplacés.

Toutes les mémoires que j'ai pu collecter ou que j'ai vues à l'œuvre ont ainsi fait la preuve, d'emblée et de façon très explicite à travers un certain nombre de silences maintenus, ou bien de façon plus insidieuse à travers des révélations tardives et des dévoilements différés, d'un usage élargi du secret. Secrets de famille ou secrets d'État, choses sues mais tues, mais aussi données consciemment et inconsciemment falsifiées, dissimulées ou définitivement évacuées : les formes du secret sont, dans la communauté observée, comme à l'époque soviétique [Hutchings, 1987], encore innombrables. Au point que la restitution de chaque témoignage peut parfois prendre la forme d'un étourdissant « carnaval » [Plioutch, 1977] où viennent s'enchevêtrer et parfois s'emmêler les fils multicolores des destinées personnelles et collectives, et que la société russe dans son ensemble puisse à bien des égards être considérée comme une société du secret.

L'exemple qu'offre le rapport entretenu par les déplacés de Mologa avec leurs archives, rapport complexe et parfaitement paradoxal aux supports matériels du souvenir, est particulièrement révélateur des façons d'avoir recours au secret pour se fabriquer une mémoire. Les pratiques d'archivage tout autant que l'usage social qui en est fait démontrent ce faisant plus d'un lien de parenté avec les pratiques de conservation et de transmission des objets telles que j'ai pu les présenter précédemment.

En matière d'archive, la situation particulière de la communauté des Mologžany demeure ainsi à l'image de la situation russe [Werth, 1993 et 1995]. Créées localement, à Mologa en 1920 et à Rybinsk en 1921 par le commissariat à l'éducation populaire, en opposition à ceux qui militaient pour la destruction des « documents inutiles », les archives de l'époque soviétique concentrent la majeure partie des documents administratifs concernant les districts de Rybinsk, Brejtovo et Nekouz et de façon générale des territoires inondés. Les archives les plus anciennes ont, quant à elles, été le plus souvent transférées au centre archivistique régional de Yaroslavl, dont dépend administrativement l'antenne de Rybinsk vers laquelle ont été évacuées à partir de 1936 les archives des zones inondables et notamment celles de Mologa. L'antenne de Rybinsk occupe désormais une douzaine d'archivistes qui gèrent plus de neuf cents fonds différents logés jusqu'en 2000 dans la nef, les transepts et la crypte de la Collégiale du Saint-Sauveur, le principal édifice religieux de Rybinsk, avant que celui-ci ne soit finalement rendu à l'Église et que les documents ne soient déménagés vers des bâtiments administratifs situés en périphérie de la ville.

À Rybinsk comme ailleurs, le degré d'accessibilité des fonds varie en fonction de leur nature : certains sont encore estampillés *SS* (*soveršenno sekretno* : absolument secret) ou plus simplement *sekretno* (secret) ou bien *DO* (*dopusk ograničen* : accès limité) et ne peuvent alors être consultés que par certaines personnes dans des conditions bien précises (délais de réserve, chercheurs accrédités par les ministères concernés, diffusion filtrée) [Werth, 1995].

L'examen des archives locales, entamé à l'automne 1995 grâce à l'appui de NikolaÎ Makarovič Alekseev, directeur du musée Mologa, m'a permis de constater assez rapidement que les fonds disponibles susceptibles de concerner mon travail étaient si nombreux qu'il était indispensable de concentrer le dépouillement des documents sur quelques objectifs ponctuels. Aidée dans mes choix par Natalia Vladimirovna Lipovskaïa, sous-directrice des archives municipales et responsable de la consultation, j'ai orienté mon étude vers l'établissement d'un premier bilan des données de l'état civil[1], d'une part, et vers une consultation raisonnée des archives notariales[2] et judiciaires[3] d'autre part. Puis j'ai dépouillé aux archives régionales de Yaroslavl, en 2000 et 2001, les fonds du recensement réalisé en 1895 à Mologa en me concentrant sur les quartiers nord de la ville où résidait jusqu'à l'inondation une grande partie des familles interrogées.

Les fonds consultés m'ont ainsi amenée à dépouiller des dizaines – dans le cas particulier du recensement, des centaines – de dossiers regroupant des milliers de feuillets très soigneusement manuscrits jusqu'au milieu du XIXe siècle, puis faisant progressivement figurer des formulaires imprimés remplis plus hâtivement à la plume, et pour finir fréquemment dactylographiés à partir de la seconde moitié du XXe siècle. À Rybinsk même, le dépouillement de ces documents, réalisé dans une petite salle exiguë, humide et sombre qui prêtait à la solidarité entre lecteurs, m'a également mise en contact avec un certain nombre d'érudits locaux, membre de la communauté des déplacés, pour la plupart d'anciens enseignants ou fonctionnaires à

1. Fonds consultés : 418, 419 et 444 pour les années 1875, 1888, 1889, et 1922 à 1925.

2. Fonds consultés : 296 pour les années 1935, 1936, 1941, 1945 et 1948.

3. Fonds consultés : 605 pour les années 1918, 1919 et 1920.

la retraite, qui menaient dans ces archives des recherches personnelles portant le plus souvent sur des figures en vue de l'histoire locale et parfois sur leur propre parentèle. J'ai pu les interroger sur leurs motivations et sur le rapport qu'ils pouvaient entretenir avec cet immense réservoir d'informations archivées qu'ils participaient à explorer.

Les annexes locales des archives régionales en général, et celle de Rybinsk en particulier, représentent en effet et de façon très manifeste un formidable laboratoire pour une compréhension fine de tous les processus sociaux et culturels qui se sont déroulés en Russie depuis le début du XXe siècle. Ce sont des espaces de conservation quasi systématique des traces de l'activité collective et individuelle : procédures judiciaires et administratives, presse locale et correspondances des personnages importants, les documents publics et privés les plus divers y ont été conservés en très grand nombre.

Le caractère massif et durable de ces pratiques systématiques d'archivage, qui se poursuivent aujourd'hui encore et qui sont de plus nourries par les familles qui lèguent souvent au musée ou aux archives municipales lors du décès d'un proche – pour peu que celui-ci ait connu la notoriété – la totalité des documents le concernant ou en sa possession, révèle un « mal d'archive » [Derrida, 1995] bien particulier qui entraîne un vrai paradoxe. L'importance et l'aspect manifestement stratégique de cet archivage pour l'État, étant donné les moyens matériels et humains qui ont été et continuent d'être mobilisés pour permettre cette conservation, semblent en effet *a priori* entrer en contradiction avec un usage hypertrophié du secret. Au secret de l'information elle-même (celui notamment des documents estampillés *sekretno*) vient s'ajouter le secret de l'administration qui la produit (c'est le cas bien entendu des documents rendant compte de l'activité du KGB mais aussi de nombreux départements de divers ministères dont celui de la Défense, de l'Intérieur, de la Justice), et même celui des collaborateurs qui les rédigent (c'est plus précisément le cas des *seksot* – abréviation de *sekretnye sotrudniki,* ces innombrables civils, interlocuteurs et souvent délateurs, désignés comme des collaborateurs secrets des organes de sécurité de l'État). Dans l'archive soviétique, chaque élément est potentiellement contaminé par le secret.

L'omniprésence du secret conditionne, aujourd'hui encore, une forte restriction de l'accès aux archives. À la question de la classification des archives – il existe en Russie une catégorie d'archivage tout à fait particulière destinée à interdire la consultation de documents pour… l'éternité ! – qui revient à instaurer différents niveaux de secret, et donc de sensibilité, de risque ou de dangerosité, s'ajoute en effet, en Russie comme partout, la question de la légitimité (institutionnelle, juridique ou morale) de la personne autorisée à y avoir accès. Ce respect et cette prévenance pour le secret sont partout. De fait, le nombre des personnes ayant recours aux archives pour des raisons privées ou professionnelles est au sein de la communauté de Mologa très réduit.

Le paradoxe du faible usage qui est fait de ces documents, alors même qu'ils sont conservés de façon pléthorique, n'est compréhensible, il me semble, que si l'on en revient encore une fois aux mécanismes de fonctionnement de la mémoire, et que l'on prend en compte la part importante d'intervention active que celle-ci génère. En effet, de récents travaux d'historiens de l'URSS montrent que, de la même façon que les familles russes contemporaines procèdent à la manipulation de leur capital mémoriel en préférant détruire les supports matériels de leurs souvenirs au profit du maintien d'une dynamique mémorielle, la mémoire russe soviétique et post-soviétique produite à l'échelle collective a elle aussi procédé par omissions, distorsions, récapitulation, réécriture et transformations successives [Pennetier et Pudal, 2002].

C'est ainsi dans le contexte de multiples interventions privées et publiques sur le sens conféré au passé proche et lointain, lorsque prédominent des enjeux politiques et idéologiques vitaux correspondant à la quête de légitimité d'un État neuf, et pour répondre autant à une nécessité de connaître pour mieux contrôler qu'à un besoin de fabrication de mémoire et d'identité collectives, que le principe de l'archivage systématique a été favorisé. Ce mécanisme a permis que soit constitué un réservoir immense d'informations, toujours disponible pour une utilisation politique et polémique éventuelle. Car les vrais enjeux du stockage et du déstockage de l'information résident autant dans un impératif de conservation et de reconstitution d'une vérité historique, par nature critique puisque débattue, que dans la possibilité d'instrumenter ce qui a été archivé.

La prise en compte de telles archives oblige aussi à s'interroger sur la portée euristique de ces sources. Elle amène à saisir le jeu qui peut s'instaurer et les difficultés qui peuvent s'immiscer entre une portée simplement locale et une lecture plus globale des informations qui y sont conservées. Pour le cas qui nous occupe, ne s'agit-il que du témoignage suppliant de madame Ušakova qui se désespère à l'idée de perdre son toit et de se retrouver avec ses trois enfants sans abri ? Où bien est-il possible de repérer aussi là une partie des dysfonctionnements de la machine administrative soviétique ? Paul-André Rosental [2001] a pointé la portée archétypale et exemplaire des matériaux récoltés à une échelle microlocale, et l'usage scientifique élargi qui pouvait en être fait. Instantanés paradigmatiques des règles qui déterminent les comportements collectifs, les documents privés révèlent en effet, pour qui veut y accorder une attention soutenue, les mêmes logiques sociales que les données collectées à une large échelle. Or, si les historiens, démographes ou encore sociologues occidentaux qui s'intéressent au présent de la société soviétique et post-soviétique ont exploré de façon privilégiée les fonds nationaux et régionaux disponibles dans les archives des grandes capitales, ils ne se sont pour l'instant intéressés que dans une moindre mesure aux archives locales. Le recours à ce genre de matériaux a donc représenté dans le cas de Mologa un double intérêt : les données disponibles localement permettent de poser précisément le contexte social, économique ou encore religieux de cette enquête et de mettre les informations qualitatives recueillies oralement en perspective, mais elles donnent aussi une juste mesure de l'étendue et de la richesse de mémoires institutionnellement conservées à l'échelle locale.

Il est alors peut-être utile de rappeler l'une des spécificités des documents à partir desquels la mémoire des familles et de la collectivité est reconstituée et restituée. Ces archives sont en effet principalement constituées de documents administratifs : procès-verbaux de réunions, plaintes d'individus faites aux institutions et réclamations entre services administratifs concurrents ou encore rapports d'activité d'administrations locales. Or, dans le contexte soviétique pour le moins, ces archives demeurent très particulières dans la mesure où chaque document administratif conservé présente les caractères d'une archive policière, mobilisable pour repérer ou stigmatiser un individu. Jean-Marc Berlière rappelle à propos du cas français :

> Plus que toute autre, l'archive de police est une « archive interdite », entre autres raisons parce que, ne pouvant préjuger de l'utilité future de toute information, même la plus absurde, les policiers ne trient rien : ils accumulent et conservent tout. On l'imagine volontiers, la calomnie, le mensonge, les accusations et les propos les plus improbables côtoient la vacuité la plus totale dans des dossiers qui constituent d'authentiques « poubelles de l'histoire ». [...] C'est une des raisons d'un accès restreint [Berlière, 2001, p. 120].

À Rybinsk comme ailleurs, les enjeux de la conservation des archives dépassent donc de simples considérations locales, puisque ce sont les administrations centrales de tutelle qui en sont à la fois les commanditaires et les propriétaires. Pour l'anthropologue, si les archives font la preuve d'une vérité et donnent accès à des informations et à du sens, ce sens est autant celui d'un texte que celui du contexte qui a présidé à la production du document. Ces contextes et ces espaces de représentation demeurent toutefois encore souvent imprécis pour la Russie provinciale soviétique et post-soviétique, car ils ne font que depuis une quinzaine d'années à peine l'objet de l'intérêt intensif de chercheurs. Pour les gens de Mologa, le recours à l'archive s'entend au contraire toujours comme un recours au texte, le plus souvent à un extrait de celui-ci sorti de son contexte, que l'on fait parler sur le passé, dans une logique d'exégèse externe et littérale, qui est produite pour, puisque sollicitée par, le lecteur. Le texte existe alors au pied de la lettre. C'est sur le contexte de production du document que le silence est souvent maintenu.

C'est ainsi qu'en Russie, au cœur des logiques d'archivage et de recours à l'archive, perdure l'usage social élargi du secret, entendu comme une capacité à dissimuler, à voiler et à différer l'émergence d'informations dont la dangerosité est potentielle. Au point que le secret paraît être un préalable fondamental et non un moment second de l'existence et de l'usage de ces archives, de la même façon que la dissimulation demeure un fondement essentiel du lien social dans une société où le contexte à partir duquel le document – ou à un autre niveau l'identification sociale – est interprété reste éminemment instable, mouvant et dangereux. Reproduite et perpétuée par l'usage de l'archive, la dangerosité du signifié subsiste alors, de façon première et fondatrice. Bien plus, c'est l'instrumentation et l'usage même du secret qui semblent fonder la nécessité et la cohérence des archives. Et ce qui est tu représente à une échelle plus vaste le fondement de ce partage d'implicite qui scelle le lien social. Il existe même en Russie un passage légitime de l'ordre du secret (*sekret*) à celui du mystère (*tajna*), cette catégorie métaphysique du secret. Ce sont les secrets de famille, désignés en Russie comme des mystères familiaux (*semejnye tajny*), qui confèrent aux légendes privées leur qualité ultime, en fondant par leur densité tragique la véracité et la légitimité même du récit.

La nécessaire perpétuation du secret jette alors une lumière particulière sur les façons de construire le souvenir en Russie, et par voie de conséquence sur mon enquête. Celle-ci ne pouvait relever que d'une archéologie du symbole. Car chaque strate d'information, chaque couche de sens possède sa vérité propre qui renvoie à son contexte, à un moment historique et social particulier. Le travail anthropologique y révèle alors lentement le feuilletage, ou la production en strates, d'identités sociales successives.

L'existence structurelle de dissimulations tout autant que ce recours systématique au secret permettent quant à eux une double mise au jour. La nécessité de sauvegarder les secrets révèle en premier lieu le poids immense de normes sociales et comportementales qui font là la preuve de leur pérennité. Car le moteur de la dissimulation est ce besoin absolu de conformité sociale qui représentait pendant les années les plus dures du régime soviétique le seul gage de survie. Ce poids des normes correspond aussi au règne des modèles sociaux et des biographies exemplaires. En cela la perpétuation de l'usage du secret soumet véritablement autant qu'elle protège. En effet, s'il offre de manière circonstancielle les moyens d'une survie, le secret représente aussi toujours une menace. La détention d'un savoir caché demeure souvent bien plus dangereuse que l'ignorance, qui permet de préserver un semblant de liberté. Mais cet usage social élargi et presque hypertrophié du secret révèle simultanément la fragilité des normes sociales. C'est l'incertitude quant à la longévité ou à l'extension de la validité de la norme édictée, autant que sa force, qui oblige à conserver toujours présent (mais nécessairement latent) un réservoir de sens et de savoir potentiellement alternatifs.

Ce sont la complexité et le poids de ces enjeux macrosociaux qui impliquent que le secret (son existence autant que sa diffusion, ou sa mise au jour partielle ou totale) demeure de façon générale en Russie post-soviétique au cœur du lien social, et donc au centre des relations ethnographiques que j'ai été amenée à nouer sur le terrain. Or ce genre très particulier de relation sociale qu'est la relation d'enquête admet, c'est-à-dire incorpore mais participe aussi à reproduire, une instrumentation autant qu'une perpétuation du secret. La pratique ethnographique exige un savoir-écouter qui produit un devoir-taire, elle appelle à composer avec les corollaires du témoignage et de la restitution de l'expérience vécue, qui peut à l'occasion prendre la forme de l'aveu de complicité de délits ou de crimes. Mener une ethnographie de mémoire des Mologžany m'a en cela aussi amenée à faire un état des lieux des compromissions et des lâchetés aussi souvent qu'un inventaire des sacrifices et des conduites héroïques. L'ethnographe devient alors le destinataire par défaut de petits et de grands secrets. La poursuite de son travail exige toutefois que ceux-ci restent tus. L'ethnographie admet ainsi le secret, elle s'en nourrit pour mieux le perpétuer. Le statut d'intrus de l'ethnographe ne vient rien changer aux dynamiques sociales qu'il cherche à comprendre et qu'il participe finalement à reproduire. Et ce règne des secrets fait de façon ultime de l'espace social post-soviétique un espace privilégié pour le développement d'autres travaux anthropologiques pour autant que ceux-ci se déploient à travers un jeu de dévoilement progressif de l'implicite et du caché.

Ainsi entendus, les usages symboliques de l'écriture, comme ceux de l'archive, révèlent les principes qui animent la perpétuation de soi et de la construction de la mémoire en Russie. Au cœur de ces pratiques identitaires demeure la manipulation, celle-ci étant entendue comme un processus continu de remodelage, des divers composants de l'identification. Les logiques de perpétuation mémorielle révèlent des logiques de récapitulation qui intègrent une dynamique d'épuration et de remodelage de signifiants symboliques multiples et souvent disparates. Le fonctionnement de la mémoire collective implique une perpétuelle reformulation et une conservation sélective des informations, compose avec une réalité historique qu'elle voile et dévoile sans l'escamoter tout à fait ni jamais la mettre au jour tout entière.

Les usages sociaux du secret impliquent aussi une double conséquence. Il n'y pas plus en Russie de devoir de mémoire que de révisionnisme, ou d'école interprétative constituée, mais bien plutôt un ensemble mouvant fait d'ajustements successifs au sein duquel le lien au passé, si manipulé et reconstruit soit-il, fonde et fait la cohérence. Il y a en Russie une mémoire qui émerge dans une vérité plus volontiers esthétique que critique. À cet égard, tous les souvenirs utiles cohabitent. Cette logique, qui conditionne la disparition ou l'apparition de certains éléments, n'est possible qu'à partir d'un fonctionnement mémoriel matriciel qui intègre, transpose, transforme les éléments identitaires en fonction des contextes ou des impératifs et de leur variation. La fabrication et la perpétuation d'une mémoire commune s'effectuent donc en Russie de façon éminemment syncrétique : il n'y a pas de capitalisation ni de sédimentation en ce domaine. Et l'on comprend mieux comment les légendes familiales arrivent à intégrer et à faire coexister ensemble des éléments aussi disparates et hétéroclites que ceux qui sont empruntés à leur passé prérévolutionnaire, tels que les rituels mortuaires et les représentations sur la régénération des vivants par les morts par exemple, et ceux qui sont issus de la période soviétique, et dont relève la glorification des héros de la grande guerre patriotique notamment. Lénine et la Mère de Dieu sont des figures qui donnent lieu à de mêmes usages, à des instrumentations semblables et il n'est pas rare de les voir se côtoyer dans les intérieurs des Mologžany.

Chaque histoire particulière possède ses propres repères dans le temps et dans l'espace ; elle est maîtrisée et perpétuée à travers des processus qui font primer l'oral sur l'écrit et la création, puis la transmission, d'une légende familiale ou communautaire sur la conservation d'éléments positifs et fixés. Le fait qu'il existe un usage restreint mais stratégique de l'écriture, comme du document historique ou administratif, suggère que la mémoire particulière se décompose en éléments de nature, de signification et de portée différentes. En effet, autant le savoir historique supporte la fixation et semble détaché de tout investissement affectif, autant les récits biographiques où l'émotion est plus importante ne font que tolérer leur rédaction, et autant la mémoire privée en tant que légende et pathos se dérobe à l'écriture et ne semble exister que dans la mesure où elle est énoncée.

Au cœur de ces dynamiques mémorielles, où constructions et conservations se côtoient, se trouvent le secret et la commémoration : les actes d'allégeance identitaire par excellence. Ceci m'amène à suggérer pour finir que l'une des dimensions essentielles de la mémoire individuelle et collective en Russie se trouve peut-être justement dans la nécessité de récapituler et de manipuler sans fin les éléments qui la constituent. Chaque récapitulation compose avec les impératifs, les interdits et les urgences du moment et propose diverses versions – instrumentales, vocales – d'un même thème musical dont chaque interprétation particulière permet de faire saillir ou au contraire d'atténuer certains motifs. C'est, me semble-t-il, ce lien essentiel entre la mémoire et sa récapitulation en acte et en marche qui est de façon ultime réaffirmé à travers l'intérêt social considérable que continuent de susciter les événements commémoratifs, qu'ils soient d'ordre privé ou public.

Chaque légende singulière révèle une part fondamentale de manipulations ; l'examen des usages sociaux de l'archive en Russie montre que, pour la mémoire collective, il en va de même. La consultation de documents archivés en Russie exige en ce sens au moins autant de recul et de circonspection de la part du chercheur que la prise en compte du discours direct des interlocuteurs. L'exercice prouve qu'il n'est pas toujours possible de repérer immédiatement la manipulation des données et sa nature (s'agit-il d'une simple omission ou d'une intervention directe ?), d'en déterminer l'origine (quand a-t-elle eu lieu et qui l'a réalisée ?), et encore moins d'en reconstituer la motivation. Ce sont toutes ces difficultés qui rendent, finalement, l'exploitation des ressources archivistiques aussi complexe que passionnante, et qui permettent d'accéder à la part essentielle de nécessité que ces constructions symboliques participent à nourrir. Mais qu'en est-il alors de la mémoire de ce qui n'est pas documenté et informé par l'archive institutionnelle ? Qu'en est-il du souvenir de ce qui n'a pas laissé de trace administrative, de ces morts sans sépulture pour lesquels l'administration des Volgolag n'avait pas besoin de solliciter de permis d'inhumer ? L'usage du secret ne favoriserait-il pas la pérennité du mythe ?

Épilogue

La mémoire des déplacés de Mologa est à l'image du territoire fondateur de l'identité communautaire : engloutie en 1941, au cœur de la période stalinienne, elle émerge dans un présent désormais post-soviétique et se transforme lentement, mythifiée pour gagner en consistance et en pérennité. Car le processus physique de sortie des eaux du territoire originaire des Mologžany a mis en mouvement d'autres mécanismes, proprement symboliques et logiques ceux-là, qui participent à mettre en forme de façon syncrétique et dynamique un ensemble complexe de référents.

Au sein de cet ensemble, les personnages du passé et les repères spatiaux occupent une place prépondérante au point de venir masquer les référentiels proprement chronologiques ou historiques. Les souvenirs d'une Mologa des temps plus anciens participent ainsi à occulter les événements et les traces de la période soviétique. La mémoire des Mologžany prend dès lors la forme d'une géographie affective peuplée d'ancêtres et d'hommes illustres que les fantômes des Volgolag – ces voisins d'un temps, vite oubliés – ne sont pas parvenus pour l'instant à venir troubler. Mologa, ce territoire identitaire qui fait l'objet de toutes les préoccupations, est finalement réinvestie d'une ultime façon à travers la préoccupation que manifeste désormais le *zemlâčestvo* quant à son futur.

Revenant « du néant », selon leurs propres termes, dans le présent, les gens de Mologa s'inquiètent de leur avenir. Le groupe des déplacés revendique à cet égard désormais d'être partie prenante dans la gestion du territoire englouti. Il souhaite devenir un interlocuteur incontournable dans des débats locaux et nationaux sur l'avenir du réservoir de Rybinsk, débats dont la tonalité générale glisse imperceptiblement d'une dimension proprement identitaire et culturelle vers celle touchant à des préoccupations d'ordre écologique et juridique. L'émergence d'une tonalité politique au sein des questions mémorielles constitue à ce titre un fait récent. Mais cette ouverture sur le politique se limite pour l'instant à l'examen de questions administratives et foncières sans prendre la forme de débats proprement idéologiques. Car les gens de Mologa ne se positionnent sur le plan très matériel du patrimoine que pour conforter le plan plus métaphysique de l'identité, à travers la mise en avant d'une « écologie de la mémoire » (*ekologia pamâti*).

L'association des anciens déplacés collabore à l'élaboration d'un vaste projet scientifique et économique qui vise à donner à l'espace constitué du lac et de ses environs un statut de zone expérimentale. Ce statut permettrait qu'y soient menés des projets de développement pionniers en matière de prise en charge du patrimoine écologique et historique, intégrant le tourisme mémoriel comme un pivot essentiel des ressources et du développement économiques régionaux et dont l'une des variantes serait l'ouverture d'une sorte de Mologa-land sur le modèle des parcs d'attractions américains. La presse nationale et internationale[1] s'est ainsi fait l'écho et le relais de ces revendications présentées lors d'une table ronde [*Problemy*..., 2003] qui s'est déroulée à Yaroslavl du 5 au 7 juin 2003, conférant à ce projet encore très largement programmatique et virtuel un niveau de réalité supplémentaire.

Ces enjeux économiques et politiques nouveaux permettent ainsi aux médias de mettre en perspective de façon illustrée le thème encore très délicat de la mémoire du stalinisme et de son

1. *Cf.* l'article du *Guardian* du 1er juillet 2003 qui faisait suite à deux articles des Izvestia des 25 et 26 juin 2003.

héritage, sans pour l'instant soulever de questions gênantes. En offrant une issue et des perspectives à ce qui n'était jusqu'à présent qu'un tragique et désespéré état des lieux, l'exemple de Mologa permet d'intégrer un passé proche encore très douloureux, sur lequel presque rien n'est publiquement dit, à des préoccupations contemporaines.

Car, de façon très judicieuse, la communauté des gens de Mologa s'est constituée sur une base légale qui lui confère désormais toute légitimité dans ses actions publiques ; la question de la mémoire de cette communauté se pose non plus tant du point de vue de ce qui a été reçu mais bien plutôt du point de vue de ce qui pourra et devra être transmis aux générations futures. C'est en premier lieu pour répondre à des enjeux symboliques de perpétuation de soi que le groupe revendique le droit d'assumer directement la gestion de l'avenir du territoire. En posant la question de ce que leur espace de référence est appelé à devenir, les générations les plus jeunes, qui ont largement contribué à institutionnaliser l'identité du groupe, soulèvent explicitement le problème de ce qui sera laissé à leurs propres descendants, conscients de l'altération inévitable des supports de la mémoire collective, de la fragilité et du caractère ténu de ce territoire empêché.

Pourtant la construction de la mémoire de cette communauté particulière est aussi traversée de dynamiques qui dépassent le seul cadre des enjeux identitaires locaux. Car en s'appropriant de façon exclusive la mémoire du territoire, et en excluant d'autres populations comme celle des anciens détenus du goulag des pratiques commémoratives, la communauté des déplacés maintient son rapport au passé soviétique et stalinien dans une profonde ambiguïté. Le besoin de se souvenir s'appuie ici sur une volonté d'oublier. La question du voisinage des camps n'est ainsi jamais abordée, ni évoquée en public. Et le souhait de faire revivre le territoire participe à l'effacement, en cours à l'échelle nationale, de la trace d'autres destructions commises notamment pendant la période stalinienne. *Quid* des fantômes de la mémoire et de ce qu'ils représentent ? Quel statut et quelle postérité conférer à ces figures déniées d'un passé commun à tous les Russes ? Le silence collectif est à ce point important qu'il amène à s'interroger sur la véritable nature de ce continent englouti, et à envisager la figure de l'Atlantide russe d'un tout autre point de vue.

Car le véritable continent englouti sous les eaux et dans les mémoires se révèle être aussi le territoire des camps. C'est bien le souvenir de l'espace du goulag qui semble s'être dissous dans les méandres mémoriaux de la Russie post-soviétique. La véritable Atlantide russe n'est-elle pas cet archipel concentrationnaire constitué de milliers de sites d'internement, et dont ni la mémoire sociale, ni la mémoire muséographique, ni même une mémoire mythique n'ont pour l'instant trouvé leur légitimité ?

Bien plus, cette autre figure (bien moins légitime) d'une Atlantide russe rappelle que c'est l'ensemble du siècle soviétique qui ici est passé sous silence. L'immersion maintenue du continent concentrationnaire signale le naufrage de toute une époque et l'incapacité dans laquelle semble pour l'instant se trouver la communauté des déplacés et, au-delà d'elle, la société russe tout entière de restituer, pour elle-même et pour les autres, un panorama complet de son histoire récente. À ce titre, la mise en avant de préoccupations écologiques et identitaires locales participe à masquer l'absence à l'échelle nationale de questionnement juridique ou moral sur les responsabilités individuelles ou collectives dans l'organisation, la mise en œuvre et la gestion sur plusieurs dizaines d'années d'un système concentrationnaire tentaculaire, et participe aussi à la non-reconnaissance des préjudices subis par les victimes. Il est vrai que la compatibilité de telles mémoires critiques avec celle, institutionnelle et publique, d'un État dont les dirigeants actuels sont les héritiers politiques des organes soviétiques de sécurité reste pour l'instant difficilement envisageable. La culture du secret est loin de n'être dans ce contexte qu'un vieux souvenir. Se taire, évoquer à demi-mot ou de façon allusive, recourir à des récits héroïques ou mythiques restent finalement un moyen commode de se souvenir. C'est ici même que s'ouvre donc un nouvel et immense chantier pour les anthropologues qui souhaiteraient prolonger un questionnement à plus large échelle sur le secret et la mémoire collective dans les espaces post-soviétiques. Il leur reviendra de s'interroger sur les traces et l'empreinte laissées dans les logiques et les pratiques sociales russes contemporaines de l'archipel concentrationnaire.

Bibliographie

ADAM J.-M., BOREL M.-J., CALAME C. et KILANI M., *Le Discours anthropologique, Description, narration, savoir*, Méridiens-Klincksieck, Paris, 1990.

ADON'EVA S. B., *Kategoriâ nenastoâšego vremeni (antropologičeskie očerki)*, Peterburgskoe Vostokovedenie, Saint-Pétersbourg, 2001.

AFANASSIEV Y. et NORA P., « Mémoire-Histoire », *50 idées qui ébranlèrent le monde, dictionnaire de la glastnost*, Progress/Payot, Moscou/Paris, 1989, p. 411-418.

AFFERGAN F., *Exotisme et altérité. Essai sur les fondements d'une critique de l'anthropologie*, PUF, Paris, 1987.

AFFERGAN F. (dir.), *Construire le savoir anthropologique*, PUF, Paris, 1999.

ALPERN ENGEL B., *Between the Field and the City : Women, Work and Family in Russia, 1861-1914*, Cambridge University Press, Cambridge, 1994.

ARMSTRONG K., *Remembering Karelia : a Family Story of Displacement during and after the Finnish War*, Berghahn Books, Oxford, 2004.

ASSMANN J., *Religion und kulturelles Gedächtniss*, C. H. Beck- Ten Studies, Munich, 2000.

AUGÉ M., *Théorie des pouvoirs et idéologie : étude de cas en Côte d'Ivoire*, Hermann, Paris, 1975.

– « Les lieux de mémoire du point de vue de l'ethnologue », *Gradhiva*, 6, 1989a, p. 3-12.

– « L'autre proche », *in* SEGALEN M. (dir.), *L'Autre et le Semblable*, CNRS, Paris, 1989b, p. 25-36.

– *Les Formes de l'oubli*, Payot, Paris, 1998.

BACZKO B., *Les Imaginaires sociaux. Mémoire et espoirs collectifs*, Payot, Paris, 1984.

BAHLOUL J., *The Architecture of Memory*, Cambridge University Press, Cambridge, 1996.

BALANDIER G., « L'anthropologue, ses secrets et ceux de l'autre », *in* PETITAT A. (dir.), *Secret et lien social*, L'Harmattan, Paris, 2000, p. 17-23.

BASTIDE R., « Mémoire collective et sociologie du bricolage », *L'Année sociologique*, 21, 1970, p. 65-108.

BENSA A. et FABRE D. (dir.), *Une histoire à soi*, Éditions de la MSH, Paris, 2001.

BERQUE A., « Douter du paysage », *in* BERQUE A. (dir.), *Cinq propositions pour une théorie du paysage*, Champ Vallon, Seyssel, 1994.

BERLIÈRE J.-M., « Des archives pour quoi faire ? », *Le Débat*, 15, 2001, p. 118-124.

BERTRAUX D., « L'approche biographique : sa validité méthodologique, ses potentialités », *Cahiers internationaux de sociologie*, LXIX, 1980, p. 197-225.

– *Biography and Society : the Life History Approach in Social Sciences*, Sage, Londres, 1981.

BESANÇON A., *Le Tsarevitch immolé*, Plon, Paris, 1967.

– « Présent soviétique et passé russe », *Contrepoint*, 14, 1974, p. 21-35.

BLOCH M. E., *How We Think They Think*, Westview Press, Boulder (Co), 1998.

BONNEMAISON J., CAMBREZY L. et QUINTY-BOURGEOIS L. (dir.), *Le Territoire : lien ou frontière ?* L'Harmattan, Paris, 1999.

BONNET F., « L'impossible mémoire russe », *Le Monde*, 4 septembre 2001.

BONNOT T., *La Vie des objets*, Éditions de la Maison des sciences de l'homme, Paris, 2002.

BOURSIER J.-Y., « La mémoire comme trace des possibles », *Socio-anthropologie*, 12, 2002, p. 5-22.

BOUTANG P., *Ontologie du secret*, PUF, Paris, 1973.

BRODY H., *Maps and Dreams*, Penguin Books, Harmondsworth, 1983.

BROSSAT A., COMBE S., POTEL J.-Y. et SZUREK J.-C. (dir.), *À l'est, la mémoire retrouvée*, La Découverte, Paris, 1990.

BRUNET R., « La géographie du Goulag », *L'Espace géographique*, 1981.

– *La Russie, dictionnaire géographique*, CNRS, GDR Libergéo – La Documentation française, Paris, 2001a.

– *Le Déchiffrement du monde, théorie et pratique de la géographie*, Belin, Paris, 2001b.

BRUNET R., FERRAS R. et THERY H., *Les Mots de la géographie. Dictionnaire critique*, CNRS-Reclus, Paris, 1993.

BUÉ A., « L'URSS et ses cartes », *Hérodote*, 47, 1987, p. 192-195.

BURDS J., *Peasant Dreams and Market Politics : Labor Migration and the Russian Village. 1861-1905*, University of Pittsburg Press, Pittsburg (PA), 1998.

CALAME C., *Thésée et l'imaginaire athénien. Légende et culte en Grèce antique*, Payot, Lausanne, 1996a.

– *Mythe et histoire dans l'Antiquité grecque. La création symbolique d'une colonie*, Payot, Lausanne, 1996b.

CANDAU J., *Anthropologie de la mémoire*, PUF, Paris, 1996.

– *Mémoire et identité*, PUF, Paris, 1998.

CARRUTHERS M. J., *Machina memorialis : méditation, rhétorique et fabrication des images au Moyen Âge*, Gallimard, Paris, 2002.

CARR D., *Time, Narrative and History*, Indiana University Press, Bloomington, 1986.

CERTEAU M. DE, *L'Invention du quotidien. 1. Arts de faire*, Gallimard, Paris, 1990.

CŒURÉ S. et DUCLERT V., *Les Archives,* La Découverte, Paris, 2001.

COENEN-HUTHER J., *La Mémoire familiale : un travail de reconstruction du passé*, L'Harmattan, Paris, 1994.

CONAN M., « L'invention des identités perdues », *in* BERQUE A. (dir.), *Cinq propositions pour une théorie du paysage*, Champ Vallon, Seyssel, 1994, p. 33-49.

CONTE F., *L'Héritage païen de la Russie : le paysan et son univers symbolique*, Albin Michel, Paris, 1997.

D'ANDRADE R., *The Developpement of Cognitive Anthropology*. Cambridge University Press, Cambridge, 1995.

DAVIES S., *Popular Opinion in Stalin's Russia : Terror, Propaganda and Dissent 1934-1941*, Cambridge University Press, Cambridge, 1997.

DERRIDA J., *Mal d'archive (une impression freudienne),* Galilée, Paris, 1995.

DEVEREUX G., *De l'angoisse à la méthode dans les sciences du comportement*, Flammarion, Paris, 1980.

DRAGOUNSKAIA Xénia, *Le Déluge*, traduction et commentaires de Nadejda Syndyashkinat, mémoire de maîtrise de l'UFR de langues de l'université Stendhal-Grenoble-3, Grenoble, 2004, p. 157.

DUCROT O., *Dire et ne pas dire – principes de sémantique linguistique*, Hermann, Paris, 1991 (1972).

EROHIN V., *Russkaâ Atlantida, putevoditel' po verhnej Volge*, Rybinsk (RP), 2000.

FABRE D. (dir.), *Domestiquer l'histoire : ethnologie des monuments historiques*, Éditions de la Maison des sciences de l'homme, Paris, 2000.

FERRETTI M., *La memoria mutilata : la Russia ricordata*, Corbaccio, Milan, 1993.

– « La mémoire refoulée : la Russie devant le passé stalinien », *Annales*, 6, 1995, p. 1237-1257.

FINLEY M. I., *Mythe, mémoire, histoire : les usages du passé*, Flammarion, Paris, 1971.

FORTY A. (dir.), *The Art of Forgetting*, Berg, Oxford, 1999.

FRYBES M. et MICHEL P., *Après le communisme. Mythes et légendes de la Pologne contemporaine*, Bayard, Paris, 1996.

GATRELL P., *A Whole Empire Walking : Refugees in Russia during the First World War*, Indiana University Press, Bloomington, 1999.

GESSAT-ANSTETT É., *Liens de parenté en Russie post-soviétique. Une enquête ethnographique*, L'Harmattan, Paris, 2004a.

– « Pamât', venaâ ili kurinaâ ? Memorialnaâ logika v postsoveckoj Rossii », *Ab Imperio*, 2004b.

GESSAT-ANSTETT E. et SHUSTROVA I., « Pohorono-pominal'naâ obrâdnost' russkih Verhnepovolž'â v XIX-XXvv », *in* SELIVANOV A. M. (dir.), *Vek nynešnyj, vek minuvšij...*, Yaroslavl, 2000, p. 18-24.

GUYOTAT J. et FEDIDA P., *Généalogie et transmission*, Écho centurion, Paris, 1986.

GONSETH M.-O. et MAILLARD N., « L'approche biographique en ethnologie, point de vue critique », *in* BERTAUX D. (dir.), *Histoires de vie – approche pluridisciplinaire*, Éditions de l'Institut d'ethnologie, Neuchâtel, 1987, p. 5-46.

GOODY J., *The Interface between the Written and the Oral*, Cambridge University Press, Cambridge, 1987.

GOUZEVITCH I., « La commémoration scientifique dans un état totalitaire ou "la Russie est la patrie des éléphants" », *in* ABIR-AM P. G. (dir.), *La Mise en mémoire de la science, pour une ethnographie historique des rites commémoratifs*, Édition des archives contemporaines, Amsterdam, 1998, p. 143-158.

GREEN L., « Fear as a way of life », *Cultural Anthropology*, IX (2), 1994, p. 227-256.

GRUEL-APERT L., *La Tradition orale russe*, PUF, Paris, 1995.

GÜNTHER H., *Le Temps et l'Histoire*, Éditions de la Maison des sciences de l'homme, Paris, 1995.

HALBWACHS M., *Les Cadres sociaux de la mémoire*, Albin Michel, Paris, 1994 (1ère édition 1925, Librairie Alcan, Paris).
– *La Mémoire collective*, Paris, PUF, 1949.
– *La Topographie légendaire des évangiles*, PUF, Paris, 1971.
HARTOG F. et REVEL J. (dir.), *Les Usages politiques du passé*, EHESS, Paris, 2001.
HEGEL G. W. F., *Leçons sur la philosophie de l'histoire*, Vrin, Paris (trad. Gibelin), 1998.
HEIDEGGER M., *Chemins qui ne mènent nulle part* (trad. F. Fédier), Gallimard, Paris, 1962.
HELLER L., « Le mirage du vrai, remarques sur la littérature factographique en Russie », *Communication*, 71, 2001, p. 143-177.
HEYMANN F., *Le Crépuscule des lieux : identités juives de Cernovitz*, Stock, Paris, 2003.
HUBOVA D., *Laboratoriâ « Ustnaâ Istoriâ »*, (Izdatel'skij centr Rosijskogo gosudarstvennogo universiteta), Moscou, 1994.
HUTCHINGS R., *Soviet Secrecy and Non-secrecy*, Macmillan, Londres, 1987.
HUTCHINS E., *Cognition in the Wild*, MIT Press, Cambridge (Mass.), 1995.
INGOLD T., *The Perception of the Environment. Essays in Livehood, Dwelling and Skill*, Londres-New York, 2000.
ISTOMINA Ê. G., *Staryj Rybinsk. Istoriâa goroda v opisaniâh sovremennikov XIX-XX vv*, Rybinsk (Mihaîlov posad), 1993.
IZARD M. et SMITH P. (dir.), *La Fonction symbolique. Essais d'anthropologie*, Gallimard, Paris, 1979.
JAMIN J., *Les Lois du silence, essai sur la fonction sociale du secret*, Maspero, Paris, 1977.
JAULIN R., *L'Univers du totalitarisme. Essai d'ethnologie du non-être*, L. Talmont, Paris, 1995.
JEUDY-BALLINI M. et VOINSENAT C., « Ethnographier la peur », *Terrain*, 43, « Peurs et menaces », 2004, p. 5-14.
KAES R., « Ruptures catastrophiques et travail de la mémoire », *in Violence d'État et psychanalyse*, Dunod, Paris, 1989, p. 169-204.
KAPUSTINA V. A. et KAPUSTINA L. V., *Po Sehon'-reke, Byt i nravy Seksninskogo kraâ*, Rybinskij Dom Pecâti, Rybinsk, 2001.
KERBLAY B., *L'Isba d'hier et d'aujourd'hui*, Lausanne, L'Âge d'homme, 1973.
KILANI M., *La Construction de la mémoire*, Labor et Fides, Genève, 1992.
– *Introduction à l'anthropologie*, Payot, Lausanne, 1996.

– « Fiction et vérité dans l'écriture anthropologique », *in* AFFERGAN F. (dir.), *Construire le savoir anthropologique*, PUF, Paris, 1999, p. 83-104.
– *L'Invention de l'autre. Essais sur le discours anthropologique*, Payot, Lausanne, 2000.
LANDRY T., « Histoire postmoderne russe, mémoire post-socialiste et postérité de l'historiographie soviétique », *in Les Entre-lieux de la culture*, L'Harmattan, Montréal-Paris, 1998, p. 219-239.
– *La Valeur de la vie humaine en Russie*, Presses de l'Université Laval, Québec, 2001.
LAPIERRE N., *Le Silence de la mémoire. À la recherche des juifs de Plock*, Plon, Paris, 1999.
LAPPO G. M. et POLIAN P., *Goroda Rossii : enciklopediâ*, Moskva (BRE), 1997.
LAVABRE M.-C., *Le Fil rouge, sociologie de la mémoire communiste*, Presses de la FNSP, Paris, 1994.
– « Cadres de la mémoire communiste et mémoires du communisme », *in* PENNETIER C. et PUDAL B. (dir.), *Autobiographies, autocritiques et aveux dans le monde communiste*, Belin, Paris, 2002.
LÉVI-STRAUSS C., *Anthropologie structurale deux*, Plon, Paris, 1996.
- « Mythe et oubli », *Langues, discours, société. Pour Émile Benveniste*, Seuil, Paris, 1975, p. 294-300.
LEWICKI M., « Les rites funéraires païens des Slaves occidentaux et des anciens Russes d'après les relations des voyageurs arabes », *Folia Orientalis*, 5, 1963, p. 41-74.
LOSONCZY A.-M., « De l'énigme réciproque au co-savoir et au silence. Figures de la relation ethnographique », *in* GHASARIAN C. (dir.), *De l'ethnographie à l'anthropologie réflexive. Nouveaux terrains, nouvelles pratiques, nouveaux enjeux*, Armand Colin, Paris, 2002, p. 91-102.
LOTMAN Y. et OUSPENSKI B., *Sémiotique de la culture russe*, L'Âge d'homme, Lausanne, 1990.
LÛBOMUDROV A., « Ispovednik pravoslaviâ o. Nikolaj Lûbomudrov, blagoinnyj ierej sela Lackogo Mologskogo uezda Aroslavskoj gubernii, prinâl mučeničeskuû končinu 20 oktâbrâ (2 noâbrâ) 1918 g. », *Mologa, Istoriâ i sud'ba drevnej russkoj zemli*, Rybinskoe Podvor'e, Rybinsk, 1996.
MERRIDALE C., *Night of Stone. Death and Memory in Twentieth-Century Russia*, Penguin Books, Londres-New York, 2000.
Mologa, Rybinskoe vodohranilie, istoriâ i sovremennost', Rybinskoe Podvor'e, Rybinsk, 2003.
MUXEL A., *Individu et mémoire familiale*, Nathan, Paris, 1994.

NESTEROV U., *Mologa pamât' i bol'*, Yaroslavl, 1991.
OHOTIN N. et ROGINSKIJ A., *Sistema ispravitel'no-trudovyh lagerej v SSSR*, Moskva, Zven'â, 1998.
ORTAR-MANIGAULT N. et GESSAT-ANSTETT É., « Entre villégiature et repères identitaires, les pratiques spatiales des résidents secondaires français et russes », Actes du colloque de Montpellier (13-14 septembre 2001), *Dynamique de l'espace rural, environnement et stratégies spatiales*, Publications de l'université Paul-Valéry, Montpellier, 2001, p. 475-480.
PENNETIER C. et PUDAL B. (dir.), *Autobiographies, autocritiques, aveux dans le monde communiste*, Belin, Paris, 2002.
PETITAT A. (dir.), *Secret et lien social*, L'Harmattan, Paris, 2000.
PLIOUTCH L., *Dans le carnaval de l'histoire. Mémoires*, Seuil, Paris, 1977.
POLIAN P., *Ne po svoej vole... Istoriâ i geografiâ prinuditel'nyh migracii v SSSR*, OGI Memorial, Moscou, 2001.
POLLAK M., *L'Expérience concentrationnaire. Essai sur le maintien de l'identité sociale*, Métailié, Paris, 1990.
– « La gestion de l'indicible », *Actes de la recherche en sciences sociales*, n° 62-63, 1986, p. 30-53.
PORTER M. A., *Rybinsk. Gde êta ulica ?* Mihaîlov posad, Rybinsk, 1995.
POSTNOVA N. V., « Iz istorii Rybinskogo Vodohranilia », *in Mologa Rybinskoe Vodohraniliše Istoriâ i sovremennost'*, Rybinskoe Podvor'e, Rybinsk, 2003, p. 163-168.
POTAPOV L. P., « Les principes essentiels de l'exposition dans les musées ethnographiques de l'URSS », communications de la délégation soviétique au 6e congrès international des sciences anthropologiques et ethnographiques, Moscou-Paris (UNESCO), 1960, p. 12-20.
Problemy mologskogo kraâ i puti ih rešeniâ, Yaroslavl (PEA), 2003.
PROYART J. DE et ZAVIALOFF N. (dir.), *Mémoire de la Russie : identité nationale et mémoire collective*, L'Harmattan, Paris, 1996.
RADVANYI J., *La Nouvelle Russie*, Armand Colin, Paris, 2000.
RÂBOJ V. I. (dir.), *Imena na obeliske Memoriala*, Rybinskoe podvor'e, Rybinsk, 1995.
RAPHAËL F. et HERBERICH-MARX G., « Le musée provocation de la mémoire », *Ethnologie française*, XVII (1), 1987, p. 87-94.
RASPOUTINE V., *L'Adieu à l'île*, Robert Laffont, Paris, 1976.
REYNA S., *Connections : Brain, Mind and Culture in Social Anthropology*, Routledge, Londres, 2002.
RICŒUR P., *Temps et récit*, tome III : *Le temps raconté*, Paris, Seuil, 1985.

– *La Mémoire, l'Histoire, l'Oubli*, Paris, Seuil, 2000.
RIEGL A., *Le Culte moderne des monuments, son essence, sa genèse*, Seuil, Paris, 1984.
ROMANOV D. V., *Rybinsk v sud'bah zamečatel'nyh lûdej*, Rybinskie Podvor'e, Rybinsk, 1997.
ROSENTAL P.-A., « Qu'est ce qu'une source locale ? Homéostasie et microanalyse en histoire sociale », *Revue de synthèse*, 2001, p. 71-91.
ROSSI J., *Le Manuel du Goulag*, Le Cherche-Midi Éditeur, Paris, 1997.
SCHMIDT S. O., *Kraevedenie i dokumental'nye pamâtniki*, Tver, Arhivnyj otdel administracii Tverskoj oblasti, 1992.
SELIVANOV A. M. (dir.), *Iaroslavskij kraj v ênciklopedičeskom slovare Brokgauza i Efrona*, Yaroslavl, 1996.
SHERBAKOVA I., « The GULag in memory », *International Yearbook of Oral History & Life History*, 1992, vol. 1 : *Memory and Totalitarism*, p. 103-115.
SIMMEL G., *Les Problèmes de la philosophie de l'histoire*, Paris, PUF, 1984.
SMIRNOV V. (dir.), *Rybinsk. Dokumenty i materialy po istorii goroda*, Izdatel'stvo Gosudarstvennogo komiteta Soveta Ministrov RSFSR, Yaroslavl, 1977.
SMITH K. E., *Remembering Stalin's Victim. Popular Memory and the End of the USSR*, Cornell University Press, Ithaca, 1996.
SMITH R. E. F. et DAVID C., *Bread and Salt, a Social History of Food and Drink in Russia*, Cambridge University Press, Cambridge, 1984.
SOLJENITSYNE A., *L'Archipel du Goulag*, Seuil, Paris, 1974.
STANKIEWICZ E., « Slavic kinship terms and the perils of the soul », *Journal of American Folklore*, 1958, LXXI (280), p. 115-122.
STAROBINSKI J., « L'histoire universelle et l'autobiographie », préface à Horst Günther, *Le Temps et l'Histoire*, Éditions de la Maison des sciences de l'Homme, Paris, 1994, p. VIII-XI.
STRAUSS A., *Miroirs et masques, une introduction à l'interactionnisme*, Métailié, Paris, 1992.
SHUSTROVA I., *Očerki po istorii russkoj sem'i Verhnevolžskogo regiona v XIX – načalo XX veka*. Yaroslavskij Gosudarstvennyj Universitet, Yaroslavl, 1998.
THOMPSON P., « Des récits de vie à l'analyse du changement social », *Cahiers internationaux de sociologie* (LXIX), 1980, p. 249-268.
TODOROV T., « La mémoire devant l'histoire », *Terrain* (25), 1995, p. 101-112.
– *Les Abus de la mémoire*, Arléa, Paris, 1998.

TULVING E., « Episodic ans semantic memory », *in* TULVING E. et DONALDSON W. (dir.), *The Organisation of Memory*, Academic Press, New York, 1972.

VERDERY K., *The Political Lives of Dead Bodies : Reburial and Postsocialist Change*, Columbia University Press, New York, 1999.

VERNANT J.-P., *Œdipe et ses mythes*, Complexe, Bruxelles, 2001.

WANNER C., *The Burden of Dreams : History and Identity in Post-Soviet Ukraine*, The Pennsylvania State University Press, University Park (Penn.), 1998.

WEINRICH H., *Léthé : art et critique de l'oubli*, Fayard, Paris, 1999.

WERTH N., *Être communiste en URSS sous Staline*, Gallimard, Paris, 1981.

– « De la soviétologie en général et des archives russes en particulier », *Le Débat*, 77, 1993, p. 127-144.

– (dir.), « Les archives. La nouvelle histoire de l'URSS », *Communisme*, 42-43-44, 1995.

– en collaboration avec G. Moullec, *Rapports secrets soviétiques. La société russe dans les rapports confidentiels, 1921-1991*, Gallimard, Paris, 1995.

– « Repenser la grande terreur. L'URSS des années trente », *Le Débat*, 122, 2002, p. 118-139.

YATES F. A., *L'Art de la mémoire*, Gallimard, Paris, 1975.

YERUSHALMI Y. (dir.), *Usages de l'oubli*, Seuil, Paris, 1988.

ZEMPLENI A., « La chaîne du secret », *Nouvelle Revue de psychanalyse*, 14 (Du secret), 1976, p. 313-324.

– « Secret et sujétion. Pourquoi ses "informateurs" parlent-ils à l'ethnologue ? », *Traverses*, 30-31, 1984, p. 102-116.

– « Savoir taire. Du secret et de l'intrusion ethnologique dans la vie des autres », *Gradhiva*, 20, 1996, p. 23-42.

ZONABEND Françoise, « Du texte au prétexte : la monographie dans le domaine européen », *Études rurales*, 97-98, 1985, p 33-38.

– « Au pays de la peur déniée », *Communication*, 57, 1993, p. 121-130.

– « De l'objet et de sa restitution en anthropologie », *Gradhiva*, 16, 1994, p. 3-14.

– « De l'avènement de la mémoire orale », *in* BOURSIER J.-Y. (dir.), *Résistants et résistance*, L'Harmattan, Paris, 1997, p. 159-172.

La Mémoire longue. Temps et histoire au village, Jean-Michel Place, Paris, 2000 [1980].

Liste des acronymes et sigles

ČSVR	membre de la famille d'un ennemi du peuple.
ČSIR	membre de la famille d'un traître à la patrie.
CKVKPb	Comité central du Parti communiste.
Goulag	Direction principale des camps.
ITL	camps de redressement par le travail.
KGB	Comité de la sécurité de l'État.
NKVD	commissariat du peuple aux Affaires intérieures.
RFGAYaO	Archives d'État de la Fédération de Russie pour la région de Yaroslavl.
RSFSR	Union des républiques socialistes fédératives de Russie.
SNK	Assemblée des commissaires du peuple.
VCIK	Haut Comité central exécutif.
Zek (Z/K)	détenu.
ŽVR	épouse d'un ennemi du peuple.
ŽIR	épouse d'un traître à la patrie.

Table

II
LES TERRITOIRES DE LA MÉMOIRE

III
LES PRATIQUES COMMÉMORATIVES

DANS LA MÊME COLLECTION

Norbert ALTER (dir.), *Les logiques de l'innovation. Approche pluridisciplinaire*, 2002.

Wladimir ANDREFF (dir.), *Analyses économiques de la transition postsocialiste*, 2002.

Wladimir ANDREFF (dir.), *La transition du marché vers la démocratie. Europe de l'Est, Europe centrale et Afrique du Sud*, 2006.

Dominique ANDOLFATTO et Dominique LABBÉ, *La CGT. Organisation et audience depuis 1945*, 1997.

L'Année de la régulation. Économie, institutions, pouvoirs, vol. 3, 1999.

Lionel ARNAUD, *Les minorités ethniques dans l'Union européenne. Politiques, mobilisations, identités*, 2005.

Peter AUER, Geneviève BESSE et Dominique MÉDA, *Délocalisations, normes du travail et politique d'emploi. Vers une mondialisation plus juste ?* 2005.

Jean-Yves AUTHIER, Marie Hélène BACQUÉ et France GUÉRIN-PACE (dir.), *Le quartier. Enjeux scientifiques, actions politiques et pratiques sociales*, 2007.

Marie-Hélène BACQUÉ, Henri REY et Yves SINTOMER (dir.), *Gestion de proximité et démocratie participative. Une perspective comparative*, 2005.

Arnaldo BAGNASCO et Charles F. SABEL (dir.), *PME et développement économique en Europe*, 1994.

Bernard BARRAQUÉ (dir.), *Les politiques de l'eau en Europe*, 1995.

Guylaine BEAUDRY et Gérard BOISMENU, *Le nouveau monde numérique. Le cas des revues universitaires*, 2002.

Rachel BEAUJOLIN-BELLET (dir.), *Flexibilités et performances. Stratégies d'entreprises, régulations, transformations du travail*, 2004.

Vincent BERDOULAY et Olivier SOUBEYRAN, *L'écologie urbaine et l'urbanisme. Aux fondements des enjeux actuels*, 2002.

Isabelle BERRY-CHIKHAOUI, Agnès DEBOULET et Laurence ROULLEAU-BERGER (dir.), *Villes internationales. Entre tensions et réactions des habitants*, 2007.

Pierre BERTHAUD et Gérard KÉBABDJIAN (dir.), *La question politique en économie internationale*, 2006.

Philippe BEZES, Michel CHAUVIÈRE, Jacques CHEVALLIER, Nicole de MONTRICHER et Frédéric OCQUETEAU (dir.), *L'État à l'épreuve des sciences sociales. La fonction recherche dans les administrations sous la Ve République*, 2005.

Bernard BOËNE et Christopher DANDEKER (dir.), *Les armées en Europe*, 1998.

Maria BONNAFOUS-BOUCHER et Yvon PESQUEUX (dir.), *Décider avec les parties prenantes. Approche d'une nouvelle théorie de la société civile*, 2006.

Daniel BORRILLO (dir.), *Lutter contre les discriminations*, 2003.

Gérard BOUCHARD et Martine SEGALEN (dir.), *Une langue, deux cultures. Rites symboles en France et au Québec*, 1997.

Paul BOUFFARTIGUE (dir.), *Cadres : la grande rupture*, 2001.

Patrice BOURDELAIS et Didier FASSIN (dir.), *Les constructions de l'intolérable. Études d'anthropologie et d'histoire sur les frontières de l'espace moral*, 2005.

Robert BOYER et Ronald DORE (dir.), *Les politiques des revenus en Europe*, 1994.

Robert BOYER et Yves SAILLARD (dir.), *La théorie de la régulation, l'état des savoirs*, 2002.

Sabino CASSESE et Vincent WRIGHT (dir.), *La recomposition de l'État en Europe*, 1996.

Juan José CASTILLO, Jean-Pierre DURAND et Paul STEWART (dir.), *L'avenir du travail à la chaîne. Une comparaison internationale dans l'industrie automobile*, 1998.

Alain CHATRIOT et Vincent DUCLERT (dir.), *Le gouvernement de la recherche. Histoire d'un engagement politique, de Pierre Mendès Franceà Charles de Gaulle (1953-1969)*, 2006.

Bernard CHAVANCE, Éric MAGNIN, Ramine MATAMED-NEJAD et Jacques SAPIR (dir.), *Capitalisme et socialisme en perspective. Évolution et transformation des systèmes économiques*, 1999.

Jean-Noël CHOPART, Guy NEYRET, et Daniel RAULT (dir.), *Les dynamiques de l'économie sociale et solidaire*, 2006.

Gégory CINGAL et Sonia COMBE (dir.), *Retour de Moscou. Les archives de la Ligue des droits de l'homme, 1898-1940*, 2004.

Jacques COMMAILLE et Martine KALUSZYNSKI (dir.), *La fonction politique de la justice*, 2007.

Colin CROUCH et Wolfgang STREECK (dir.), *Les capitalismes en Europe*, 1996.

Amy DAHAN DALMEDICO, *Les modèles du futur. Changement climatique et scénarios économiques : enjeux scientifiques et politiques*, 2007.

Grace DAVIE et Danièle HERVIEU-LÉGER (dir.), *Identités religieuses en Europe*, 1996.

Jean-Paul DEMOULE (dir.), *L'archéologie préventive dans le monde. Apports de l'archéologie préventive à la connaissance du passé*, 2007.

Michel DE FORNEL, Albert OGIEN et Louis QUÉRÉ (dir.), *L'ethnométhodologie. Une sociologie radicale*, 2001.

Marcel DRACH (dir.), *L'argent. Croyance, mesure, spéculation*, 2004.

Jean-Pierre DUPUY et Pierre LIVET (dir.), *Les limites de la rationalité. Tome 1 : Rationalité, éthique et cognition*, 1997.

EPHESIA, *La place des femmes. Les enjeux de l'identité et de l'égalité au regard des sciences sociales*, 1995.

François EYMARD-DUVERNAY (dir.), *L'économie des conventions : méthodes et résultats*, tome 1 : *Débats* ; tome 2 : *Développements*, 2006.

Didier FASSIN (dir.), *Les figures urbaines de la santé publique. Enquêtes sur des expériences locales*, 1998.

Didier FASSIN, Hélène GRANDJEAN, Monique KAMINSKI, Thierry LANG et Annette LECLERC (dir.), *Les inégalités sociales de santé*, 2000.

Pierre FAVRE, Olivier FILLIEULE et Fabien JOBARD (dir.), *L'atelier du politiste. Théories, actions, représentations*, 2007.

Pierre FOURNIER et Sylvie MAZZELLA (dir.), *Marseille, entre ville et ports. Les destins de la rue de la République*, 2004.

Michel FREYSSENET et Andrew MAIR (dir.), *Quel modèle productif ? Trajectoires et modèles industriels des constructeurs automobiles mondiaux*, 2000.

Olivier GALLAND et Bernard ROUDET (dir.), *Les jeunes Européens et leurs valeurs. Europe occidentale, Europe centrale et orientale*, 2005.

Ingrid GALSTER (dir.), *Sartre et les juifs*, 2005.

Jean-François GIRET, Alberto LOPEZ et José ROSE (dir.), *Des formations pour quels emplois ?* 2005.

Marianne GULLESTAD et Martine SEGALEN (dir.), *La famille en Europe. Parenté et perpétuation familiale*, 1995.

Randall HANSEN et Patrick WEIL (dir.), *Nationalité et citoyenneté en Europe*, 1999.

Serge HEFEZ (dir.), *Sida et vie psychique. Approche clinique et prise en charge*, 1996.

Olivier IHL, Janine CHÊNE, Éric VIAL, Ghislain WATERLOT (dir.), *La tentation populiste au cœur de l'Europe*, 2003.

Bernard JOUVE, Vincent SPENLEHAUER, Philippe WARIN (dir.), *La région, laboratoire politique. Une radioscopie de Rhône-Alpes*, 2001.

Geneviève KOUBI et Gilles J. GUGLIELMI (dir.), *L'égalité des chances. Analyses, évolutions, perspectives*, 2000.

Hugues LAGRANGE et Brigitte LHOMOND, *L'entrée dans la sexualité. Le comportement des jeunes dans le contexte du sida*, 1997.

Bruno LATOUR et Pierre LEMONNIER (dir.), *De la préhistoire aux missiles balistiques. L'intelligence sociale des techniques*, 1994.

Patrick LE GALÈS et Christian LEQUESNE (dir.), *Les paradoxes des régions en Europe*, 1997.

Marc LE PAPE, Johanna SIMÉANT et Claudine VIDAL (dir.), *Crises extrêmes. Face aux massacres, aux guerres civiles et aux génocides*, 2007.

Danièle LINHART et Aimée MOUTET (dir.), *Le travail nous est compté*, 2005.

Jacques LOLIVE et Olivier SOUBEYRAN (dir.), *L'émergence des cosmopolitiques*, 2007.

Silvia MANCINI (dir.), *La fabrication du psychisme. Pratiques rituelles au carrefour des sciences humaines et des sciences de la vie*, 2006.

Margaret MARUANI (dir.), *Les nouvelles frontières de l'inégalité. Hommes et femmes sur le marché du travail*, 1998.

Margaret MARUANI, Jacqueline LAUFER et Catherine MARRY (dir.), *Le travail du genre. Les sciences sociales à l'épreuve des différences de sexe*, 2003.

Dominique MÉDA et Francis VENNAT (dir.), *Le travail non qualifié. Permanences et paradoxes*, 2005.

Henri MENDRAS et Ezra SULEIMAN (dir.), *Le recrutement des élites en Europe*, 1995.

Marwan MOHAMMED et Laurent MUCCHIELLI (dir.), *Les bandes de jeunes. Des « blousons noirs » à nos jours*, 2007.

Laurent MUCCHIELLI, *Mythes et histoire des sciences humaines*, 2004.

Hans-Peter MÜLLER et Yves SINTOMER (dir.), *Pierre Bourdieu, théorie et critique. Perspectives fanco-allemandes*, 2006.

Pascal PETIT (dir.), *L'économie de l'information. Les enseignements des théories économiques*, 1998.

Héloïse PETIT et Nadine THÈVENOT (dir.), *Les nouvelles frontières du travail subordonné. Approche pluridisciplinaire*, 2006.

Emmanuel RENAULT et Yves SINTOMER (dir.), *Où en est la théorie critique aujourd'hui ?* 2003.

Benedicte REYNAUD (dir.), *Les limites de la rationalité*, tome 2 : *Les figures du collectif*, 1997.

Gilbert de TERSSAC (dir.), *La théorie de la régulation sociale de Jean-Daniel Reynaud. Débats et prolongements*, 2003.

Régine TEULIER et Philippe LORINO (dir.), *Entre connaissance et organisation : l'activité collective. L'entreprise face au défi de la connaissance* (colloque de Cerisy), 2005.

Pierre-Eric TIXIER et Nelly MAUCHAMP (dir.), *EDF-GDF : une entreprise publique en mutation*, 2000.

Jacques VALLIN (dir.), *Populations africaines et sida*, 1994.

Pierre VERMEREN, *La formation des élites marocaines et tunisiennes. Des nationalistes aux islamistes, 1920-2000*, 2002.

Philippe WARIN (dir.), *Quelle modernisation des services publics ? Les usages au cœur des réformes*, 1997.

Composition : Compo Sud, La Magdelaine-sur-Tarn
Achevé d'imprimer en septembre 2007
par l'Imprimerie France Quercy à Mercuès.
Dépôt légal : octobre 2007.
N° d'impression : 72257
Imprimé en France